초단기 고득점
초고속
IELTS
SPEAKING
한 달 만에
IELTS Speaking 마스터하기!

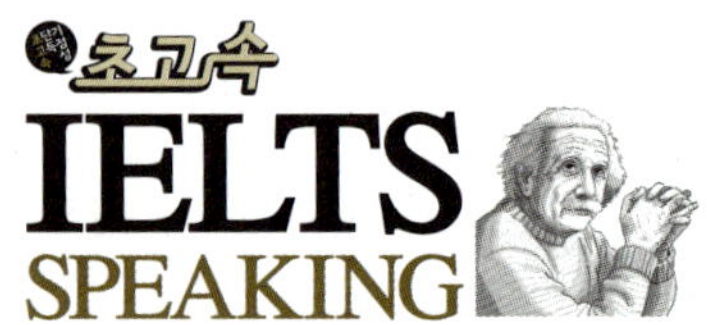

초판 인쇄일 _ 2013년 5월 28일
초판 발행일 _ 2013년 6월 14일
지은이 _ Peter Crosthwaite & Yeonsuk Bae 공저
발행인 _ 박정모
발행처 _ 도서출판 혜지원
주소 _ 서울시 동대문구 장안 1동 420-3호
전화 _ 02)2212-1227
팩스 _ 02)2247-1227
홈페이지 _ http://www.hyejiwon.co.kr

편집진행 _ 김형진
본문디자인 _ 이미소
표지디자인 _ 이미소
영업마케팅 _ 김남권, 황대일, 서지영
ISBN _ 978-89-8379-789-6
정가 _ 16,000원

이 도서의 국립중앙도서관 출판시도서목록(CIP)은 서지정보유통지원시스템 홈페이지(http://seoji.nl.go.kr)와
국가자료공동목록시스템(http://www.nl.go.kr/kolisnet)에서 이용하실 수 있습니다.(CIP제어번호: CIP2013007066)

초고속 IELTS SPEAKING

Peter Crosthwaite &
Yeonsuk Bae 공저

혜지원

Preface 머리말

수험생들에게 보내는 메시지

IELTS Speaking이 약하세요? 기본적인 유창성과 문법 때문에 힘드세요? 발음과 단어의 기초가 부족한가요? IELTS 시험에서 Speaking 실력을 제대로 발휘할 수 있는 방법을 배우고 싶으시죠? 그렇다면 제대로 찾은 겁니다. 이 책은 여러분이 IELTS Speaking 레벨 6-7, 또는 그 이상의 결과를 얻을 수 있는 훈련된 선수가 되도록 도와줄 것입니다.

IELTS 시험을 치른다는 것은 생각만해도 겁이 나고, 시험을 준비하는 데 몇 개월에서 몇 년이 걸리기도 합니다. 그러나, 여러분이 이 책을 골랐다는 것은 허비할 시간이 없다는 뜻입니다. 여러분은 가장 짧은 시간 내에 최선의 결과를 원할 것입니다.

이 책은 시험 각각의 단계를 4주로 나누어 한 달 만에 IELTS Speaking을 마스터할 수 있도록 구성되었습니다. WEEK 1의 미니인터뷰를 시작으로, WEEK 2의 긴 문장들, WEEK 3의 심도깊은 토론, 그리고 WEEK 4는 지금까지 연습한 모든 것을 정리하는 실전테스트의 기회를 제공할 것입니다.

이 책은 IELTS Speaking의 각 PART를 대비하는 정보, 전략, 연습문제로 가득 차 있으며, 이 장치들은 여러분이 유창성, 일관성, 문법, 어휘, 발음 부분에서 원하는 점수를 획득하는데 도움을 줄 것입니다. 각 Section의 쉬운 설명으로 시험 유형을 익힌 후 고득점을 가능하게 해줄 연습문제와 실전테스트, 그리고 모범답안으로 실력을 향상시킬 수 있습니다.

이제 여러분은 유능한 개인 트레이너가 필요합니다. 이 책의 저자 Peter Crosthwaite와 Yeonsuk Bae는 한국과 영국에서 수년간 IELTS 트레이너로 일하고 있으며, 시험에 관해 해박한 지식을 가지고 있을뿐만 아니라 수많은 고득점 수험자를 배출하고 있습니다. 우리는 여러분만큼이나 여러분이 시험에서 좋은 성과를 거두기를 원합니다.

고통이 없다면 얻는 것도 없다는 것을 기억하세요. 앞으로 함께할 4주간의 학습은 여러분이 재시험을 치르는 고통없이 원하는 것을 얻을 수 있도록 도울 것입니다.

Good luck!

2013
Peter & Yeonsuk

About This Book 책의 구성

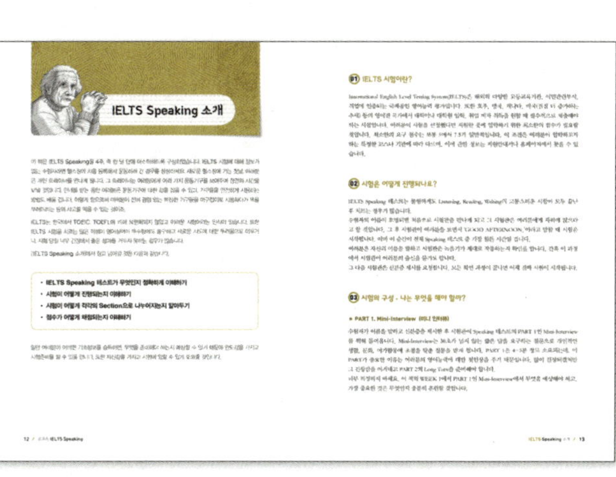

★ IELTS Speaking 소개

IELTS Speaking에 대한 개괄적인 설명부터 시험 구성, 진행 사항, 채점 기준을 설명합니다.

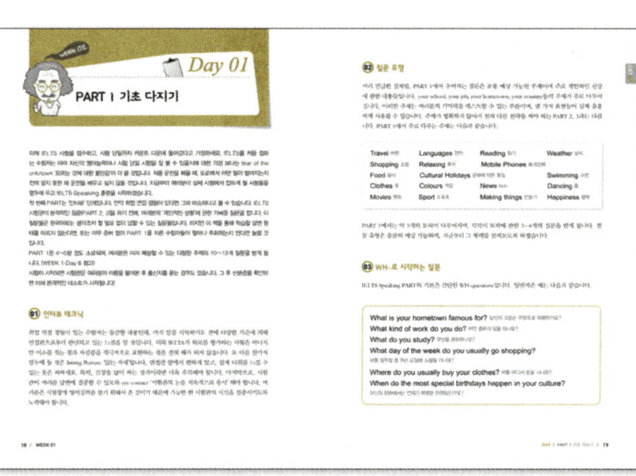

★ 기초 다지기

3개로 구성된 IELTS Speaking 시험의 각 PART 별 기본적인 소개와 질문유형, 고득점 노하우를 설명합니다.

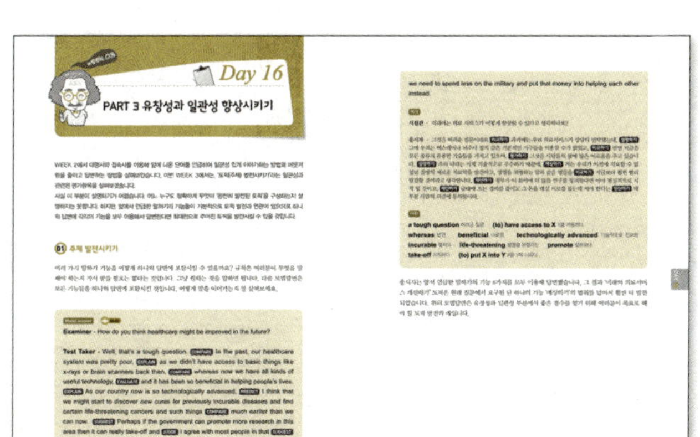

★ 유창성과 일관성 향상시키기

해당 PART에서 채점관이 중점적으로 평가하는 부분을 모두 충족시키기 위해 유창하고 일관된 답변을 만드는 방법을 체계적으로 학습합니다.

About This Book 책의 구성

★ 어휘 늘리기

풍부한 어휘력은 고득점 답변을 만드는 데 필수요소입니다. 어휘 다지기 코너에서는 모든 품사별 어휘는 물론 동의어, 하의어, 구동사 등 유용한 어휘의 기능과 그 쓰임을 완벽하게 학습합니다.

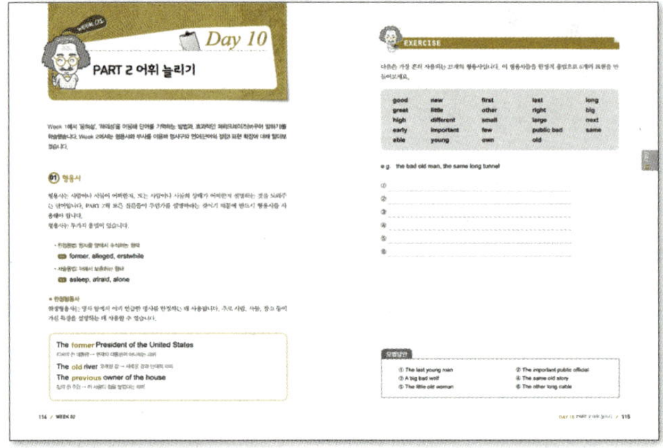

★ 문법의 범위와 정확성 향상시키기

문법적으로 정확한 문장을 만드는 데 반드시 필요한 필수문법을 학습합니다. 각 PART 별 답변에 유용하게 쓰이는 문법을 구분하여 실었습니다.

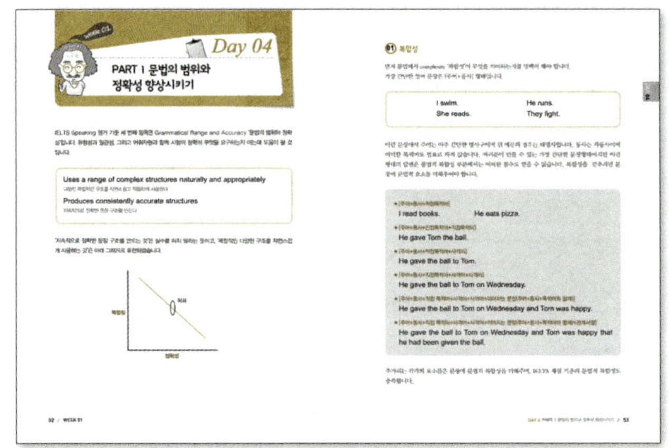

★ 발음 향상시키기

원어민 채점관이 정확하게 알아들을 수 있는 발음으로 답변하도록 억양, 강조, 강세, 한국인이 자주 하는 실수 등 발음 관련 학습장치를 총망라했습니다.

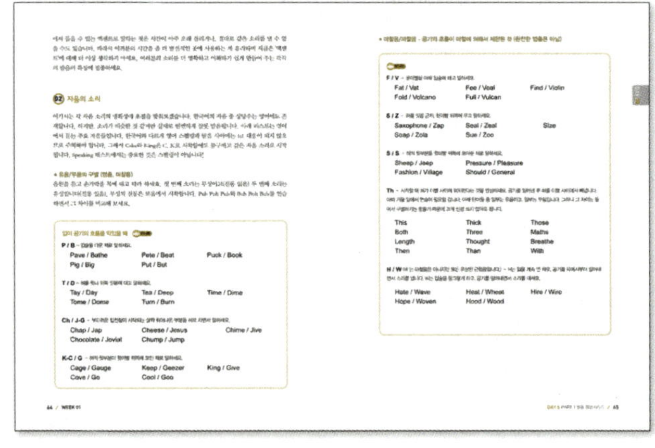

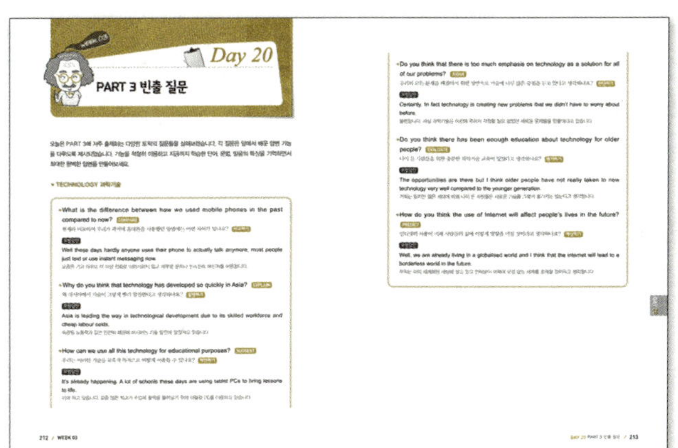

★ PART 별 주제 및 빈출 질문

PART 별로 출제되는 주제의 빈출 질문과 답변을 실어 실제 시험에서 자주 출제되는 문제에 대비하도록 했습니다.

★ 방대한 양의 실전테스트

한 개 PART가 끝나면 해당 PART의 실전문제를 체험합니다. 그 후 책 후반부 DAY 22~28에 실전테스트 7세트와 모범답안을 실어 실제 시험에 충분히 대비하도록 했습니다.

★ MP3 CD

이 책의 모든 연습문제 및 모범답안, 예문, 발음 훈련을 영국 발음으로 녹음해 담았습니다. 실제 시험과 동일한 실전테스트 음원도 포함했습니다.

Contents 목차

WEEK
02
둘째 주

Contents 목차

IELTS Speaking 소개

01 IELTS 시험이란?

02 시험은 어떻게 진행되나요?

03 시험의 구성 – 나는 무엇을 해야 할까?

04 채점 기준은 어떻게 되나요?

IELTS Speaking 소개

이 책은 IELTS Speaking을 4주, 즉 한 달 만에 마스터하도록 구성되었습니다. IELTS 시험에 대해 정보가 없는 수험자라면 헬스장에 처음 등록해서 운동하러 간 경우를 상상하세요. 새로운 헬스장에 가는 첫날, 여러분은 개인 트레이너를 만나게 됩니다. 그 트레이너는 여러분에게 여러 가지 운동기구를 보여주며 잠깐의 시간을 보낼 것입니다. 안내를 받는 동안 여러분은 운동기구에 대한 감을 잡을 수 있고, 기구들을 안전하게 사용하는 방법도 배울 겁니다. 이렇게 함으로써 여러분이 전혀 경험 없는 복잡한 기구들을 마구잡이로 사용하다가 목을 부러뜨리는 등의 사고를 막을 수 있는 것이죠.

IELTS는 한국에서 TOEIC, TOEFL에 비해 보편화되지 않았고 어려운 시험이라는 인식이 있습니다. 또한 IELTS 시험을 치르는 많은 학생이 영어실력이 우수함에도 불구하고 새로운 시도에 대한 두려움으로 미루거나, 시험 당일 너무 긴장해서 좋은 성과를 거두지 못하는 경우가 많습니다.

[IELTS Speaking 소개]에서 짚고 넘어갈 것은 다음과 같습니다.

- **IELTS Speaking** 테스트가 무엇인지 정확하게 이해하기
- 시험이 어떻게 진행되는지 이해하기
- 시험이 어떻게 각각의 **Section**으로 나누어지는지 알아두기
- 점수가 어떻게 채점되는지 이해하기

일단 여러분이 이러한 기초정보를 습득하면, 무엇을 준비해야 하는지 예상할 수 있기 때문에 안도감을 가지고 시험준비를 할 수 있을 겁니다. 또한 자신감을 가지고 시험에 임할 수 있게 도와줄 것입니다.

01 IELTS 시험이란?

International English Level Testing System(IELTS)은 해외의 다양한 고등교육기관, 이민관련부서, 취업에 인증되는 국제공인 영어능력 평가입니다. 또한 호주, 영국, 캐나다, 미국(점점 더 증가하는 추세) 등의 영어권 국가에서 대학이나 대학원 입학, 취업 비자 취득을 원할 때 필수적으로 제출해야 하는 시험입니다. 여러분이 시험을 신청했다면 지원한 곳에 입학하기 위한 최소한의 점수가 필요할 것입니다. 최소한의 요구 점수는 보통 5에서 7.5가 일반적입니다. 이 조건은 여러분이 입학하고자 하는 특정한 코스나 기관에 따라 다르며, 이에 관한 정보는 지원안내서나 홈페이지에서 찾을 수 있습니다.

02 시험은 어떻게 진행되나요?

IELTS Speaking 테스트는 불행하게도 Listening, Reading, Writing의 고통스러운 시험이 모두 끝난 후 치르는 경우가 많습니다.

수험자의 이름이 호명되면 처음으로 시험관을 만나게 되고 그 시험관은 여러분에게 자리에 앉으라고 할 것입니다. 그 후 시험관이 여러분을 보면서 'GOOD AFTERNOON.'이라고 말할 때 시험은 시작됩니다. 아마 이 순간이 전체 Speaking 테스트 중 가장 힘든 시간일 겁니다.

여러분은 자신의 이름을 말하고 시험관은 녹음기가 제대로 작동하는지 확인을 합니다. 간혹 이 과정에서 시험관이 여러분의 출신을 묻기도 합니다.

그 다음 시험관은 신분증 제시를 요청합니다. 모든 확인 과정이 끝나면 이제 진짜 시험이 시작됩니다.

03 시험의 구성 - 나는 무엇을 해야 할까?

★ PART 1. Mini-Interview (미니 인터뷰)

수험자가 이름을 말하고 신분증을 제시한 후 시험관이 Speaking 테스트의 PART 1인 Mini-Interview를 위해 들어옵니다. Mini-Interview는 30초가 넘지 않는 짧은 답을 요구하는 질문으로 개인적인 생활, 문화, 여가활동에 초점을 맞춘 질문을 받게 됩니다. PART 1은 4~5분 정도 소요되는데, 이 PART가 중요한 이유는 여러분의 영어능력에 대한 첫인상을 주기 때문입니다. 많이 긴장되겠지만 그 긴장감을 이겨내고 PART 2의 Long Turn을 준비해야 합니다.

너무 걱정하지 마세요. 이 책의 WEEK 1에서 PART 1인 Mini-Interview에서 무엇을 예상해야 하고, 가장 중요한 것은 무엇인지 충분히 훈련할 것입니다.

PART 1의 마지막 질문 후, 시험관은 여러분에게 카드에 적힌 Topic(주제)을 건네줍니다. 아래 예를 참고하세요.

Describe a school you once attended.

You should say:
What the school classrooms looked like
What the teachers were like
How the subjects were taught

And explain whether you feel it was a good school or not

카드를 받은 후 1분의 시간이 주어지며, 이 시간 동안 노트와 펜을 이용해 답변을 준비해야 합니다. 1분이 지나면 시험관은 Can you start speaking now please? '이제 스피킹을 시작할 수 있나요?'라고 마법과 같은 말을 합니다. 이 말이 카드에 적힌 주제에 대해 2분간 말해야 한다는 신호입니다.

여러분은 주어진 주제에 대해서만 답변해야 합니다. 본인이 잘 할 수 있다고 생각하는 다른 질문을 고를 수 없습니다. 이번 PART는 대부분의 영어학원에서 볼 수 있는 일반적인 질문과 답변 패턴과 다르기 때문에 많은 수험자가 가장 어려워하는 부분입니다. 그러나 이 책의 WEEK 2에서 답변을 더 잘하고, 실수의 여지를 줄일 수 있는 노하우를 학습하겠습니다.

★PART 3. The In-depth Discussion (심도 깊은 토의)

이제는 사회적 이슈나 문제점에 관한 여러분의 의견을 살펴보는 PART를 준비할 시간입니다. 다행히 이번 질문의 주제는 PART 2에서 여러분이 받았던 토픽 카드와 일치합니다. 따라서, PART 2를 잘 통과했다면 PART 3도 무사히 잘 해낼 가능성이 높습니다.

주어질 질문의 범위가 무한하기 때문에 '모범답안'을 외우는 방법은 이번 Section에서 거의 도움이 되지 않습니다. 하지만, 질문의 functions '기능' 즉, 질문이 여러분에게 무엇을 하도록 요구하는지는 상당히 제한적이기 때문에, 이 부분 만큼은 사전에 준비할 수 있습니다. 질문의 기능은 describe '묘사하기', suggest '제안하기', explain '설명하기', compare and evaluate '비교 평가하기' 등의 능력을 포함합니다. 그리고 각각의 질문의 기능은 특정한 lexical resource '어휘'를 사용하는 답변을 요구합니다. 이 책은 여러분이 PART 3에서 성공을 거두기 위해 필요한 모든 형태의 질문 기능들을 다루었습니다. 또한, 여러분과 시험관이 원하는 방향으로 이야기를 풀어 나갈 수 있는 모든 단어들도 포함했습니다.

04 채점 기준은 어떻게 되나요?

IELTS Band Scores(점수)는 여러분이 Speaking 테스트를 모두 마치고 시험장을 떠날 때 시험관에 의해 결정됩니다. 시험관은 Speaking 테스트의 각 PART 점수를 평가하기 때문에, 높은 점수를 받고 싶다면 모든 PART에서 골고루 좋은 성과를 거두어야 합니다. IELTS 밴드 스코어가 어떻게 결정되는지 알아두면 분명히 도움이 될 것입니다.
IELTS Speaking 채점 기준은 아래와 같고, IELTS 웹사이트(http://www.ielts.org/pdf/UOBDs_SpeakingFinal.pdf)에서 다운로드 가능합니다.

이 책은 여러분께 IELTS 평가 시스템의 다음과 같은 부분에 초점을 맞춘 연습문제를 매일 제공할 것입니다.

- **Fluency and Coherence** '유창성과 일관성'
- **Lexical Resource** '어휘 자원'
- **Grammatical Range and Accuracy** '문법의 범위와 정확성'
- **Pronunciation** '발음'

연습문제들은 여러분이 Speaking 테스트의 답변을 하는 동안 시험관이 어떤 생각을 하는지 그들의 마음속을 들여다 볼 수 있도록 도와줄 것이며, 여러분이 필요한 점수를 취득하기 위한 가능성을 극대화시킬 수 있도록 도와줄 것입니다.

Don't forget!

WEEK 1~3에서 각각의 PART를 학습한 후 MP3 자료와 모범답안, 그리고 WEEK 4의 실전테스트를 이용해 반복 훈련해야 합니다. WEEK 4는 7세트의 실전 모의고사로 구성했으며 모범답안과 고득점 팁을 함께 실어 선생님, 친구와 함께는 물론 혼자서도 IELTS Speaking을 완벽하게 대비할 수 있도록 했습니다.

여기까지가 IELTS에 관한 기본적 정보입니다.
이제 훈련을 시작할 때입니다.

Here we go!

WEEK
01

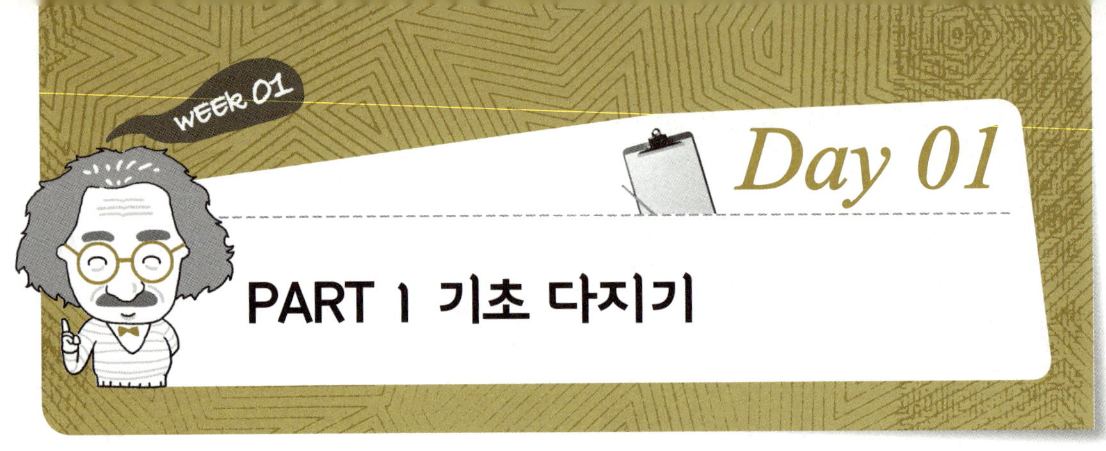

PART 1 기초 다지기

이제 IELTS 시험을 접수하고, 시험 당일까지 카운트 다운에 들어갔다고 가정하세요. IELTS를 처음 접하는 수험자는 아마 자신의 영어능력이나 시험 당일 시험을 잘 볼 수 있을지에 대한 걱정 보다는 fear of the unknown '모르는 것에 대한 불안감'이 더 클 것입니다. 처음 운전을 배울 때, 도로에서 어떤 일이 벌어지는지 전혀 알지 못한 채 운전을 배우고 싶지 않을 것입니다. 지금부터 여러분이 실제 시험에서 접하게 될 사항들을 염두에 두고 IELTS Speaking 훈련을 시작하겠습니다.

첫 번째 PART는 '인터뷰' 단계입니다. 만약 취업 면접 경험이 있다면 그와 비슷하다고 볼 수 있습니다. IELTS 시험관이 본격적인 질문(PART 2, 3)을 하기 전에, 여러분의 '개인적인 상황'에 관한 가벼운 질문을 합니다. 이 질문들은 한국어로는 생각조차 할 필요 없이 답할 수 있는 질문들입니다. 하지만 이 책을 통해 학습할 답변 형태를 따르지 않는다면, 또는 아무 준비 없이 PART 1을 치른 수험자들이 얼마나 후회하는지 안다면 놀랄 것입니다.

PART 1은 4~5분 정도 소요되며, 여러분은 미리 예상할 수 있는 다양한 주제의 10~12개 질문을 받게 됩니다. (WEEK 1-Day 6 참고)

시험이 시작되면 시험관은 여러분의 이름을 물어본 후 출신지를 묻는 경우도 있습니다. 그 후 신분증을 확인하면 이제 본격적인 테스트가 시작됩니다!

01 인터뷰 테크닉

취업 면접 경험이 있는 수험자는 동감할 내용인데, 아직 말을 시작하기도 전에 다양한 기준에 의해 면접관으로부터 판단되고 있는 느낌을 알 것입니다. 비록 IELTS가 외모를 평가하는 시험은 아니지만 미소를 짓는 것과 자신감을 적극적으로 표현하는 것은 전혀 해가 되지 않습니다. 또 다른 한가지 염두에 둘 것은 Sitting Posture '앉는 자세'입니다. 면접관 앞에서 편하게 앉고, 쉽게 더위를 느낄 수 있는 옷은 피하세요. 특히, 긴장을 많이 하는 성격이라면 더욱 주의해야 합니다. 마지막으로, 시험관이 여러분 답변에 집중할 수 있도록 eye contact '시험관의 눈을 지속적으로 응시' 해야 합니다. 여러분은 시험장에 영어실력을 팔기 위해서 온 것이기 때문에 가능한 한 시험관의 시선을 집중시키도록 노력해야 합니다.

02 질문 유형

미리 언급한 것처럼, PART 1에서 주어지는 질문은 보통 예상 가능한 주제이며 주로 개인적인 신상에 관한 내용들입니다. your school, your job, your hometown, your country 등의 주제가 주로 다루어집니다. 이러한 주제는 여러분의 기억력을 테스트할 수 있는 부분이며, 몇 가지 표현들이 실제 유용하게 사용될 수 있습니다. 주제가 명확하지 않아서 전혀 다른 전략을 써야 하는 PART 2, 3과는 다릅니다. PART 1에서 주로 다루는 주제는 다음과 같습니다.

Travel 여행	Languages 언어	Reading 읽기	Weather 날씨
Shopping 쇼핑	Relaxing 휴식	Mobile Phones 휴대전화	
Food 음식	Cultural Holidays 문화에 따른 휴일		Swimming 수영
Clothes 옷	Colours 색깔	News 뉴스	Dancing 춤
Movies 영화	Sport 스포츠	Making things 만들기	Happiness 행복

PART 1에서는 약 3개의 토픽이 다루어지며, 각각의 토픽에 관한 3~4개의 질문을 받게 되는데 질문 유형은 충분히 예상 가능합니다. 지금부터 그 형태를 살펴보도록 하겠습니다.

03 WH-로 시작하는 질문

IELTS Speaking의 기본은 간단한 WH-questions입니다. 일반적은 예는 다음과 같습니다.

> **What is your hometown famous for?** 당신의 고향은 무엇으로 유명한가요?
>
> **What kind of work do you do?** 어떤 종류의 일을 하나요?
>
> **What do you study?** 무엇을 공부하나요?
>
> **What day of the week do you usually go shopping?**
> 보통 일주일 중 무슨 요일에 쇼핑을 가나요?
>
> **Where do you usually buy your clothes?** 보통 어디서 옷을 사나요?
>
> **When do the most special birthdays happen in your culture?**
> 당신의 문화에서는 언제가 특별한 탄생일인가요?

이러한 종류의 질문에 답할 때는 각각의 질문에 최소한 4~5문장으로 충분히 답하는 것을 잊지 마세요. 각 질문 당 20~30초면 충분합니다. 필요하다면 답변을 하면서 시간을 재보세요. 뒤에 DAY 7에서도 연습할 것입니다.

위 질문 중 What is your hometown famous for? '당신의 고향은 무엇으로 유명한가요?'의 답변을 한다면 아래와 같은 내용을 포함해야 좋은 답변입니다.

① **What** **is your hometown famous for?**
당신의 고향은 무엇으로 유명한가요?

② **Why** **do you like it?**
왜 그것을 좋아하나요?

③ **Why** **is that thing special to your hometown (if at all)?**
왜 그것이 당신의 고향에서 특별한가요? (만약 그렇다면)

④ **Can** **you still find that thing where you live now?**
당신은 그것을 지금 살고 있는 곳에서도 찾을 수 있나요?

자, 그럼 다음 페이지의 모범답변을 살펴보세요.

Model Answer 🎧 01-01

What is your hometown famous for?

Blackpool is home to the famous Blackpool illuminations, which are a set of novelty lights that stretch for over a mile along the coastline. The focal point of Blackpool is the impressive Blackpool tower, which at one point was one of the tallest towers in the world at about 150 meters in height. The tower has colourful lights running the length and width of the structure. People compare it to the Eiffel tower in Paris, but having seen both, I can say that the Eiffel tower has the edge over Blackpool tower! There isn't really anything like it where I am now, so I always make a point of visiting whenever I go back home.

해석

당신의 고향은 무엇으로 유명한가요?

블랙풀은 해안가를 따라 1마일 이상 이어지는 특이한 전구들로 이루어진 블랙풀 조명으로 유명합니다. 블랙풀의 중심은 높이가 대략 150미터로 한때 세상에서 가장 높은 타워이기도 했던 인상적인 블랙풀 타워입니다. 타워는 가로와 세로로 컬러풀한 조명이 감싸고 있습니다. 사람들은 이것을 파리의 에펠탑과 비교하는데, 둘 다 본 결과로는, 에펠타워가 블랙풀 타워보다 훨씬 멋집니다! 제가 지금 있는 곳에는 그런 것이 전혀 없어서, 집에 돌아갈 때마다 항상 그 곳을 방문합니다.

어휘

focal point 초점, 중심   **impressive** 인상적인   **at one point** 한때는
structure 구조물   **X has the edge over Y** X가 Y보다 우위를 점하다
There isn't anything like it / There's nothing like it 그러한 것이 전혀 없다
(to make) a point of X 항상 X하다

자신만의 WH-questions를 만들어 준비한다면 실제 답변할 때 생각의 정리가 훨씬 빠르고 말할 거리도 많아질 것입니다.

다음 PART 1 토픽을 살펴보세요.

> ① **Sport**　　　② **Shopping**　　　③ **Food**　　　④ **Dancing**

아래 가이드에 따라 각각의 토픽에 해당하는 WH-Questions를 만들어보세요. 나만의 답변을 만들어 보는 것도 좋은 훈련이 됩니다.

① **What** ________________________________?
② **Where** ________________________________?
③ **When** ________________________________?
④ **Why** ________________________________?

모범답안

Sport	What sport do you like? Where do people usually do sport in your country? Indoors or outdoors? When was the last time your favourite team lost a game? Why is it important for children to get involved in sport?
Shopping	What do you usually buy when you go shopping? Where is the most popular shopping centre in your country? When do you usually go shopping? Why do people like to shop at department stores?
Food	What is your favourite type of food? Where do people usually go out to eat in your country? When do you cook by yourself? Why is it sometimes better to eat home-cooked food?
Dancing	What is the most popular kind of dance in your country? Where do young people go to dance? When do you usually go dancing? Why is dance important to your culture?

④ DO-로 시작하는 질문

WH-questions와 더불어, DO로 시작하는 질문도 자주 출제됩니다.

Do you prefer to do things alone or with friends?
혼자 어떤 일을 하는 것과 친구들과 함께 하는 것 중 어느 것을 선호하나요?

Do you like shopping in big shopping centres?
대형 쇼핑 센터에서 쇼핑하는 것을 좋아하나요?

Do you often wear clothes in the same colours?
같은 색깔의 옷을 자주 입나요?

Do you eat the same food now as you did when you were a child?
어렸을 때 먹었던 것과 같은 음식을 지금도 먹나요?

Do you enjoy cooking for yourself?
자신을 위해 요리하는 것을 즐기나요?

이러한 질문에 단순히 YES/NO '네/아니오'로 답하면 충분치 않습니다. 첫 번째 질문을 예를 들면 아래의 단계를 고려하여 답해야 합니다.

① **Answer yes/no to the question.**
   질문에 네/아니오로 답하세요.

② **Explain why you like/dislike to do things alone or with friends.**
   혼자서 또는 친구와 함께 무언가 하는 것을 왜 좋아하는지 또는 싫어하는지 설명하세요.

③ **Compare doing things alone or with friends.**
   혼자서 또는 친구와 함께 무언가 하는 것을 비교하세요.

최소한 4~5문장으로 답해야 하며 그보다 길어도 상관 없습니다. 시간이 다 되면 시험관이 알려줄 것입니다. 너무 짧은 답변을 하면 말할 것이 없거나 단어를 몰라 고민한다는 느낌을 줄 수 있으므로 주의해야 합니다.

그럼 예제 중 첫 번째 질문의 모범답변을 살펴보겠습니다.

Model Answer 01-02

Do you enjoy doing things alone or with others?

I'm more of an extrovert so I feed off a group dynamic, and I don't particularly like being indoors, probably because if I do something by myself at home, then there is no-one around to see or hear about what I did! I feel that experiences are best shared amongst a small group of close friends, people that you are tight with, and doing something together really enhances the fun aspect of whatever it is you plan to do. There are two things that I would never, ever, do alone, and that is eating out, or drinking. These are the most social activities I can think of, and if I see some loner out there by himself having a meal, I feel really sorry for them.

해석

당신은 무언가를 혼자 하는 것을 좋아하나요, 아니면 다른 사람과 함께 하는 것을 좋아하나요?

저는 다소 외향적이라 단체의 역동성을 즐깁니다. 그리고 저는 집안에 있는 것을 특별히 좋아하지 않는데, 아마 그 이유는 제가 혼자 집에서 무언가를 한다면, 내가 하는 것을 보거나 듣는 사람이 주위에 아무도 없기 때문입니다! 저는 경험은 소수의 친한 친구들, 가깝게 지내는 사람들과 가장 잘 공유될 수 있다고 생각하며, 무언가를 함께 한다는 것은 무얼 하든 그 일 하는 즐거움을 높여줄 것입니다. 제가 절대로 혼자 하지 않는 두 가지 일이 있는데, 그것은 외식과 술 마시는 것입니다. 이 두 가지는 제가 생각하는 가장 사교적인 활동이며, 저는 혼자 외롭게 식사하는 사람을 보면 정말 안 됐다고 느낍니다.

어휘

(be an) extrovert 외향적인　　**feed off X** X를 먹다

(to be) tight with ~와 가깝게 지내다　　**group dynamic** 그룹의 역동성

(to) enhance 높이다, 향상시키다　　**(to) feel X for Y** Y에 대해 X라고 느끼다

the X aspect X라는 점　　**no-one** 아무도 …않다　　**(be a) loner** 혼자인 사람

다음 PART 1의 토픽을 살펴보세요.

① **Music** 음악　② **Mobile phones** 휴대폰　③ **Clothes** 의복　④ **Colours** 색깔

아래 예를 참고하여 각각의 토픽에 대한 4개의 DO 질문을 만들고 스스로 답변해보세요.

① **Do you LIKE~?** 당신은 ~을 좋아하나요?

Do you like rock music? 당신은 록음악을 좋아하나요?

② **Do you PREFER~?** 당신은 ~을 더 선호하나요?

Do you prefer classical music to jazz music? 당신은 재즈보다 클래식을 더 선호하나요?

③ **Do you ENJOY~?** 당신은 ~을 즐기나요?

Do you enjoy live music? 당신은 라이브 음악을 즐기나요?

④ **Do you (+VERB)~?** 당신은 ~(동사)를 하나요?

Do you play any musical instruments? 당신은 악기를 연주하나요?

모범답안

Mobile phones	Do you like using a mobile phone? Do you prefer texting to calling someone? Do you enjoy getting new mobile phones? Do you surf the Internet with your mobile phone?
Clothes	Do you like wearing bright clothes? Do you prefer modern or vintage clothing? Do you enjoy shopping for clothes? Do you throw away clothes you don't wear anymore?
Colours	Do you like the colours of your country's flag? Do you prefer light or dark colours? Do you enjoy the colours in summer or winter? Do you get bored of wearing the same colours all the time?

정직함이 항상 최고의 방법은 아니다.

IELTS Speaking 답변에 있어 수험자들의 가장 큰 문제점 중 하나가 너무 정직하다는 것입니다. 인터뷰 질문에 지어낸 답을 하면 감독관이 알아차려 감점을 준다고 생각하는 것처럼 말이죠.

반드시 기억하세요. 첫 번째 PART 질문은 일반적으로 고향, 학교, 휴대폰 등과 같은 개인적인 상황에 근거한 것들입니다. 따라서 현실의 상황이 그다지 흥미롭지 않다면 답변을 만들어내도 전혀 상관 없다는 것입니다.

예를 들어, 처음 다닌 학교에 대한 질문을 받았을 때 학교에 대한 기억이 잘 안 날 수도 있습니다. 기억하려고 노력하는 동안 시간은 흘러가고 시험관은 평가하기 때문에, 이러한 상황에서는 흥미롭고 말하기 쉬운 이야기를 지어내 답하는 것이 더 좋은 점수를 받을 수 있습니다.

주어진 질문을 이용해 장소에 관한 짧은 이야기를 만들어보세요. 사실에 근거하지 마세요!

▶ Your first school

❶ Where was it? 어디였나요?

❷ Why did you like/dislike it? 왜 좋아/싫어했나요?

❸ When did you go there? 언제 다녔나요?

❹ What do you remember about it? 그 학교에 대해서 무엇을 기억하나요?

▶ Your Job

❶ What do you do? 직업이 무엇인가요?

❷ Where do you work? 어디서 일하나요?

❸ When do you go to work? 언제 일하러 가나요?

❹ Why do you like that kind of work? 왜 그 종류의 일을 좋아하나요?

이제 모범답안을 확인하세요.

Model Answer 01-03

What school did you go to?

A school I once attended was named Jiri mountain school. This school is located in the central part of Korea. There were a lot of students of all ages from middle school to university age. The teachers at Jirisan school wore various kinds of traditional clothes, including the Korean traditional wear called the Hanbok, as well as traditional hats. We learned about Korean history and took some moral education classes, as well as studied how to write using Chinese characters. When I attended the school I was very impressed and I think it is very important to maintain our traditional cultural habits and to respect our elders, so I can recommend this school to our children as well. I believe it was a special experience.

한때 제가 다녔던 학교의 이름은 지리산 학교입니다. 그 학교는 한국의 중심부에 위치해 있습니다. 그곳에는 중학교부터 대학교까지 모든 학년의 많은 학생들이 있었습니다. 지리산 학교의 선생님들은 한복이라고 불리는 한국전통의상과 전통 모자를 포함한 다양한 전통의상을 입었습니다. 우리는 한국의 역사에 관해서 배웠고, 도덕교육수업을 받았으며, 한자를 쓰는 법도 배웠습니다. 제가 학교를 다닐 때 깊은 감명을 받았으며, 또한 한국의 전통문화를 유지하고 어른들을 공경하는 것이 중요하다고 생각했습니다. 그래서 저는 우리 아이들에게도 이 학교를 추천할 수 있습니다. 저는 이것이 특별한 경험이었다고 믿습니다.

X is located in Y X는 Y에 위치해 있다   **(to) maintain** 유지하다

(be) impressed 감명 받은   **(to) respect (your) elders** 어른들을 공경하다

(to) recommend 추천하다

Model Answer   01-04

Where do you work?

I am an employee at Samsung Electronics Company in central London. We have about 4,000 employees working at our factory, with an even larger workforce worldwide. This company has a great reputation for innovation internationally, and is listed on the New York Stock Exchange as a publicly listed company, so I'm really proud of the fact that I can work for such a global leader. Our company has been voted one of the best companies to work for in the U.K., and the salary isn't half bad either. I've been working here for a couple of years, and I can see myself being here a good while longer, hopefully in a role of higher importance.

저는 런던 중심부에 있는 삼성전자에서 일합니다. 저희 공장에는 4,000명의 직원이 일하며, 전 세계적으로는 훨씬 더 많은 직원들이 있습니다. 이 회사는 혁신적 부분에서 세계적 명성이 있으며, 뉴욕 증시에 상장된 회사입니다. 그래서 저는 세계적인 회사에서 일한다는 것을 아주 자랑스럽게 생각합니다. 저희 회사는 영국에서 가장 일하고 싶은 곳 중 하나로 뽑혔으며, 월급도 썩 괜찮은 편입니다. 저는 이곳에서 몇 년째 일하고 있으며, 희망적으로 더 높은 중요 직책에서 좀 더 오래 일할 것 같습니다.

workforce 직원   **publicly listed company** 상장회사

(to have a) reputation (for) ~라는 평을 받다   **X isn't half bad** X는 썩 괜찮다

innovation 혁신   **I can see myself (doing) X** 나는 X할 것 같다

(to be in) a role of higher importance 더 높은 중요 직책에서

Day 02

PART 1 유창성과 일관성 향상시키기

이제 여러분은 Speaking 테스트의 첫 번째 PART가 어떻게 진행되는지 감을 잡았을 것입니다. 지금부터는 여러분의 점수를 어떻게 극대화시킬지 생각할 시간입니다. 이 책의 소개 부분에서 IELTS Speaking 점수 체계는 아래와 같이 4개 항목을 중점적으로 평가한다고 했습니다.

Fluency and Coherence 유창성과 일관성
Grammatical Range and Accuracy 문법의 범위와 정확성
Lexical Resource 어휘 자원
Pronunciation 발음

오늘은 유창성과 일관성에 초점을 맞추겠습니다. 먼저, 밴드 스코어 7의 가이드라인에서 인용한 용어의 정의를 살펴보겠습니다.

Fluency 유창성
노력 없이, 또는 coherence '일관성' 을 잃지 않고 길게 말할 수 있는 능력

Coherence 일관성
다양한 연결어와 대화 내용의 이동을 나타내는 어구들을 유연성 있게 사용할 수 있는 능력

...and by achieving maximal fluency and coherence...
최대한의 유창성과 일관성을 갖게 됨으로써 토픽을 완전히 그리고 적절하게 설명하는 능력

유창성과 일관성을 모두 충족하기 위해서는 어떤 훈련이 필요할까요? 우선 유창성에서 가장 중요한 부분인 '주저하기'와 '잠시 멈추기'에 초점을 맞춰보겠습니다.

다음 🎧 01-05 음원을 들어보세요.

Well errrr my my my favourite, erm my erm favourite colour is re re red. My my my brother re re really liked r r r red and he he he she he he erm was a buh buh big inf influence on me, so so so I erm like like red too. I ha have a re red ba ba ba ba bag and and and it is erm erm is erm really cool and go go goes with with my ja ja erm jacket.

말하는 사람이 확신 없는 단어를 이야기할 때 자신이 말한 것을 수정하거나, 틀린 단어로 말한 후 수정합니다. 또한 자신이 없어 '주저하기'를 하며 he…he…he… 등의 말을 자주 '반복하기'를 합니다.

다음 🎧 01-06 음원을 들어보세요.

Well [pause] my favourite [pause of 3 seconds] colour is erm [pause of 3 seconds] red. My [pause of 3 seconds] brother really liked [pause] red and he was a big [pause of 4 seconds] influence on me so I like [pause of 3 seconds] red too. I have a red erm [pause of 3 seconds] bag and it is really [pause of 3 seconds] cool and goes with my erm [pause of 5 seconds] jacket.

말하는 사람은 같은 대본을 이용하고 있지만, 2~3초 정도 '채워지지 않은 잠시 멈춤'을 자주 합니다. 또한 uuuummmm, aaaaaahhhhh 등의 '채워진 잠시 멈춤'을 합니다.

다음 🎧 01-07 음원을 들어보세요.

Well my favourite colour is red. My brother really liked red and he was a big influence on me, so I like red too. I have a red bag and it is really cool and goes with my jacket.

이번 음원은 주저하거나 반복, 멈춤 없이 적절하게 쉬어가며 명료하게 말합니다. 높은 점수를 기대할 수 있는 답변입니다.

01 머뭇거림, 반복과 잠시 멈춤

답변을 할 때 어떻게 '주저, 반복, 잠시 멈춤'을 피할 수 있을까요?
최선의 방법은 끊임없는 훈련입니다. Practice makes perfect.라는 말은 '유창성'과 '일관성' 평가항목에 가장 잘 적용되는 말입니다.
하지만 단기간에 도움이 될만한 몇 가지 테크닉이 있습니다.

천천히 말하기

우리는 '유창성'을 목표로 하고 있다는 것을 잊지 마세요. 말하는 '속도'와 '정확성' 사이에는 깨지면 안 되는 '균형'이 있는데, 다음과 같이 설명할 수 있습니다.
조금 천천히 말함으로써 다음에 무슨 말을 할지 생각할 시간을 가질 수 있으며, 이 방법은 '주저하기'를 상당 부분 줄일 수 있습니다.

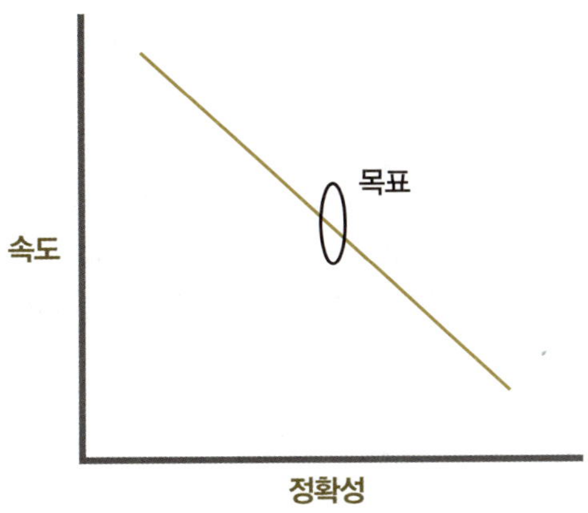

02 자연스럽게 잠시 멈추기

다음 페이지의 모범답안을 큰 소리로 읽어보세요. 이 답안들은 문장부호가 모두 지워져 있습니다. 읽으면서 문장의 흐름에 맞게 쉼표나 마침표 등을 표시해보세요. 모두 읽어본 후에 음원을 들으며 비교해보세요.

Where do you work?

I am an employee at Samsung Electronics Company in central London we have about 4,000 employees working at our factory with an even larger workforce worldwide this company has a great reputation for innovation internationally and is listed on the New York Stock Exchange as a publicly listed company so I'm really proud of the fact that I can work for such a global leader our company has been voted one of the best companies to work for in the UK and the salary isn't half bad either I've been working here for a couple of years and I can see myself being here a good while longer hopefully in a role of higher importance.

 01-09

What do you like the most about your job?

There are a number of really awesome aspects to this job but if I had to put my finger on one I would probably say that the working atmosphere is the best thing I really look forward to coming into work every day as it is an opportunity for me to catch up with the 'ins and outs' of the office gossip I'm a stickler for chat and as management has a pretty much 'hands-off' policy when it comes to poking their nose into what we are up to it gives us all the chance to waste time gossiping about our love lives what's on TV and so on we actually work very hard but we play hard as well!

 해석

당신의 일에 어떤 점이 가장 좋은가요?

제 일에는 좋은 부분들이 많지만 하나만 꼽는다면 근무 분위기가 최고라고 말할 것입니다. 저는 매일 회사에 가는 것을 기대하는데 그 이유는 '이러 저러한' 수다를 떨 수 있기 때문입니다. 저는 수다떨기에 정신이 없고 경영진들은 우리가 무엇을 하는지에 크게 간섭하지 않습니다. 이는 우리 모두가 연애, TV 프로그램 등의 수다를 떨면서 시간을 허비할 수 있는 기회를 제공합니다. 사실 우리는 일을 열심히 하지만 놀기도 열심히 합니다.

어휘

If I had to put my finger on 꼭 짚어 말한다면　**ins and outs** 자세한 내용, 요모조모

working atmosphere 근무 분위기　**(to be) a stickler for X** X에 사로잡힌 사람

(to) catch up 따라잡다　**(to be) hand's off** 간섭하지 않는

poke one's nose in ~에 간섭하다　**waste time gossiping** 수다로 시간을 낭비하다

work hard/play hard 열심히 일하다/열심히 놀다

03 말실수

했던 말을 반복하는 원인 중 하나는 자신이 실수를 했는지 아닌지 확신이 서지 않기 때문입니다. 간혹 아래와 같은 말실수 경험이 있을 겁니다.

섞기	person/people → perple
단어의 선택	golf club → golf bat, he → she
빠뜨리기	I can't tell you → I can tell you
첫 음의 잘못된 발음	I saw you fight a liar → I saw you light a fire
교체	she decides to hit it → she decide to hits it

만약 위 예처럼 실수를 했더라도 잘못한 말을 고치려하지 말고 다음 말을 이어나가는 것이 좋습니다. 축구에서 페널티 킥을 가장 잘 차는 사람은 자신이 어느 쪽 코너를 공략할 것인지 결정 후 그 결정에 따르는 사람입니다. 이는 유창성 향상에도 적용될 수 있는데, 시험장에서 무엇을 말할지 결정했다면 흔들리지 말고 그대로 말하는 게 좋습니다. 그러는 편이 더 자신감 넘치고 유창하게 보일 가능성이 높습니다.

04 덩어리로 나누기

영어의 많은 부분은 특정한 질문에 이미 정해진 답변이 있습니다. IELTS Speaking PART 1의 질문들은 여러분이 아주 많이 접해본 정형화된 질문들입니다. 예를 들어 아래 질문처럼 말이죠.

> Are you a student?
> Where do you work?
> Where do you live?

영어를 공부할 때 가장 먼저 접하는 말이 How are you? 이며, 이 질문에 답변은 당연히 I'm fine, thank you, and you?라고 생각합니다. 이렇게 정형화된 질문에 정형화된 답변을 CHUNKS '청크'라고 합니다. CHUNKS는 입에서 자동으로 나오고 답변하기 쉽기 때문에 많이 알아두면 더 유창한 말하기가 가능해지며 잠시 멈추거나 주저하는 현상이 줄어들 수 있습니다.

아래 지문을 읽고, CHUNKS에 / 표시를 해보세요.

'Chunking simply means to take certain words and break them up or put them together into 'chunks'. This exercise is showing you how to chunk text as you read. This will help you to see which kind of words go together and which kind of words don't. Each chunk should be small, perhaps no more than 2 to 5 words at the most, and when you chunk, this allows sections of words to be broken down into meaningful messages instead of grammar on the page.'

모범답안

'Chunking / simply means / to take / certain words / and break them up / or put them together / into 'chunks'. / This exercise / is showing you / how to / chunk text / as you read. / This will / help you / to see / which kind of / words / go together / and which / kind of words / don't. / Each chunk / should be / small / perhaps no more than / 2 to 5 words / at the most /, and when / you chunk /, this allows / sections of words / to be broken down / into meaningful messages / instead of / grammar / on the page.'

아래 질문을 보고 각각의 질문에 답변이 될 수 있는 적절한 영어 CHUNKS를 생각해보세요. 첫 번째 질문은 몇 가지 예가 주어져 있습니다. 답변을 만들어 본 후 다음 페이지에 제시된 두 개의 모범 답변을 확인하고 음원을 들어보세요.

What sort of job do you aim to have in the future?

I've always dreamed of…
When I was little….
After I graduate….

What do you usually do in your spare time?
What do you usually do on the weekends?
What do you usually do when you go out?

What do you usually do in your spare time?

I like to / spend time on / my real passion / which is / playing computer games. / I started playing / when I was little / and I play for / about 2 hours a night. / If I could / play games / all day / then I would probably / quit my day job / and become / a professional gamer / but to be honest / there aren't many jobs / for gamers / in the paper. I think that / one day / I wouldn't mind / entering a competition / so I can prove / to myself / that I have / what it takes / to be the best at / what I do /, and maybe / win some money.

해석

저는 제가 정말 열정적인 것에 시간 보내기를 좋아하는데, 그것은 컴퓨터 게임을 하는 것입니다. 어렸을 때 게임을 시작했고, 매일 밤 거의 2시간씩 게임을 합니다. 제가 만약 게임을 하루 종일 할 수 있다면 저는 아마 일을 그만두고 프로게이머가 되겠지만, 솔직히 신문에는 게이머들을 위한 일자리가 많지 않습니다. 저는 언젠가 경기에 참가해서 스스로에게 내가 하는 것에서 최고가 될 수 있다는 것을 증명하고 상금도 탔으면 합니다.

어휘

like to ~하기를 좋아하다   **spend time on** ~에 시간을 보내다

real passion 진정한 열정

If I could X then I would Y 내가 만약 X를 할 수 있다면, 나는 Y를 할 것이다

to be honest 솔직히 말해서   **I wouldn't mind (doing) X** 나는 X하기를 좋아한다

(to) prove to myself 스스로에게 증명하다

(to) have what it takes ~하는데 필요한 능력이 있다

What do you usually do on the weekends?

On weekends / I really like / to go mad / and have / a night out / in town. / I like to / get all dressed up / and put my best clothes on / and hit the town / with a couple of / my closest friends. / We would usually / start off with / a bite to eat / then afterwards / we might head into / the town centre / and raid / a couple of bars / before moving on / to a nightclub. / I usually / get back / about 2 or 3 a.m. / on Sunday morning / and more often than not / I'll spend / Sunday / chilling out / and nursing / my hangover.

저는 주말에 시내에서 아주 신나게 밤을 보내는 것을 좋아합니다. 저는 멋을 내고, 제일 좋은 옷을 입고, 가장 친한 친구 몇몇과 시내를 다니는 것을 좋아합니다. 우리는 보통 먹는 것으로 시작을 하고, 그 후 시내 중심가로 가서 나이트클럽에 가기 전 술집 몇 군데를 들릅니다. 저는 보통 일요일 새벽 2~3시에 집에 돌아오고, 거의 느긋하게 쉬고 숙취를 달래면서 일요일을 보냅니다.

(to) go mad 매우 신나하다　**(to get) all dressed up** 멋을 부리다

(to) hit the town 시내를 가다　**close friends** 가까운 친구

(to have) a bite to eat 먹을 것(먹다)　**(to) head into X** X로 향하다

(to) raid X X에 가다　**(to) move on to X** X로 이동하다

more often than not 자주　**chill out** 느긋하게 보내다, 긴장을 풀다

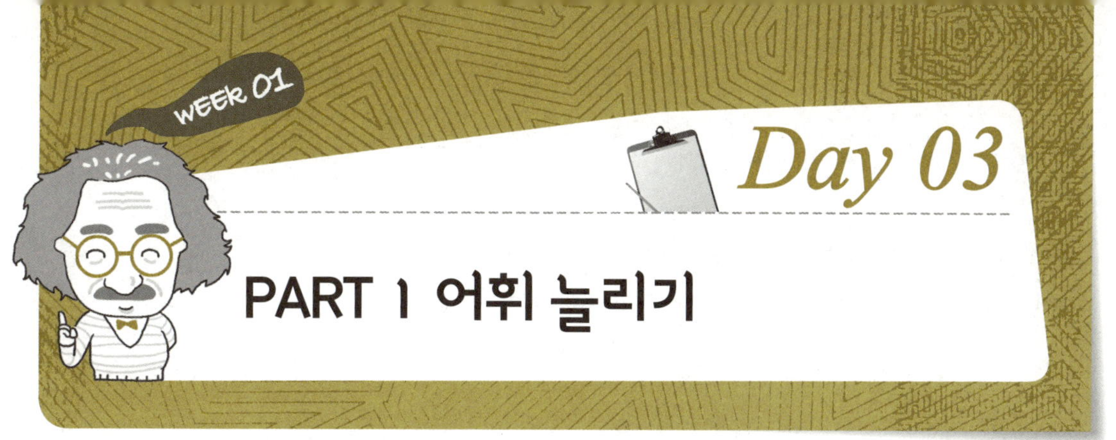

IELTS Speaking의 다음 평가 기준인 lexical resource '어휘자원'를 살펴볼 차례입니다. 어휘자원은 단순히 다른 말로 '단어'입니다. 먼저, IELTS 가이드라인 밴드 스코어 7에 제시한 정의는 다음과 같습니다.

> **Uses vocabulary resource flexibly to discuss a variety of topics**
> 다양한 토픽을 이야기하는 데 유연성 있게 단어를 사용한다
>
> **Uses less common and idiomatic vocabulary and shows some awareness of style and collocation**
> 덜 일상적이며 원어민이 사용하는 자연스러운 단어를 사용하며 스타일과 단어의 결합에 대해 일부 알고 있음을 보여준다
>
> **Uses paraphrase effectively**
> 효율적으로 바꾸어 말하기(페러프레이징)를 한다

풍부한 어휘력은 말하기에 가장 중요한 부분입니다. 오늘은 여러분의 어휘력 향상을 위해 학습하겠습니다.

01 유연성

영어의 단어가 실제로 무엇을 의미하는지에 대해 생각해 봐야만 합니다. 유연성을 기르려면 특정 단어가 구와 결합하거나 문장 안에서 무슨 뜻으로 쓰였는지 정확히 파악해야 합니다.

아래 두 문장은 같은 의미인가요?

I'll be back later.
I'll return after some time.

다음 표현들이 모두 같은 의미일까요?

John / He / Him / A man / The man / My friend /
That guy whom I've known since high school

다음 표현들이 모두 같은 의미인가요?

Cairo / The capital city of Egypt / The largest city in Africa /
A city with a great history

Square / a 4 sided object /
a quadrilateral / something with 4 sides of the same length

아래 문장들이 사실일까요?

This animal is a vegetable.
This sandwich can tell the time.
This man is not a human being.

다음 표현들은 모두 같은 의미일까요?

I love going shopping. / I love heading out to the mall.

I'm running a little late. / I'm a little behind schedule.

위 질문들에 답을 하면서 여러분은 어휘력의 두 가지 핵심인 '유연성'과 paraphrase '고쳐 말하기'의 감을 잡을 수 있었을 겁니다.

⓿❷ 동의어, 하의어, 반의어, 동음이의어, 구동사

★ Synonymy 동의성

다른 단어처럼 사용하지만 같은 의미의 단어들입니다.

> **ex** **travel / journey / trip**   **cook / fix / prepare / make**

다음 단어들은 IELTS Speaking PART 1에서 빈번하게 사용되는 동사들입니다. 사전을 찾아 각각의 단어에 대한 3개의 동의어를 찾아보세요.

(to) shop	(to) play	(to) relax
(to) call (on the phone)	(to) go	(to) watch
(to) like	(to) read	(to) listen
(to) eat	(to) live	(to) make
(to) want	(to) have	

모범답안

Shop - browse / bargain hunt / procure

Play - compete / have a game / have a match

Relax - chill out / take it easy / put your feet up

Call - give a buzz / bell / holler

Go - leave / depart / exit

Watch - look / see / view

Like - enjoy / love / adore

Read - browse / peruse / peer through

Listen - hear / take in / heed

Eat - munch / chomp/ slurp

Live - reside / hang out / occupy

Make - create / build / sculpt

Want - desire / need / covet

Have - acquire / carry / gain

★ Hyponymy 하의성

더 일반적인 의미를 갖는 단어의 뜻에 포함되는 특정 의미의 단어입니다. 'X는 Y의 한 종류이다'라는 문장을 만들 수 있습니다.

> **ex** animal ➜ fox   red ➜ scarlet   fish ➜ salmon

아래는 PART 1에서 자주 사용되는 단어들입니다. 각 단어마다 4개의 하의어를 생각해보세요.

animal	colour	food
gadget	place to visit	article of clothing
area	language	sound
weather pattern	someone you know	

★ Antonymy 반의성

한 단어의 의미가 다른 단어와 반대의 의미를 갖는 것입니다.

> **ex** hot ↔ cold   true ↔ false   black ↔ white
>   up ↔ down   left ↔ right

PART 1 답변에 자주 사용되는 단어들입니다. 최대한 많은 반의어를 생각해보세요.

good	delicious	interesting
exciting	fun	always
favourite	happy	boring
difficult	old	traditional
love		

★ Homonymy 동음이의어

스펠링이나 발음은 같은데 그 의미가 서로 다른 단어입니다.

> **ex** **bank** 둑(제방) **vs. bank** 은행
> **(to) mug** 강도짓을 하다 **vs. (a) mug** 머그잔

상대방이 정확히 알아듣기를 원한다면 말하고자 하는 문장의 의미가 올바르게 사용되고 있는지 확인하세요.

★ Phrasal Verbs 구동사

영어에는 많은 구동사가 존재합니다. 이 구동사는 동사에 특별한 의미를 더해주는 전치사가 뒤에 붙습니다. 구동사는 외우기 힘들지만 앞에서 배운 CHUNKS처럼 하나의 덩어리로 기억하면 훨씬 쉬워집니다.

아래 단어들은 가장 많이 쓰이는 동사들입니다. 각 단어마다 3개의 전치사를 붙여서 새로운 구동사를 만들어보세요. 1, 2번은 예로 주어졌습니다.

① get (out/off/up to)	② take (off/away/up)	③ make
④ go	⑤ come	⑥ look
⑦ give	⑧ tell	⑨ work
⑩ use		

모범답안

① get out 나가다	get away 벗어나다	get over 극복하다
② take off 이륙하다	take over 인수하다	take up 차지하다
③ make up (1) 형성하다	make over 양도하다	make up (2) 화해하다
④ go away 떠나가다	go under 가라앉다	go over 검토하다
⑤ come off 제거하다	come with 딸려있다	come up 나오다
⑥ look away 눈길을 돌리다	look up 찾아보다	look over 대충 살펴보다
⑦ give up 포기하다	give over 넘겨주다	give away 거저 주다
⑧ tell off 야단치다	tell between ～하면서 얘기하다	tell by ～로 ～을 말하다
⑨ work up 북돋다	work over 반복하다	work under ～밑에서 일하다
⑩ use up 다 쓰다	use with 같이 쓰다	use by ～까지 사용하다

다음 규칙동사들을 바로 앞 문제에 있는 구동사 중 의미가 같은 것과 연결시켜보세요.

① search   ② steal   ③ quit

④ scold   ⑤ finish   ⑥ plan

⑦ invent   ⑧ recover

모범답안

① look up	② take away	③ give up
④ tell off	⑤ use up	⑥ go over
⑦ make up	⑧ get over	

TIPS – Remember, Remember!

이제부터 새로운 단어가 나올 때마다 3개의 동의어, 하의어 1개, 반의어 1개를 적어보세요. 그리고 그 단어가 다른 단어의 동음이의어인지를 확인해보세요. 만약 그 단어가 동사라면, 구동사가 있는지도 확인해보세요. 이 훈련은 단어의 기억을 쉽게 도와주고 단어들 간의 연결고리를 형성해줍니다. 세계 단어 암기 챔피언도 이 방법을 사용합니다. 또한 사전은 영영사전을 사용하세요.

⓪③ Paraphrase – 다른 말로 바꾸어말하기

Paraphrase '바꾸어 말하기'는 같은 것을 표현하기 위해 다른 단어와 구문을 이용하거나 이미 언급한 것을 다른 말로 표현하는 것입니다. 페러프레이징은 한 단어 이상을 기억해야 하기 때문에, 동의어와 구동사보다 기억하기 어렵습니다. a, the, up, and, for 등의 기능적인 단어들은 다른 것과 대체될 수 없지만 book, boy, fun, exciting 처럼 내용을 나타나는 단어들은 시험의 각 PART에 한번씩만 사용되는 게 좋습니다. 그렇지 않으면 반복이나 유연성 부족의 이유로 감점을 받을 수 있습니다. 페러프레이징의 최선의 방법은 반복 훈련입니다.

아래 모범답안을 보고 그 다음 답변에 어떻게 페러프레이징 했는지 살펴보세요. 음원을 들으면서 따라 하는 연습도 잊지 마세요.

Model Answer  01-12

What kind of books do you like best?

I like most genres of books really, from crime novels to romances to thrillers, but I would say that my main area of interest is the horror genre. I've read horror books since I was little, and although the topics might have been scary in the past, I love how the best authors can create such feelings of suspense and dread with only words. The imagery is fantastic and the psychology behind many of the book's villains and monsters is fascinating to me. I thought about writing my own horror books once, but I guess I'm just not creepy or clever enough to dream up any really scary characters or settings, so I'm quite content to just leave it up to the masters. If they keep publishing them, I'll keep reading them!

해석

저는 정말 범죄소설부터 로맨스, 스릴러까지 거의 모든 장르의 책을 좋아하지만 가장 관심 있는 것은 호러 장르라고 말할 수 있습니다. 저는 어렸을 때부터 호러 책들을 읽어왔고, 비록 과거에는 그 주제들이 무서웠을 수도 있지만, 최고의 작가가 오직 글을 이용하여 긴장감과 두려움의 감정을 어떻게 만들어내는지 보는 것을 좋아합니다. 형상화는 정말 대단하고, 책에 등장하는 많은 악당과 괴물들 이면의 심리는 저를 매료시킵니다. 언젠가 한번 제가 직접 호러 책 쓰는 것을 생각했지만, 저는 정말 무서운 캐릭터나 배경을 생각해 낼 만큼 괴기스럽거나 영리하지는 않습니다. 그래서 그냥 전문가들의 몫으로 남겨두는 데 만족합니다. 그들이 계속 출판한다면 저는 계속 그 책들을 읽을 것입니다!

어휘

genres 장르　　**main area of interest** 주요 관심사　　**scary** 무서운

suspense 긴장감　　**dread** 두려움　　**imagery** 형상화　　**psychology** 심리

The X behind Y Y 이면의 X   **fascinating** 매료시키는   **creepy** 괴기스러운

dream up 생각해내다   **to leave X to Y** X를 Y의 몫으로 남겨두다

if they keep X I will Y 그들이 계속 X 한다면 나는 Y 할 것이다

What kind of books do you like best?

I enjoy almost every kind of book including detective books, love stories and mysteries, however I think that my favourite type of books are horror stories. Since I was a child, I've been reading horror books. I'm not so scared of them anymore but I think that the real genius of horror writers is that they can come up with stories that evoke tension and fear using basic vocabulary. I love the mental pictures that spring to mind and I love how the minds of the evil characters in the book are explored. I once considered publishing my own book some time ago, but I don't imagine my book would sell very well. I'd rather let the professionals do the work, and I'll always pick up any new book that comes out.

저는 탐정 소설, 러브스토리, 미스터리를 포함한 거의 모든 책을 좋아하지만, 가장 좋아하는 종류의 책은 호러 스토리입니다. 저는 어렸을 때부터 호러 책을 읽어왔습니다. 이제는 더 이상 그 책들을 무서워하지 않지만 호러 작가들의 진정한 천재성은 기본적인 단어를 이용하여 긴장감과 공포를 느끼게 하는 이야기를 만들어낸다는 것입니다. 저는 머릿속에 바로 떠오르는 영상을 좋아하며 책에서 나쁜 캐릭터의 마음이 탐구되는 것을 좋아합니다. 예전에 한번 제 책의 출판을 생각해 보았지만, 제 책이 잘 팔릴 것이라고 생각하지 않습니다. 전문가들이 그 일을 하도록 두고, 저는 새로운 책이 나올 때마다 그 책들을 읽을 것입니다.

since I was a X 내가 X였을 때부터   **spring to mind** 머릿속에 떠오르다

evoke 야기시키다   **(to) come up with X** X를 생각해내다

I don't imagine X 나는 X라고 생각하지 않는다   **genius** 천재성

tension 긴장감   **mental pictures** 마음속의 영상

아래 질문과 모범답변 3세트를 읽고 전체 모범답안을 paraphrase해보세요. 특정 단어들은 다시 사용해도 되지만 가능한 한 반복을 피하세요.

Model Answer  01-14

Do you enjoy horror movies?

Horror movies are dark and gloomy, so they make you scared and make your adrenalin flow. My favourite is Friday the 13th. In that movie, a maniac called Jason Vorhees comes back to life every Friday the 13th to kill teenagers, because a long time ago, a group of teenagers let him drown. These movies are usually set in camp sites, but later they went to New York, and even outer space. These movies are usually very violent and the death scenes use a lot of blood and makeup. The high point of these movies happens when people try to kill Jason, but he comes back to life, as he is indestructible. I love these movies because they are a lot of fun and don't require much brain power to understand.

해석

호러 영화는 어둡고 우울해서 당신이 무서워하게 만들거나 아드레날린이 흐르게 합니다. 제가 가장 좋아하는 영화는 '13일의 금요일'입니다. 그 영화에서 제이슨 볼히스라는 미치광이가 13일의 금요일마다 살아나서 10대들을 죽이는데, 그 이유는 아주 오래 전 십대 무리가 그를 익사하게 만들었기 때문입니다. 이 영화는 보통 캠핑장을 배경으로 하는데, 나중에는 뉴욕, 심지어 우주까지 갔습니다. 이 영화는 보통 아주 폭력적이고, 죽음 장면은 매우 많은 피와 분장을 이용합니다. 이 영화의 가장 재미있는 부분은 사람들이 제이슨을 죽이려 하지만 그는 파괴할 수 없는 것처럼 다시 살아난다는 것입니다. 저는 이 영화를 아주 좋아하는데, 그 이유는 재미있고 이해하는데 많은 지적 능력을 요구하지 않기 때문입니다.

어휘

drenalin 아드레날린   **high point** 가장 재미있는 부분   **to come back to life** 다시 살아나는

drown 익사하다   **X requires brain power** X는 지적 능력을 필요로 한다

maniac 미치광이   **X is set in Y** X는 Y에서 촬영된다   **gloomy** 우울한

space 우주   **violent** 폭력적인   **death scenes** 죽음 장면   **flow** 흐르다

makeup 분장   **indestructible** 쉽게 파괴할 수 없는

What is the first thing you will do when you arrive at your new apartment in the U.K.?

Well, I have a little golden rule for whenever I move into a new pad, which is to set up a plant of mine that I have had for years now in a sunny position near the window. I've carried this plant around now for about 5 years and it's still going strong. It's called a love flower and it's a pretty delicate plant, not particularly hardy by any means, so it requires a lot of care and attention. The idea behind setting it up first is that I treat the plant like family, so it's sort of like moving in with my mother or father first, so I have a companion in the new place. It really brings the new place together and makes me feel at home from day one, knowing that the plant is there on the window ledge. I guess you could do the same thing with a teddy bear or a photograph, but for me, it's the plant.

저는 새로운 곳으로 이사할 때마다 지키는 행동의 기본원리가 있는데, 그것은 제가 몇 년간 키워온 식물을 창문 옆 햇볕이 드는 장소에 두는 것입니다. 저는 이 식물과 약 5년간 이사를 다녔는데 여전히 튼튼합니다. 이것은 '사랑 꽃'이라고 불리며, 예쁘고 섬세한 식물인데, 특별히 강인한 게 아니라 많은 보살핌과 관심을 필요로 합니다. 화분의 자리를 먼저 잡는 이유는 이 식물을 가족처럼 대하기 때문에 어머니나 아버지를 먼저 모시는 것과 같은 것이고, 그래서 저는 새로운 장소에 동반자가 생기는 것입니다. 이는 새로운 장소와 정말 잘 어울리며 창문 선반에 그 식물이 있다는 것은 첫날부터 나의 집이라고 느끼게 해줍니다. 여러분도 테디베어나 사진으로 비슷한 행동을 할지도 모르지만 제게는 그것이 식물입니다.

어휘

a new pad 새로운 곳   **X is still going strong** X는 여전히 튼튼하다

golden rule 행동의 기본원리   **(to) treat X like Y** X를 Y처럼 대하다

X really brings Y together X는 Y와 정말 잘 어울린다   **position** 자리를 잡다

(to) feel at home 집처럼 느끼다   **delicate** 섬세한   **hardy** 강인한

by any means 결단코   **companion** 동반자   **window ledge** 창문 선반

Model Answer 🎧 **01-16**

Do you enjoy travelling?

I would say that travelling is my life! I've devoted a lot of time to getting out and about and seeing the world, at home or abroad. So far I've set foot in about 20 countries in all 5 continents, but there are many left on the list. I haven't seen much of South-East Asia yet, so I guess that's next. I'd like a month or two to explore Cambodia, Thailand and the Philippines, as I hear that they have some awesome cultural locations there that are must-sees. Every time I travel, I like to bring back a little souvenir with me, usually a lighter or box of cigarettes from the place I've been to. One day I hope to finish my collection, then I'll probably re-visit the places I've already been to and start collecting something else! That might sound a bit obsessive-compulsive, but it's really just an excuse to get out there and see more of the world again.

저는 여행은 제 인생이라고 말할 수 있습니다. 저는 밖으로 나가고, 국내나 해외에서 세상을 보는 것에 많은 시간을 쏟아왔습니다. 저는 지금까지 5 대륙의 약 20개국에 가보았지만, 아직 많은 나라들이 남아있습니다. 아직 동남아시아를 많이 보지 못해서 아마도 다음 차례가 될 것입니다. 저는 한 달이나 두 달 간 캄보디아, 태국, 필리핀을 여행하고 싶은데, 그 이유는 반드시 봐야 할 멋진 문화적 장소들이 있다고 들었기 때문입니다. 저는 매번 여행을 할 때마다 작은 기념품을 가지고 돌아오는 것을 좋아하는데, 보통 제가 간 곳의 라이터나 성냥갑입니다. 언젠가 제 수집이 끝나기를 희망하고 그 다음은 이미 가본 나라들을 다시 방문해서 다른 것을 수집하기 시작할 겁니다! 다소 강박증처럼 들릴지 모르지만 이는 단지 그곳에 다시 가서 세상을 더 보고 싶은 이유일 뿐입니다.

(to) devote a lot of X to Y 많은 X를 Y에 쏟다   **abroad** 외국으로   **continents** 대륙

(to) set foot in X X에 발을 들여놓다   **left on the list** 리스트에 남아 있다

cultural locations 문화적 장소   **must-see** 반드시 보아야 할 것   **lighter** 라이터

collection 수집   **re-visit** 재방문   **souvenir** 기념품

obsessive compulsive 강박증   **excuse** 핑계, 이유, 변명

이제 페러프레이징(paraphrase)된 모범답안을 확인하세요.

Model Answer  01-17

Do you enjoy horror movies?

Horror movies are bleak and oppressive, they really get you frightened and get your adrenalin flowing. I particularly love 'Friday the 13th'. In that movie, a psycho named Jason Vorhees is reborn every Friday the 13th to murder young people, because in the past, a group of high school kids didn't save him from drowning in a lake. They usually film these movies on camping grounds, but in recent films they travel to New York, and even outer space. These movies are really gory and when someone dies they really make it look quite real through the use of special effects. The coolest thing about these films is that Jason may be killed, but never for too long, as he is invincible. I think these movies are excellent as they are thrilling but aren't so hard to follow like a lot of other horror movies.

해석

호러 영화는 음산하고 숨이 막힐 듯해서 당신을 놀라게 하거나 아드레날린이 흐르게 합니다. 저는 '13일의 금요일'이라는 영화를 특히 좋아합니다. 그 영화에는 제이슨 볼히스라고 불리는 미치광이가 13일의 금요일마다 다시 태어나 젊은이들을 살인하는데, 그 이유는 과거에 한 무리의 고등학생들이 그가 호수에서 익사하는 것을 구하지 않았기 때문입니다. 보통 이 영화는 캠핑장에서 촬영하는데 최근에는 뉴욕, 심지어 우주를 가기도 했습니다. 이 영화는 유혈이 낭자한데, 누군가 죽을 때는 특수효과를 이용해 정말 실제처럼 보이도록 만듭니다. 이 영화의 가장 멋진 점은 제이슨이 죽지만 절대로 오래가지 않는데, 그 이유는 그를 아무도 꺾을 수 없기 때문입니다. 저는 이 영화들이 다른 호러 영화처럼 아주 신나지만 이해하기 어렵지 않아서 매우 훌륭하다고 생각합니다.

어휘

bleak 음산한　**oppressive** 답답한, 숨이 막힐 듯한
frightened 놀라다　**reborn** 다시 태어나다
gory 피투성이의　**invincible** 아무도 꺾을 수 없는, 천하무적의
thrilling 아주 신나는　**hard to follow** 이해하기 어려운

What is the first thing you will do when you arrive at your new apartment in the U.K.?

Well, there's something I always do whenever I move house, and that is to put an old plant I have kept for a long time on the window ledge in the sun. I've had this plant now for about 5 years and it shows no sign of old age yet. It's a love flower and it gets damaged easily, so it requires tender loving care. The reason why I move the plant in first is that the plant is like family to me, so I feel like I am helping my 'family' to move in with me. The plant is the centrepiece of the room and just seeing it there makes me feel at home right away. Most people have a photograph or a teddy bear they might use for the same effect, but I've settled on this plant for now.

제가 이사를 할 때마다 항상 하는 무언가가 있는데, 그것은 제가 오랫동안 기르고 있는 식물을 햇볕 아래 창문 선반에 두는 것입니다. 저는 이 식물을 5년 정도 기르고 있는데, 전혀 세월의 흔적이 보이지 않습니다. 그것은 '사랑 꽃'이며 쉽게 다치기 때문에 애정 어린 보살핌을 필요로 합니다. 제가 이 식물을 먼저 옮기는 이유는 제게 가족과 같기 때문인데, 이는 내 가족이 함께 이사하는 것을 돕는다고 느낍니다. 이 식물은 제 방의 중심이며 보는 것만으로도 내가 집에 있다는 것을 바로 느끼게 해줍니다. 대부분의 사람은 같은 효과로 사진이나 테디베어를 가지고 있지만 저는 지금 이 식물로 정했습니다.

sign of old age 나이든 티가 나다   **love flower** '파스텔 꽃'이라고도 불리는 식물의 종류
tender loving care 애정 어린 보살핌   **centrepiece of** ~의 중심
for the same effect 동일한 영향을 미치는   **settle on** ~로 정하다

Do you enjoy travelling?

Travelling is everything to me! I've spent ages travelling the world, both at home and away. I've visited about 20 countries, in all 5 corners of the world. I would like to see more of South-East Asia as I haven't really seen much of there yet. I'd like to take a couple of months to see Cambodia, Thailand and the Philippines, as they have some epic cultural places to visit. When I go on holiday, I always pick up a souvenir, most likely a lighter or some cigarettes from the destination. In the future I'd love to build up my collection a bit more, and then I'll probably go back to some of the old destinations and try to pick up another kind of souvenir! That might sound a bit mad to you, but it's just another way that I can justify going away to travel the world once more.

해석

여행은 제게 모든 것입니다! 저는 국내와 국외의 모든 세상을 여행하는 데 많은 시간을 보냈습니다. 저는 세계 5대륙의 약 20개 나라를 방문했습니다. 저는 아직 많은 곳을 보지 못한 동남아시아를 더 보고 싶습니다. 저는 가볼 만한 장대한 문화적 장소가 있는 캄보디아, 태국, 필리핀을 1~2개월 가보고 싶습니다. 저는 휴가를 갈 때면 항상 기념품을 가지고 오는데, 대부분 여행한 곳의 라이터나 담배 같은 것들입니다. 저는 미래에 수집품들을 좀 더 늘리고 싶고 이전에 갔던 곳 중 몇 곳을 다시 가서 다른 기념품들을 가지고 올 것입니다! 좀 이상하게 들릴지도 모르지만 세계를 다시 한번 여행하러 떠나는 것을 정당화할 수 있는 다른 방법일 뿐입니다.

어휘

epic 장대한　　**justify** 정당화하다

PART 1 문법의 범위와 정확성 향상시키기

IELTS Speaking 평가 기준 세 번째 항목은 Grammatical Range and Accuracy '문법의 범위와 정확성'입니다. 유창성과 일관성, 그리고 어휘자원과 함께 시험이 정확히 무엇을 요구하는지 아는데 도움이 될 것입니다.

Uses a range of complex structures naturally and appropriately
다양한 복합적인 구조를 자연스럽고 적절하게 사용한다

Produces consistently accurate structures
지속적으로 정확한 문장 구조를 만든다

'지속적으로 정확한 문장 구조를 만드는 것'은 실수를 하지 말라는 뜻이고, '복합적인 다양한 구조를 자연스럽게 사용하는 것'은 아래 그래프로 표현하겠습니다.

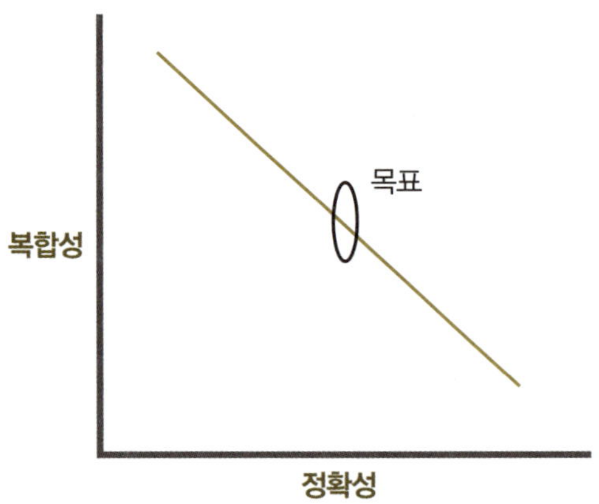

⓪¹ 복합성

먼저 문법에서 complexity '복합성'이 무엇을 의미하는지를 명백히 해야 합니다.
가장 간단한 영어 문장은 [주어+동사] 형태입니다.

> I swim.   He runs.
>
> She reads.   They fight.

이런 문장에서 주어는 아주 간단한 명사구이며 위 예문의 경우는 대명사입니다. 동사는 자동사이며 어떠한 목적어도 필요로 하지 않습니다. 여러분이 만들 수 있는 가장 간단한 문장형태이지만 이런 형태의 답변은 문법적 복합성 부분에서는 어떠한 점수도 얻을 수 없습니다. 복합성을 갖추려면 문장에 문법적 요소를 더해주어야 합니다.

＋ [주어+동사+직접목적어]

I read books.   He eats pizza.

＋ [주어+동사+간접목적어+직접목적어]

He gave Tom the ball.

＋ [주어+동사+직접목적어+사격어]

He gave the ball to Tom.

＋ [주어+동사+직접목적어+사격어+사격어]

He gave the ball to Tom on Wednesday.

＋ [주어+동사+직접 목적어+사격어+사격어+이어지는 문장(주어+동사+목적어와 함께)]

He gave the ball to Tom on Wednesday and Tom was happy.

＋ [주어+동사+직접 목적어+사격어+사격어+이어지는 문장(주어+동사+목적어와 함께)+관계사절]

He gave the ball to Tom on Wednesday and Tom was happy that he had been given the ball.

추가되는 각각의 요소들은 문장에 문법적 복합성을 더해주며, IELTS 채점 기준의 문법적 복합성도 충족합니다.

주어와 목적어를 만들기 위해서 명사구를 어떻게 만드는지 알아야 합니다. 가장 기본적인 명사구는 대명사처럼 단 하나의 단어로 되어 있습니다.

대명사의 종류

- 인칭대명사: I, we, they, him → 사람을 나타내는 대명사

- 재귀대명사: himself, themselves, myself → 스스로를 가리킬 때 쓰이는 대명사
  ex **I hurt myself.** 나는 내 스스로를 상처 입힌다.

- 소유대명사: his, theirs, ours → 누군가의 것이라는 소유를 나타내는 대명사
  ex **The book is theirs.** 그 책은 그들의 것이다.

- 지시대명사: this, that → 무엇을 가리킬 때 쓰이는 대명사
  ex **That was a good movie.** 그것은 좋은 영화였다.

- 보편성을 나타내는 대명사: all, everyone, each → 보편적인 사실을 나타내는 대명사
  ex **Everyone likes chicken.** 모든 사람은 닭고기를 좋아한다.

- 부분을 나타내는 대명사: someone, nobody → 일부를 한정할 쓰이는 대명사
  ex **Nobody has arrived.** 아무도 도착하지 않았다.

- 수를 나타내는 대명사: one, two, three → 단순한 수 개념이 아닌 명사를 셀 때 쓰이는 대명사
  ex **I ordered three.** 나는 세 개를 주문했다.

- 일반적 개념을 나타내는 대명사: (all) animals, dogs, fish
  → 특정한 동물을 나타내는 것이 아니라, 전체를 가리킬 때 쓰이는 대명사
  ex **Dogs are clever animals.** 개는 영리한 동물이다.

- 장소를 나타내는 대명사: here, there
  ex **Here is a dog.** 여기에 개가 있다.

ⓞ③ 한정사

다음 단계의 명사구는 한정사를 이용하는 것입니다. 이 한정사는 명사 앞에 사용되어 '유일함, 새로운 것, 앞서 언급된 것, 양, 수' 등의 명사의 의미를 한정해 줍니다.

- 유일함을 나타내는 한정사: the

  ex **The president of the United States** 미국의 대통령
  → 한 명만 존재함을 나타냄

  the planet Earth 지구 행성 → 지구는 하나만 존재함을 나타냄

- 새로운 것을 나타내는 한정사: a, an

  ex **a boy, a donkey, an elephant**
  → 처음으로 언급하는 명사 앞에 붙여주며 여기서는 소년, 당나귀, 코끼리가 처음 언급됨

- 앞서 언급된 것을 나타내는 한정사: the

  ex **There was a boy, the boy was called Sam.**
  → 한 소년이 있었는데 (처음으로 소년이 언급되어 a boy가 쓰임) 그 소년은 Sam이라고 불렸다.
  （앞에 나온 소년을 가리켜 the boy가 쓰임）

- 양을 나타내는 한정사: some, each, all, every, half

  ex **All people want some money.** 모든 사람은 돈을 원한다.
  half an hour 한 시간의 반

- 수를 나타내는 한정사: these, those, both

  ex **These books are good.** 이 책들은 좋다. → 복수의 개념
  Both movies are interesting. 두 영화 모두 흥미롭다. → 두 개 모두 가리킴

- 공간을 나타내는 한정사: this, that

  ex **This phone is nice.** 이 전화기는 좋다. → '여기'라는 공간을 나타냄
  That window is dirty. 저 창문은 더럽다. → '저쪽'이라는 공간을 가리킴

- 소유를 나타내는 한정사: my, your, his

  ex **His book is not the same as my book.** 그의 책은 내 책과 같지 않다.

- 이 중 일부의 한정사는 같이 쓰이기도 합니다.

  ex **all my life** (양+소유) 나의 모든 인생
  the first time (유일함+서수) 처음

04 관계대명사

관계대명사(who, which, that, what)는 기존 명사구에 의미를 더하는 새로운 절을 더해 명사구를 더 길게 만듭니다. 제한적 용법과 비제한적 용법 두 가지로 사용됩니다.

제한적 관계사

A: Which movie was it? 어떤 영화였니?

B: It was the movie that was showing on Friday. 금요일에 상영하는 영화였어.
→ 다른 요일이 아닌, 금요일에 상영하는 영화를 나타냄

A: Who was the person you saw? 네가 본 사람은 누구니?

B: It was the person that was running. 뛰어가고 있는 사람이었어.
→ 걷는 사람이 아니라, 뛰고 있었던 사람으로 한정하는 것

비제한적 관계사

The man, who was eating pizza, sat down next to us.
그 남자는 피자를 먹고 있었고, 우리 옆에 앉았다.
→ 많은 사람들 중 피자를 먹고 있던 사람을 나타내는 것이 아니라, 그 남자가 피자를 먹고 있다는 설명을 더함

The city of Busan, where many people visit every year, was very hot last summer. 매년 많은 사람이 방문하는 부산은 작년에 굉장히 더웠다.
→ 매년 많은 사람들이 부산에 방문한다는 추가설명

---

05 수식어

다음은 명사구의 수식어를 살펴보겠습니다. 주요 명사에 전치수식어나 후치수식어를 더할 수 있습니다.

★ 전치수식어
주요명사는 여러 개의 전치수식어를 가질 수 있지만, 그 순서는 비교적 정해져 있습니다. 아래의 예제들은 매우 복합적인 명사구들입니다.

All the other famous people

전치한정사+ 한정사 +후치한정사+일반+주요명사

모든 다른 유명한 사람들

The three tall young black African science post-graduate students

한정사+기수+사이즈+나이+색깔+출생지+목적+주요명사

세 명의 키 크고 젊은 흑인 아프리카 출신 과학 대학원생

Their second favourite wooden Chinese artefact

한정사+서수+일반+재료+출생지+주요명사

그들이 두 번째로 좋아하는 나무로 만든 중국 공예품

★ 후치수식어

주요명사의 뒤에 나오며 전치사구, 정동사절, 비정형절, 형용사구, 다른 명사구와 부사구를 사용해서 주요명사에 대한 정보를 더해주는 것입니다. 아래 예는 각각의 후치수식어가 어떻게 사용되는지를 보여줍니다.

전치사구

The man with the big head 머리가 큰 남자
A city of one million people 백 만 명의 사람이 있는 도시

정동사절 (관계대명사와 같이 쓰입니다.)

The man who ran away 도망간 남자
The dog that stole my lunch 나의 점심을 훔친 개

비정형절

The girl talking on the phone 전화를 하고 있는 소녀
The man running away 도망가고 있는 남자

형용사구

The bookcase full of important documents 중요한 문서로 가득 찬 책꽂이
The athlete ready to win the race 경기에 이길 준비가 된 선수

명사구

The musical 'cats' 뮤지컬 '캣츠'
The movie 'The Addams Family' 영화 '아담스 패밀리'

부사구

The way back to town 타운으로 돌아가는 길
The old man here 여기 있는 노인

그림을 보고 각 그림을 10개의 명사구를 이용해 설명하세요. 한정사, 전치사, 관계사를 제외하고 사용했던 단어를 다시 사용할 수 없습니다. 대명사, 전치수식어, 후치수식어를 이용해 명사구를 만들어보세요. 1번은 예제로 주어졌습니다.

1.

① Him
② A man
③ The President of the United States
④ A smart 50-something black man
⑤ The most powerful man in the world
⑥ The winner of the Nobel prize for peace
⑦ A man who would like to be remembered as a great president one day
⑧ A tall handsome man with short hair and a smiling face with a flag behind him smiling at the camera
⑨ The man that is in control of the world's largest economy
⑩ The first directly-elected African-American to become the President of the USA

2.

①
②
③
④
⑤
⑥
⑦
⑧
⑨
⑩

3.

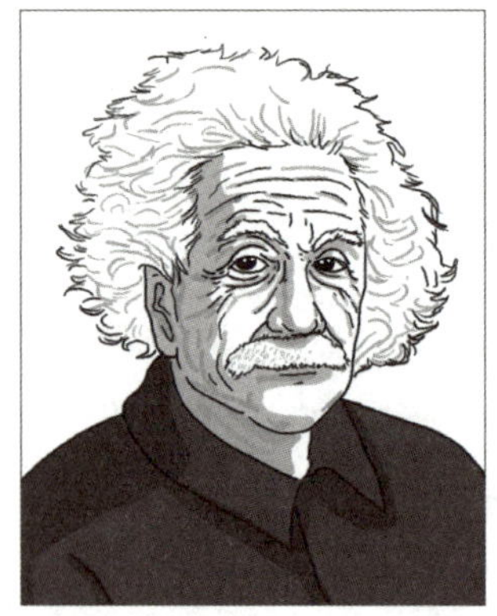

①
②
③
④
⑤
⑥
⑦
⑧
⑨
⑩

4.

①
②
③
④
⑤
⑥
⑦
⑧
⑨
⑩

5.

①

②

③

④

⑤

⑥

⑦

⑧

⑨

⑩

2.　① A man wearing glasses

② A famous Korean actor

③ A man who is popular in Japan

④ One of the stars of the 'Korean wave'

⑤ Someone who is stylish

⑥ A man with two names

⑦ The man who starred in the drama 'Moonlight Sonata'

⑧ A man whose surname starts with 'B'

⑨ An Asian man

⑩ A model

3.　① A man with wild hair

② The man who proposed the 'theory of relativity'

③ A smart man

④ A hero to modern science

⑤ A man called Albert

⑥ Someone with long white hair

⑦ A famous physicist

⑧ A former Nobel prize winner

⑨ Someone who died in 1955

⑩ A man who was born in Germany

4.　① Two Hollywood stars

② Actors who starred in the movie 'Titanic'.

③ A couple who fell in love despite a disaster

④ A British and an American actor

⑤ Academy Award winners

⑥ A rich woman and a poor man

⑦ One person holding his arms around another person's waist

⑧ Two people who had a terrible experience

⑨ Two characters in a movie by James Cameron

⑩ A man and a woman

5.　① The largest of the cat species

② An animal that lives on the plains

③ The king of the jungle, even though they don't live in the jungle

④ Something that eats other animals

⑤ A hairy beast

⑥ An animal that lives in a 'pride'

⑦ Something you can see in a zoo

⑧ An animal with a load roar

⑨ A very territorial creature

⑩ An animal that does not like hyenas

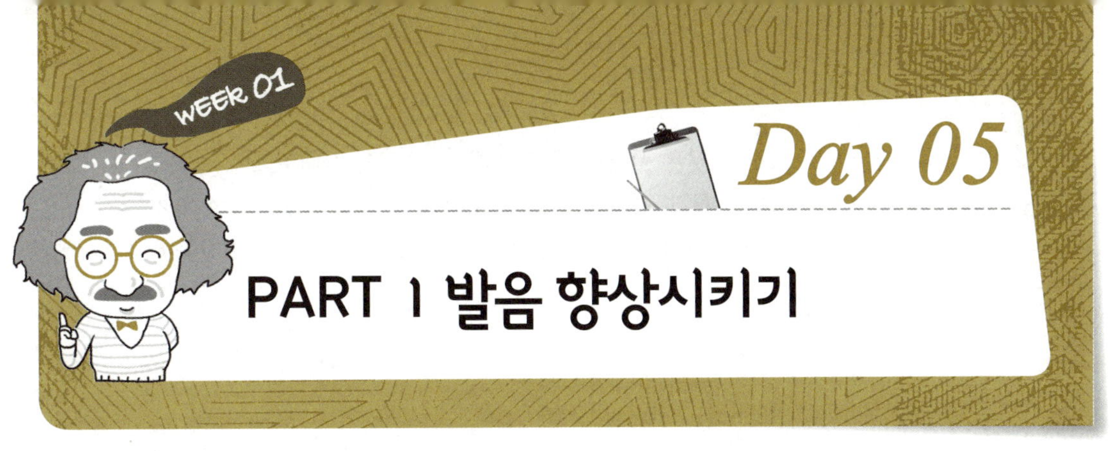

PART 1 발음 향상시키기

IELTS Speaking 마지막 평가항목은 발음입니다. 언어를 배우는 많은 학생에게 발음은 가장 큰 걱정거리입니다. 특히 외국 생활 경험이 없거나 다양한 영어 액센트를 접해보지 않았다면 더욱 그러할 것입니다. IELTS 평가 시스템은 발음이 어떻게 평가되는지 다음과 같이 설명하고 있습니다.

> **Uses a wide range of pronunciation features,**
> 다양한 발음의 특징 사용하기
>
> **Sustains flexible use of these features throughout**
> 시험 전반에 걸쳐 지속적으로 이러한 특징들을 다양하게 사용하기
>
> **Is easy to understand throughout: L1 accent has minimal effect on intelligibility**
> 시험 전반에 걸쳐 이해하기 쉬운지: 발음을 이해하는데 모국어 액센트가 최소한의 영향을 미치는지

처음 두 가지는 '발음의 특징 사용'에 관한 비교적 비슷한 내용입니다. 이 부분은 이 책 전반에 걸쳐 살펴보도록 하고 여기서는 액센트와 발음을 짚고 넘어가겠습니다.

01 액센트와 발음

IELTS Speaking에 대해 흔히 잘못 생각하는 부분은 완벽한 소리, 즉 액센트를 가지면 완벽한 발음이 된다고 생각하는데 사실 그렇지 않습니다.

액센트는 단지 좋은 발음의 한 부분입니다. IELTS Speaking에서 영국, 미국, 남아프리카, 호주, 뉴질랜드 사람들의 액센트는 점수에 전혀 영향을 미치지 않습니다. 시험 전반에 걸쳐 여러분이 하는 말을 시험관이 명확하게 이해할 수 있다면 중국인, 한국인, 일본인의 차이도 발음 점수에 전혀 영향을 주지 않습니다. 액센트는 여러분이 사는 곳을 나타내는 특성이며, 영국만 해도 수십, 수백 개의 다른 액센트가 있습니다. 이 중에는 영국으로 이민을 온 사람들의 액센트도 포함 되지만, 이 모든 액센트를 '네이티브'의 영어 액센트로 인식합니다. 원어민이 아닌데 영어교재 음원이나 TV 프로그램

에서 들을 수 있는 액센트로 말하는 것은 시간이 아주 오래 걸리거나, 절대로 같은 소리를 낼 수 없을 수도 있습니다. 따라서 여러분의 시간을 좀 더 발전적인 곳에 사용하는 게 유리하며 지금은 '액센트'에 대해 더 이상 생각하지 마세요. 여러분의 소리를 더 명확하고 이해하기 쉽게 만들어 주는 각각의 발음의 특징에 집중하세요.

02 자음의 소리

여기서는 각 자음 소리의 명확성에 초점을 맞춰보겠습니다. 한국어의 자음 중 상당수는 영어에도 존재합니다. 하지만, 소리가 비슷한 것 같지만 실제로 빈번하게 잘못 발음됩니다. 아래 리스트는 영어에서 듣는 주요 자음들입니다. 한국어와 다르게 영어 스펠링과 발음 사이에는 1:1 대응이 되지 않으므로 주의해야 합니다. 그래서 Cake와 King은 C, K로 시작함에도 불구하고 같은 자음 소리로 시작됩니다. Speaking 테스트에서는 중요한 것은 스펠링이 아닙니다!

★ 유음/무음의 구별 (멈춤, 마찰음)

음원을 듣고 손가락을 목에 대고 따라 하세요. 첫 번째 소리는 무성이고(진동 없음) 두 번째 소리는 유성입니다(진동 있음). 무성의 진동은 모음에서 시작합니다. Puh Puh Puh와 Buh Buh Buh를 연습하면서 그 차이를 비교해 보세요.

입이 공기의 흐름을 막았을 때 🎧 01-20

P / B – 입술을 다문 채로 말하세요.

pave / bathe	Pete / beat	puck / book
pig / big	put / but	

T / D – 혀를 윗니 뒤쪽 잇몸에 대고 말하세요.

Tay / day	tea / deep	time / dime
tome / dome	turn / burn	

Ch / J-G – 부드러운 입천장이 시작되는 살짝 튀어나온 부분을 혀로 치면서 말하세요.

chap / Jap	cheese / Jesus	chime / jive
chocolate / jovial	chump / jump	

K-C / G – 혀의 뒷부분이 윗이빨 뒤쪽에 모인 채로 말하세요.

cage / gauge	keep / geezer	king / give
cove / go	cool / goo	

★ 마찰음/파찰음 - 공기의 흐름이 마찰에 의해서 제한된 것 (완전한 멈춤은 아님)

01-21

F / V - 윗이빨을 아래 입술에 대고 말하세요.

fat / vat	fee / veal	find / violin
fold / volcano	full / Vulcan	

S / Z - 혀를 잇몸 근처, 윗이빨 뒤쪽에 두고 말하세요.

saxophone / zap	seal / zeal	size
soap / Zola	sue / zoo	

S / S - 혀의 뒷부분을 윗이빨 뒤쪽에 모아둔 채로 말하세요.

sheep / jeep	pressure / pleasure
fashion / village	should / general

Th - 시작할 때 혀가 이빨 사이에 위치한다는 것을 명심하세요. 공기를 밀어낸 후 혀를 이빨 사이에서 빼냅니다. 아마 거울 앞에서 연습이 필요할 겁니다. 아래 단어들 중 일부는 유음이고, 일부는 무음입니다. 그러나 그 차이는 들어서 구별하기는 힘들기 때문에 크게 신경 쓰지 않아도 됩니다.

this	thick	those
both	three	maths
length	thought	breathe
then	than	with

H / W (W 는 마찰음은 아니지만 모든 유성인 근접음입니다.) - H는 입을 계속 연 채로, 공기를 목에서부터 밀어내면서 소리를 냅니다. W는 입술을 동그랗게 하고 공기를 밀어내면서 소리를 내세요.

hate / wave	heat / wheat	hire / wire
hope / woven	hood / wood	

★ 비음 - 공기가 코를 통해서 나오는 것 (모두 유성)

 01-22

M / N (Kn) /-ng – 입술을 다물고 M 소리를 냅니다. N은 입천장 단단한 부분의 튀어나온 곳에 혀를 두고 소리를 냅니다. −ng는 뒤쪽으로 윗이빨을 살짝 건드리면서 혀를 모은 채로 소리를 냅니다.

man / nan	meet / neat	Mike / nike
mow / know	moose / noose	ring
king	bring	sing

★ 측음/전이음 - 공기의 흐름이 혀의 양쪽에서 나오는 것

 01-23

L / R – L은 혀를 윗이빨 뒤쪽 잇몸에 대고 소리를 냅니다. R은 혀를 입의 뒤쪽으로 모으면서 소리를 냅니다.

lane / rain	lease / release	live / ride
local / role	look / rook	

★ 성문음

01-24

이 소리는 uh uh uh 소리를 내서 목에서 공기의 흐름을 막아서 나게 됩니다. 그러나 공기의 흐름이 목에 갇힌다는 것을 명심하세요. 이 소리는 단어의 중간 또는 끝에서 납니다. 성문폐쇄음은 영어에서 꼭 써야 하는 것은 아닙니다. 명확한 소리를 위해 t를 이용하면 됩니다.

bottle	light	put
report	right	hate

03 한국인 발음 vs. 원어민 발음 – (자주하는 실수)

영어에는 있지만 한국어에는 없어서 학습자가 애먹는 발음들이 몇 가지 있습니다.

★ F/P - 마지막 자음에 모음 더하기

한국인이 발음하기 어려워하는 단어입니다

세번 반복되는 한 세트의 소리를 들으세요. 첫 번째 소리는 한국인의 발음이고 두 번째 소리는 원어민의 발음입니다

pishee / Fish	pishee / fish	pishee / fish

영어는 한국어의 자음 '프'에 해당하는 f와 p의 두 가지 다른 소리가 있습니다. 들어본 것처럼 두 개의 소리는 완전히 다르며 입의 다른 부분에서 소리가 납니다.

이제 아래 단어들을 연습하세요.

face / pace	focus / pose
future / push	french / pinch

fish의 끝소리가 다르다는 것도 알아차렸나요? 한국인은 영어 발음을 할 때 자음의 끝에 모음소리를 추가로 더 내는 반면, 원어민 발음은 자음의 끝에서 마지막 자음 소리로 끝이 납니다. 이 부분이 원어민이 듣기에 가장 거북한 한국인 발음 습관입니다. 시험관이 이 소리를 듣는다면 점수에 나쁜 영향을 줄 것입니다.

아래 단어들을 듣고 소리 내 말하면서 연습하세요. 한국인 발음 먼저 듣게 되는데, 집중해서 들어보면 모음을 늘려서 내는 소리가 들릴 것입니다. 따라 나오는 원어민의 발음을 목표로 하세요.

churchee / church	pishee / fish	martuh / mart
robotuh / robot	Englishee / English	bridgee / bridge
piguh / pig	milkuh / milk	handuh / hand

★ B/V

한국어에는 V 소리에 해당하는 자음이 없습니다. 그러나, F와 P처럼 B와 V도 상당히 다른 소리입니다. 이 두 소리는 입의 다른 부분을 이용해서 발음이 됩니다. B는 입술을 동시에 붙이면서 나는 소리이고, V는 F처럼 윗니를 아랫입술에 두면서 만들어지는 새는 소리입니다.

bideo / video	brabo / bravo	belbet / velvet
biolin / violin	bwee-neck / v-neck	

★ ZZ/J/CH

한국어에는 Z를 위한 자음 소리가 없습니다. 아래의 단어들을 듣고 소리 내어 말하면서 연습하세요. 한국인의 영어발음을 먼저 듣게 됩니다.

joo / zoo   pija / pizza

★ S/SH

S소리가 단어의 처음에 올 때, 한국인은 s와 sh 소리를 구별하지 못하는 경향이 있습니다. 다음 소리를 듣고 말하면서 연습하세요.

shuperman / superman   shingapore / singapore

★ Th/S or Th/D

한국어에는 th소리가 없습니다. 그래서 보통 s나 d로 th를 대신합니다.

shankyou / thank you   birsuhday / birthday
healsuh / health   dere / there

★ Ph/P

한국어는 ph와 p를 구별하지 않습니다. 영어에서의 ph소리는 f소리와 같습니다. 윗니를 아랫입술에 대고 공기를 불어서 f소리를 냅니다. 그리고 p는 b처럼 입술을 동시에 붙이고 더 힘을 주어 공기를 세게 불어서 소리를 냅니다.

 01-31

pone / phone　　　　　poto / photo　　　　　prase / phrase

★ L/R

한국어는 L과 R을 구별하지 않습니다. 그러나 높은 발음점수를 원한다면 반드시 극복해야 할 중요한 부분입니다.

L은 혀에 살짝 힘을 주어 이빨의 뒤에 놓고 공기의 흐름을 만듭니다. 그 후 힘을 빼면서 혀를 이빨에서 떼세요. 이 과정을 빠르게 연습하세요. R은 혀가 이빨을 건드리지 않습니다. 혀가 이빨 뒤쪽에서 머무르게 하세요. 음원을 들으며 연습하세요.

 01-32

LaLa LaLa LaLa LaLa LaLa LaLa
I love my little Lola, Lola, Lola
She's a looker, looker, looker
I like to leave my lunch on my lap, I like to leave my lunch on my lap
I saw a lion in the lake, and when I looked, it was a violin!
RaRa　　RaRa　　RaRa　　RaRa　　RaRa
I saw a rocket, rocket, rocket
It was rising, rising, rising, rising
Its all right, all right, all right

Day 06

PART 1 빈출 주제 훈련

Day 6에서는 IELTS Speaking PART 1에 다루어지는 다양한 주제를 살펴보고 문장 만들기 훈련을 하겠습니다. 본인 경험과 상관없이 문장을 만들기 쉬운 쪽으로 얼마든지 지어내도 좋습니다.

각각의 주제에 주어진 4개 표현에 이어 문장을 만드세요. 어휘력 향상을 위해 가능한 한 같은 단어를 피하도록 노력하세요.

TRAVEL 여행

+ **I have been to~** 저는 ~에 가본 적이 있습니다

+ **I would like to go to~** 저는 ~에 가고 싶습니다

+ **I travel with (my friends/family)** 저는 (친구/가족)과 여행을 합니다

+ **I love to travel because~** 저는 여행하기를 좋아합니다. 왜냐하면~

READING 독서

+ **I enjoy reading for pleasure because~** 저는 즐거움을 위해서 책 읽기를 좋아합니다. 왜냐하면~

+ **Recently I have read~** 최근에 저는 ~을 읽었습니다

+ When I was a child, I read~ 저는 어렸을 때 ~을 읽었습니다

+ Children should read more because~ 아이들은 책을 더 많이 읽어야 합니다. 왜냐하면~

MOBILE PHONES 휴대폰

+ My first mobile phone was~ 저의 첫 번째 휴대폰은 ~이었습니다

+ I use my mobile phone (how often?) 저는 휴대폰을 (얼마나 자주) 사용합니다

+ My mobile phone is important because~ 제 휴대폰은 중요합니다. 왜냐하면~

+ I think I will use my mobile phone (more or less) in the future
제 생각에 저는 휴대폰을 미래에 (더 자주 또는 덜) 사용할 것입니다

SEASONS 계절

+ My favourite time of the year is~ 1년 중 제가 가장 좋아하는 시기는 ~입니다

+ I dislike (which season?) 저는 (어떤 계절)을 싫어합니다

+ The best time of the year to visit my country is~
우리나라를 방문하기에 1년 중 가장 좋은 시기는 ~입니다

+ **The weather is/isn't changing in my country because~**
우리나라에서는 계절이 변하고 있습니다/있지 않습니다. 왜냐하면~

ANIMALS 동물

+ **My favourite animal is~** 제가 가장 좋아하는 동물은 ~입니다

+ **A famous animal in my country is~** 우리나라에서 가장 유명한 동물은 ~입니다

+ **I think zoos are a good/bad idea because~**
나는 동물원이 좋은/나쁜 아이디어라고 생각합니다. 왜냐하면~

+ **We should protect animals because~** 우리는 동물들을 보호해야 합니다. 왜냐하면~

COOKING 요리

+ **(Who) cooks the food in my family** 우리 집에서는 (누가) 요리를 합니다

+ **I like/don't like fast food because~** 나는 패스트푸드를 좋아합니다/좋아하지 않습니다. 왜냐하면~

+ **(Which) food is famous in my country** 우리나라에서는 (어떤) 음식이 유명합니다

+ **We should eat healthy food because~** 우리는 몸에 좋은 음식을 먹어야 합니다. 왜냐하면~

RELAXING 휴식

+ I find (what?) relaxing 저는 (무엇을 하는 것이) 편안하다고 생각합니다

+ It's important to have time to relax because~ 휴식시간을 갖는 것은 중요합니다. 왜냐하면~

+ People in my country relax by (doing what?)
우리나라에서 사람들은 (~을 하면서) 휴식을 취합니다

+ When I can't relax, I~ 편하게 쉬지 못할 때, 저는~

COLLECTING THINGS 수집하기

+ When I was little, I collected~ 제가 어렸을 때, ~을 수집했습니다

+ Collecting things is fun because~ 수집하기는 재미있습니다. 왜냐하면~

+ People in my country collect~ 우리나라에서 사람들은 ~을 수집합니다

+ If I had the money, I would like to collect~ 만약 제가 돈이 있다면, 저는 ~을 수집하고 싶습니다

SOUNDS 소리

+ I really like the sound of~ 저는 ~한 소리를 정말 좋아합니다

+ I hate the sound of~ 저는 ~한 소리를 싫어합니다

+ In my country, you can often hear~ 우리나라에서는 ~한 소리를 자주 들을 수 있습니다

+ I would really like to hear the sound of ~ in the future
저는 미래에 ~의 소리를 들어보고 싶습니다

+ I study~ 저는 ~을 공부합니다

+ I have been a student since~ 저는 ~부터 학생입니다

+ I study this subject because~ 저는 이 과목을 공부합니다. 왜냐하면~

+ When I graduate, I want to~ 졸업 후에 저는 ~을 하고 싶습니다

+ I work at~ 저는 ~에서 일합니다

+ I have worked there since~ 저는 그곳에서 ~부터 일하고 있습니다

+ I love my job because~ 저는 제 일을 아주 좋아합니다. 왜냐하면~

+ In the future I would like to~ 저는 미래에 ~을 하고 싶습니다

LANGUAGES 언어

+ I speak (how many?) languages 저는 (몇 개의) 언어를 말합니다

+ I have been learning English since~ 저는 ~부터 영어를 배워왔습니다

+ English is easy/difficult for me because~ 영어는 제게 쉽습니다/어렵습니다. 왜냐하면~

+ If I had the time, I would like to learn (which language?)
만약 제가 시간이 있다면, ~언어를 배우고 싶습니다

ENTERTAINMENT 엔터테인먼트

+ When I have free time, I like to~ 자유시간이 있을 때, 저는 ~을 하기를 좋아합니다

+ People like to (do what?) where I live 제가 사는 곳의 사람들은 ~을 하기를 좋아합니다

+ There is/There isn't much to do at night where I live
제가 사는 곳에는 밤에 할 일이 많이 있습니다/없습니다

+ I wish there could be a (what?) where I live 제가 사는 곳에 ~이 있었으면 좋겠습니다

MUSEUMS 박물관

+ I like museums because~ 저는 박물관을 좋아합니다. 왜냐하면~

+ There is/isn't a good museum in my country
우리 나라에는 좋은 박물관이 있습니다/없습니다

+ Children should visit museums because~ 아이들은 박물관을 방문해야 합니다. 왜냐하면~

+ My favourite museum is~ 제가 가장 좋아하는 박물관은 ~입니다

• Travel

I have been to a number of countries in Europe, most notably Germany and France.
저는 유럽에 있는 많은 나라들을 가보았으며, 가장 주목할 만한 곳은 독일과 프랑스입니다.

I would really like to go to Africa, as I hear the wildlife is out-of-this-world.
저는 아프리카에 가고 싶은데, 그 이유는 야생동물들이 믿기 어려울 정도로 멋지다고 듣기 때문입니다.

I usually travel with my friends, as my family don't like to go anywhere adventurous.
저는 보통 친구들과 여행을 하는데, 그 이유는 우리 가족들은 모험적인 곳에 가는 것을 좋아하지 않기 때문입니다.

I love to travel because I feel like I can forget all of the pressures of my home life and experience something new.
저는 여행하는 것을 좋아하는데, 그 이유는 집에서의 모든 압박을 잊을 수 있고 새로운 것을 경험할 수 있기 때문입니다.

• Reading

I enjoy reading for pleasure because I can escape my busy life for a couple of hours and experience the life of another person.
저는 즐거움을 위해 책 읽기를 좋아하는데, 그 이유는 1~2시간 동안 바쁜 삶에서 벗어나 다른 사람의 삶을 경험할 수 있기 때문입니다.

Recently I have read 'Life of Pi', which was nominated for best picture at the Academy Awards this year.
최근 저는 '파이의 인생'을 읽었는데, 그것은 올해 아카데미 영화제에서 최우수작품상 후보에 올랐습니다.

When I was a child I used to read a lot of comic books. I particularly enjoyed the old classics like 'Batman' or 'Superman'.
제가 어렸을 때 많은 만화책을 읽곤 했습니다. 저는 특히 '배트맨'이나 '슈퍼맨'같은 고전을 좋아했습니다.

Children should read more because they don't get to experience a lot of the magic that they might get from books by watching the television.
아이들은 책을 더 많은 읽어야 하는데, 그 이유는 책에서 얻을 수 있는 많은 마법들을 텔레비전을 보는 것으로는 경험할 수 없기 때문입니다.

• Mobile Phones

My first mobile phone was a Nokia with a tiny green screen. It was so big that it would hardly fit inside my pocket.
제 첫 번째 휴대폰은 작은 초록색 스크린이 있는 노키아였습니다. 그것은 너무 커서 제 주머니에 들어가지 않았습니다.

I use my mobile phone quite often, usually when I am waiting for something or on the bus, I will surf the internet and check my e-mails.
저는 휴대폰을 꽤 자주 이용하는데, 보통 무엇을 기다리거나 또는 버스에서 인터넷을 검색하고 이메일을 확인합니다.

My mobile phone is important because all of my contacts are on there and if I lost them I wouldn't be able to do my job.
제 휴대폰은 중요한데, 그 이유는 제 모든 연락처가 여기에 있고 만약 그것들을 잃어버리면 일을 할 수 없기 때문입니다.

I think I will use my mobile phone less in the future as people are starting to move onto to tablet PCs now, which don't rack up charges like a mobile phone does.
저는 미래에 휴대폰을 덜 사용할 것이라고 생각하는데, 그 이유는 사람들이 이제 태블릿 PC 사용으로 옮겨가고 있고, 이것은 휴대폰처럼 사용료를 부과하지 않기 때문입니다.

• Seasons

My favourite time of the year is the spring, because it's great after coming out of a long, cold winter to see the sky get brighter and the flowers start to bloom.
1년 중 제가 가장 좋아하는 시기는 봄이며, 그 이유는 길고 추운 봄을 지나 더 밝아진 하늘을 보는 것은 아주 멋지고, 꽃들이 피기 시작하기 때문입니다.

I dislike winter as it gets freezing cold in my country so you don't feel like going out much. Staying in all day gets very dull after a while.
저는 겨울을 싫어하는데, 그 이유는 우리나라의 겨울은 얼어붙을 만큼 추워서 밖에 나가고 싶지 않기 때문입니다. 하루 종일 집에 있으면 얼마 지나지 않아 매우 지루합니다.

The best time of the year to visit my country is the summer, as that is when all of the festivals and sporting events take place.
1년 중 우리나라를 방문하기 가장 좋은 시기는 여름인데, 그 이유는 모든 축제와 스포츠 이벤트가 열리는 시기이기 때문입니다.

The weather is changing in my country I think, due to the effect of global warming. We seem to be having more severe weather, like tornadoes and floods.
우리나라의 날씨는 변하고 있는데, 저는 지구온난화 때문이라고 생각합니다. 토네이도, 홍수와 같은 더 혹독해진 날씨로 변하는 것 같습니다.

• Animals

My favourite animal is the lion. I love to see such big animals running around the plains with such grace and speed, and I love the furry mane of the male lion.
제가 가장 좋아하는 동물은 사자입니다. 저는 그렇게 큰 동물이 우아하고 빠르게 평원을 달리는 모습 보기를 좋아하고 수사자의 숱이 많은 갈기를 좋아합니다.

A famous animal in my country is the seagull, as it is the symbol of our baseball team. I suppose it is because we live next to the sea.

우리나라에서 유명한 동물은 갈매기인데, 그 이유는 우리 야구팀의 심볼이기 때문입니다. 제 생각에 그것은 우리가 바다 근처에 살기 때문인 것 같습니다.

I think zoos are a good idea because we are constantly destroying many animals' natural habitats, so for these animals, zoos are the only place left that they can survive.

제 생각에 동물원은 좋은 아이디어인데, 그 이유는 우리가 지속적으로 동물의 자연서식지를 파괴하고 있어서, 동물들을 위해 동물원은 그들이 살아남을 수 있는 유일한 장소입니다.

We should protect animals because we too are animals just like them, and letting them die off would be a terrible example for our children, who may never see such animals in their lifetimes.

우리는 동물을 보호해야만 하는데, 그 이유는 우리도 그들과 같은 동물이며 그들이 죽게 내버려 두는 것은 동물을 못 보게 될 후손들에게 끔찍한 본보기입니다.

• Cooking

My mother does all the cooking in my family. Without her I think we might all starve, as Dad has never picked up a pan in his life!

가족 중 어머니께서 모든 요리를 하십니다. 그녀 없이는 제 생각에 우리는 모두 굶어 죽을 것입니다. 아버지는 그의 인생에서 한번도 후라이팬을 들어본 적이 없기 때문입니다.

I like fast food, but only occasionally. Sometimes it's just easier to drive out and get a takeaway than have to deal with waiting for ages or doing lots of washing up.

저는 패스트푸드를 좋아하지만 가끔씩만 먹습니다. 때때로 아주 오랫동안 기다려야 하거나 아주 많은 설거지를 하는 것보다 운전해 가서 패스트푸드를 사오는 것이 쉬울 뿐입니다.

There are many famous foods in my country but I suppose that 'fish and chips' is the most popular as that is the one that most foreign tourists want to try.

우리나라에는 많은 유명한 음식이 있지만 '피쉬 앤 칩스'가 가장 유명하다고 생각하는데, 대부분의 관광객이 먹어보고 싶어하는 음식이기 때문입니다.

We should eat healthy food because our children are heavily influenced by what we eat, and if we want them to become healthy, then we, too, should eat healthily with them.

우리는 몸에 좋은 음식을 먹어야 하는데, 그 이유는 우리 아이들이 우리가 먹는 것에 굉장히 많은 영향을 받기 때문이며, 그들이 건강하길 바란다면 우리도 그들과 함께 몸에 좋은 음식을 먹어야 합니다.

• Relaxing

I find classical music incredibly relaxing. I can put on some Beethoven and drift off to another world every time.
클래식 음악은 마음을 아주 느긋하게 해줍니다. 매번 저는 베토벤 음악을 틀어놓고 다른 세상으로 표류해갑니다.

It's important to have time to relax so that when you return to work, you can be sure that the work you do will be of a high standard.
휴식을 가지는 것은 중요하며, 다시 일터로 돌아갔을 때 당신이 하는 일의 효율이 확실히 높아질 것입니다.

People in my country relax by going fishing. On the weekend you can see hundreds of fishermen by the river, from all walks of life, just going about their business trying to catch a few fish.
우리나라 사람들은 낚시를 하면서 여유를 즐깁니다. 주말에는 강가에 수백 명의 낚시꾼들을 볼 수 있는데, 모든 계층의 사람들이 단지 몇 마리의 물고기를 낚으려고 옵니다.

When I can't relax I get pretty irritable and can't really concentrate on anything for very long. I'm not a fun person to be around.
제가 휴식을 취하지 못하면 쉽게 짜증을 내고 어떤 일에도 오랫동안 집중을 하지 못합니다. 저는 함께 하기에 재미있는 사람이 아닙니다.

• Collecting things

When I was little I collected pebbles from the beach. I loved the way that they felt in my hand, and there were some amazing colours to look at.
제가 어렸을 때 바닷가에서 조약돌을 모으곤 했습니다. 저는 그것들이 손에 닿는 느낌이 좋았고, 보기에 아주 멋진 몇몇 색깔이 있었습니다.

Collecting things is fun because it gives you a virtual record of the places that you have been. Whenever I look at my collection, it always brings back memories.
수집하는 것은 재미가 있는데, 다녀 온 곳들의 가상 기록이 되기 때문입니다. 제 수집품을 볼 때마다 항상 그때의 기억들이 되살아 납니다.

People in my country collect postage stamps. Some of them go for many hundreds of dollars, which is crazy for a tiny piece of paper.
우리나라 사람들은 우표를 수집합니다. 그들 중 일부는 수백 달러를 지불하기도 하는데, 그것은 작은 종이 조각 하나에 열광하는 것입니다.

If I had the money I would like to collect sports cars. Who wouldn't want to have a collection of racing cars in their garage?
만약 제가 돈이 있다면 스포츠카를 모을 것입니다. 누가 자신의 차고에 스포츠카 수집을 원치 않을까요?

• Sounds

I really like the sound of the sea. The ebb and flow of the tide are one of the most relaxing sounds that you can hear.

저는 바다 소리를 정말 좋아합니다. 조수의 변화는 들을 수 있는 가장 편안한 소리 중 하나입니다.

I hate the sound of road works outside of my house in the morning. I can't get a lie-in at all these days.

저는 아침에 집 밖의 도로 공사하는 소리를 정말 싫어합니다. 저는 요즘 전혀 늦잠을 잘 수가 없습니다.

In my country you can often hear the traffic horn in the street. People abuse that horn so much, it's a wonder that anyone can sleep at all.

우리나라에서는 도로에서 경적 소리를 자주 들을 수 있습니다. 사람들이 경적을 너무 많이 남용해서 누가 잠이라도 잘 수 있을지 의문입니다.

I would really like to hear my baby say her first words. I'm really looking forward to hearing her say mummy or daddy. I wonder which one will come first?

저는 제 아기가 처음 말하는 단어들이 정말 듣고 싶습니다. 저는 엄마나 아빠라고 말하는 소리를 정말 기대하고 있습니다. 어떤 단어가 먼저일지 궁금합니다.

• Student life

I study mechanical engineering in college at the moment. It's pretty complicated but it should be useful when I graduate.

저는 현재 대학교에서 기계공학을 공부하고 있습니다. 그것은 꽤 복잡하지만 졸업하면 유용할 것입니다.

I have been a student since I was 5 years old, starting at elementary school then through to middle and high school before attending university.

저는 5살 때부터 초등학교를 시작으로 중학교, 고등학교를 거쳐 대학교를 다니기 전까지 학생입니다.

I study English because it's the most widely spoken international language and it is necessary to land a job at a big company in my country.

제가 영어를 공부하는 이유는 영어는 국제 언어로 가장 광범위하게 사용되고, 우리나라에서 대기업에 취직하기 위해서 필수적이기 때문입니다.

When I graduate I am thinking of taking up a research position somewhere in the USA, so that I can develop my chemistry skills further.

저는 졸업하면 미국 어딘가에서 연구원 일자리를 얻을 생각인데, 그렇게 하면 제 화학 기술을 더 발전시킬 수 있습니다.

• Working life

I work at IBM computer systems in Seoul, Korea. It's one of the biggest PC software manufacturers in the world.

저는 한국의 서울에 있는 IBM 컴퓨터 시스템에서 일합니다. 이 회사는 세계에서 가장 큰 PC 소프트웨어 제조 회사 중 하나입니다.

I have worked at McDonalds since I graduated. The job market is very tough and there just don't seem to be any openings at the moment.
저는 졸업한 이후 맥도날드에서 일해왔습니다. 취업 시장이 아주 어렵고, 현재 어떠한 구인자리도 없는 것 같습니다.

I love my job as I get on so well with all of my co-workers. They are like a second family to me and I couldn't imagine being without them.
저는 제 일을 사랑하는데, 그 이유는 직장 동료들과 아주 잘 지내기 때문입니다. 그들은 제게 두 번째 가족과 같고 그들 없이 지내는 것을 상상할 수 없습니다.

In the future I would like to be promoted to general manager. I think that I am ready to take the next step on the career ladder.
미래에 저는 총지배인으로 승진하고 싶습니다. 저는 제 경력 단계에서 다음 단계로 올라갈 준비가 되어있다고 생각합니다.

• Languages

I speak 4 languages, English, Korean, a little Spanish, and basic German.
저는 4개의 말을 하는데 영어, 한국어, 스페인어 조금, 그리고 기초적인 독일어입니다.

I have been learning English since elementary school, as English education is compulsory now in my country.
저는 초등학교 때부터 영어를 공부하고 있는데, 우리나라에서 이제 영어교육이 의무화되었기 때문입니다.

English is difficult for me as I can't understand most of the phrasal verbs and idioms. They just don't make any sense!
저는 영어가 어려운데 대부분의 숙어와 관용구를 이해하지 못하기 때문입니다. 전혀 이해가 안 됩니다!

If I had the time I would like to learn Mandarin Chinese. It seems like more and more people are trying to do business with China these days.
제가 시간이 있다면 북경어(중국어)를 배우고 싶습니다. 요즘 점점 더 많은 사람이 중국과 사업을 하려고 노력하는 것 같습니다.

• Entertainment

When I have free time I like to go out with my friends to a club and get some drinks in. It beats sitting around at home playing video games.
저는 여가시간이 있으면 친구들과 클럽에 가서 술을 마시고 싶습니다. 그것은 집에 앉아서 컴퓨터 게임을 하는 것보다 훨씬 낫습니다.

People like to go to the cinema where I live as there really isn't anywhere else to go in this area.
제가 사는 곳의 사람들은 극장에 가는 것을 좋아하는데, 이 지역에는 정말 다른 갈 곳이 없기 때문입니다.

There is a lot to do at night where I live. Most of the shops and restaurants are open until 11 P.M. and then there are lots of clubs if you want to stay out later.
제가 사는 곳에는 밤에 할 것이 정말 많습니다. 대부분 상점과 식당은 11시까지 영업을 하고, 더 늦게까지 밖에서 놀고 싶으면 많은 클럽이 있습니다.

I wish there could be a swimming pool where I live. No-one here knows how to swim as we live so far from the sea.
저는 제가 사는 곳에 수영장이 있었으면 좋겠습니다. 여기 사람들은 아무도 수영하는 법을 모르는데, 우리가 바다에서 너무 멀리 떨어져 살기 때문입니다.

• Museums

I like museums because I think it is very important to learn about your past, so that you can understand your present.
저는 박물관에 가는 것을 좋아하는데, 제 생각에 과거에 대해 아는 것은 아주 중요하고 현재를 이해할 수 있게 해주기 때문입니다.

There is a great museum in my country that is very popular with both domestic and foreign tourists. The exhibits are fantastic and change every season.
우리나라에는 아주 멋진 박물관이 있는데 국내와 외국 관광객들 모두에게 아주 인기가 높습니다. 전시품들은 매우 훌륭하며 매 시즌마다 바뀝니다.

Children should visit museums but I think they get bored quite easily unless there are lots of buttons to press. Museums should be more interactive for kids.
아이들은 박물관을 방문해야 하지만 누를 수 있는 많은 버튼이 있지 않는 한 쉽게 지겨워한다고 생각합니다. 박물관은 아이들을 위해 좀 더 상호작용을 할 수 있는 곳이어야 합니다.

My favourite museum is the British Museum in London; the Egyptian mummies are some of the most interesting exhibits that I have ever seen.
제가 가장 좋아하는 박물관은 런던에 있는 대영박물관입니다. 이집트의 미라는 제가 본 전시품들 중 가장 흥미로웠던 것들 중 하나입니다.

이제는 여러분이 배운 것들을 실전에 옮길 시간입니다. 먼저, 아래 주어진 것처럼 IELTS Speaking PART 1의 Model Answer를 모두 들어본 후, 음원과 함께 이어지는 실전 테스트를 실제 시험처럼 답해보세요. 여러분은 실제 시험처럼 질문을 받게 되며 주어진 시간 안에 답을 해야 합니다.

E = Examiner(시험관), TT = Test Taker(응시자)

Model Answer  01-33

E = Now, I'd like to ask you some questions about yourself… Do you work or are you a student at the moment?

TT = I am a student at the University of London, in central London. We have about 10,000 students attending my university, with a large population of international students from all corners of the globe. This university has a good reputation internationally and I am proud to be a student here. I like the modern facilities, particularly the library, but I try to join in as many social functions as I can as well.

해석

저는 런던 중심에 있는 런던대학교의 학생입니다. 약 10,000명의 학생들이 우리 학교에 다니고 있으며, 세계 곳곳에서 온 많은 외국학생이 있습니다. 이 학교는 세계적으로 우수한 평판을 받고 있으며, 저는 이곳의 학생인 것이 자랑스럽습니다. 저는 현대식 시설들, 특히 도서관을 좋아하지만 제가 할 수 있는 한 많은 사교 활동에 참가하려고 노력합니다.

어휘

population 인구　　**all corners of the globe** 세계 방방곡곡에서
reputation 평판　　**I am proud to be X** 나는 X인 것이 자랑스럽다

Model Answer 01-34

E = and what do you study right now?

TT = My major is engineering, and so far it has been a lot of fun, even though it has also been very demanding. I typically study for about 20 hours a week in class, and probably for about the same amount of time by myself at home or in the library. It's going well enough and I am happy with the grades I have got so far, so I guess I'm doing all right. My major involves a lot of different areas of study that each involve a different kind of critical approach, so I feel that I am being tested on a number of fronts at once. Of course, this seemed hard at first, but I guess it is setting me up for life outside of the university, for when I finally get a job at a real firm.

해석

저의 전공은 공학이며, 비록 굉장히 힘이들지만 지금까지는 아주 재미있습니다. 저는 보통 일주일에 약 20시간 정도 수업이 있고, 아마 거의 같은 시간만큼 혼자서 집이나 도서관에서 공부합니다. 공부는 잘 되어가고 있고 지금까지 받은 성적에도 만족해서 저는 잘 하고 있다고 생각합니다. 제 전공은 각각 다른 종류의 비판적 접근법을 요하는 많은 다른 분야의 공부를 포함합니다. 그래서 저는 한꺼번에 많은 부분에서 테스트를 받는 기분이 듭니다. 물론 이것은 처음에는 어려운 것 같았지만, 마침내 진짜 회사에서 일자리를 구했을 때를 위한 학교 밖의 세상을 준비하게 하는 것 같습니다.

어휘

I typically X 나는 보통 X를 한다   **X is going well enough** X는 충분히 잘 되어간다
I'm happy with X 나는 X에 만족한다   **X involves Y** X는 Y를 포함한다
on a number of fronts 많은 부분에서   **X is setting me up for Y** X는 내가 Y하게 만든다

Model Answer 01-35

E = right, and what do you like the most about your studies?

TT = If I had to choose one thing that I really like about my studies, it would probably be the open-ended approach to learning that we have here. I am free to approach any task we are given in the way that we feel is best, with the professor acting as a sort of guide rather than some kind of boss. I like the feeling of freedom that gives us, and I think it prepares us a lot better to deal with tasks in the outside world. I also enjoy the wide range of activities that are set for us to do, and we never seem to repeat the same thing twice, which is a welcome change from my school days.

만약 제 공부 중 정말 좋아하는 것을 하나 선택해야 한다면, 아마도 여기서 접할 수 있는 학습에 제약을 두지 않는 접근 방법일 것입니다. 저는 주어진 과제를 최선이라고 생각하는 방법으로 자유롭게 접근하며, 교수님은 대장이라기 보다 가이드 역할을 합니다. 저는 우리에게 주어진 자유라는 느낌을 좋아하며, 그것은 바깥세상에서 우리가 업무를 훨씬 더 잘 처리할 수 있도록 준비시켜준다고 생각합니다. 저는 또한 우리가 하도록 준비된 다양한 종류의 활동들을 즐기며, 절대로 같은 것을 두 번 반복하는 일은 없는 것 같습니다. 이것은 제 학창시절과는 다른 환영할 만한 변화입니다.

If I had to choose one thing, it would be X 내가 하나를 선택해야 한다면, 그것은 X일 것이다
open-ended approach 제약을 두지 않는 접근 방법
I am free to X 나는 X 하는데 있어서 자유롭다 　　**(to) act as X** X로서의 역할을 하다
a feeling of X X의 느낌　　**X prepares us to/for Y** X는 우리가 Y를 하도록 준비시켜준다
repeat the same thing twice 같은 일을 두 번 반복하다

Model Answer  01-36

E = OK, and what kind of job would you like to have in the future?

TT = I've always dreamed of becoming an engineer, which is why I chose this major. When I was little I was usually found with building blocks or I was making robots out of card or bits of plastic, so I guess I knew I had a calling to grow up to be an engineer. Hopefully I can enter as an intern or trainee in a large engineering firm shortly after graduation, and I am trying to sort out my resume in time to get my name out there to some major companies. I think if I can work for one of those companies that it will be the kick-start I need to get ahead in this field and to develop my skills as an engineer.

저는 항상 엔지니어가 되기를 꿈꾸어왔으며, 이것이 제가 이 전공을 고른 이유입니다. 어렸을 때 저는 보통 블록을 가지고 놀거나 카드나 플라스틱 조각으로 로봇을 만들곤 했는데, 그것은 아마도 커서 엔지니어로 일하고 싶다는 생각을 알고 있었던 것 같습니다. 저는 졸업 후 바로 큰 엔지니어링 회사에 인턴이나 견습생으로 들어갈 수 있기를 바라고, 제시간에 몇몇 주요한 회사에 제 이름을 알릴 수 있도록 이력서를 정리하려고 노력하고 있습니다. 제가 그 회사들 중 하나에서 일을 할 수 있다면 이 분야에서 남보다 앞서고, 엔지니어로서 제 기술을 발전시키기 위해 필요한 시작이 될 것입니다.

어휘

I've always dreamed of X 나는 항상 X를 꿈꿔왔다　　**making X out of Y** Y로 X를 만들다

(to) have a calling to be X X가 되고 싶다는 생각을 가지다　　**(to) sort out X** X를 정리하다

(to) get your name out there 이름을 외부에 알리다　　**kick-start** 시동걸기, 착수

Model Answer　　01-37

E = Right, let's talk now about travel… Do you enjoy travelling?

TT = I would say that travelling is my life! I've devoted a lot of time to getting out and about and seeing the world, at home or abroad. So far I've set foot in about 20 countries in all 5 continents, but there are many left on the list. I haven't seen much of South-East Asia yet, so I guess that's next. I'd like a month or two to explore Cambodia, Thailand and the Philippines, as I hear they have some awesome cultural locations there that are must-sees.

해석

저는 여행이 제 인생이라고 말할 수 있습니다! 저는 국내와 외국에 나가서 세상을 보는데 많은 시간을 투자해왔습니다. 지금까지 5개의 대륙의 약 20개 나라를 가보았지만, 리스트에는 많은 나라들이 아직 남아 있습니다. 저는 동남아시아를 많이 보지 못했기 때문에 아마 그곳이 다음 차례일 것입니다. 저는 한 두달 정도 캄보디아, 타일랜드, 그리고 필리핀을 여행하는 데 보내고 싶은데, 왜냐하면 반드시 봐야 할 아주 멋진 문화적인 장소들이 있다고 들었기 때문입니다.

어휘

X is my life X는 나의 인생이다　　**to devote a lot of X to Y** 많은 X를 Y하는데 헌신하다

(to) set foot in X X에 발을 들여놓다　　**the list** 목록

must-see 반드시 봐야 하는 것

Model Answer　　01-38

E = Do you like to travel alone or with your friends?

TT = Travelling with my friends is alright, but it really depends on the place I'm going to. I find that for city breaks, it usually best to have someone tag along with you, as it is easy to get lost and big cities can be dangerous places if you are by yourself in the wrong place at the wrong time. I usually bring a family member along or a close friend on those vacations. On the other hand, if I know I am going to some remote or tropical location, particularly a place with lots of churches or temples, I much prefer to go by myself.

친구와 여행하는 것은 괜찮지만 절대적으로 가는 장소에 달려 있습니다. 도시로 가는 짧은 여행의 경우 보통 같이 할 누군가가 있는 게 좋은데, 그 이유는 길을 잃기가 싫고 만약 부적절한 시간과 장소에 있게 되면 도시는 위험할 수 있습니다. 저는 그러한 휴가에 보통 가족이나 친한 친구를 데리고 갑니다. 반면 외진 곳이나 열대지방, 특히 많은 교회나 사원이 있는 곳으로 휴가를 간다면 혼자 가는 것을 훨씬 더 선호합니다.

X depends on Y X는 Y에 달려있다   **tag along** 따라가다
(to be) in the wrong place at the wrong time 부적절한 장소와 시간에
to bring X along X를 데리고 가다   **remote** 외진

Model Answer  01-39

E = What are the benefits of travelling to foreign countries?

TT = I would say that you need to step outside of your own comfort zone and learn about how others in the world live and work. It's an incredible eye-opener to go from your own country to somewhere else, to see how people interact in a foreign culture. It really helps you to put your own country and culture into perspective when you see another county's culture, and I strongly believe that it helps to remove those silly preconceptions you might have about foreigners when you become a stranger yourself.

저는 안식처 밖으로 나와 세상의 다른 사람들은 어떻게 살고 일하는지 배울 필요가 있다고 말할 것입니다. 자신의 나라로부터 다른 곳으로 가서 사람들이 다른 문화에서 어떻게 소통하는지 보는 것은 믿기 힘든 놀라운 경험입니다. 다른 나라의 문화를 보면 자신의 나라와 문화를 넓은 시각으로 보게 하는 데 정말 도움이 됩니다. 그리고 당신 스스로가 외국인이 되었을 때 외국인에 대해 가지고 있는 어처구니없는 선입견을 없애는데 도움이 된다고 굳게 믿습니다.

to step outside of X X에서 나오다   **comfort zone** 안식처, 쾌적범위
eye-opener 놀라운 사건, 경험   **to put X into perspective** X를 넓은 시각에서 보다
preconceptions 선입견   **to become a stranger yourself** 스스로가 외국인이 되다

E = Why do so many people enjoy travelling in your country?

TT = I guess it is to do with a change in the way people view other cultures. These days, people are a lot less xenophobic and more willing to embrace foreign people and customs, particularly in Korea now. With the drop in racist attitudes and the rise in wealth, people feel more inclined to look overseas when they have a break from work coming up.

해석

제 생각에는 사람들이 다른 문화를 보는 관점의 변화와 관련이 있습니다. 요즘, 사람들은 외국에 대한 공포심이 훨씬 많이 줄었고, 외국인과 그들의 관습을 받아들이려는 의지를 보이는데, 특히 지금 한국이 그렇습니다. 인종차별주의적인 태도의 감소와 부의 증가로 일에서 벗어나 휴가를 가질 수 있을 때 외국으로 더 관심을 보이는 경향이 있습니다.

어휘

a change in X X의 변화   **xenophobic** 외국인에 대한 공포, 혐오
willing to embrace X X를 받아들이려는 의지   **a drop in X** X의 감소
racist 인종차별주의적인   **a rise in X** X의 증가
(to be) more inclined to 더 ~하는 경향이 있다

E = Great... Ok, let's talk about the weather now. What's the weather like in your country?

TT = There are four distinctive seasons in Korea. While in summer it is very hot and humid, in winter it is cool and windy. However, in the spring and autumn it is mild and cool, which means it is a good time to travel the country or do some hiking.

해석

한국에는 확연히 구별되는 사계절이 있습니다. 여름에는 아주 덥고 습하며, 겨울에는 시원하고 바람이 붑니다. 그러나, 봄과 가을에는 온화하며 시원한데, 이것은 나라를 여행하거나 하이킹하기에 좋은 때라는 뜻입니다.

어휘

distinctive 특징적인   **humid** 습한   **mild** 온화한   **to do some X-ing** X를 하다

E = What's the best time of the year to visit your country?

TT = The best time to visit Korea is the fall, because most plants change their colour from green to yellow and red, so many people go hiking to see the beautiful leaves and to enjoy the mild weather after the hot summer. Also, there are many exciting festivals held during this period, which means many towns and cities offer various kinds of events to welcome tourists from around the world.

해석

한국을 방문하기에 가장 좋은 시기는 가을인데, 그 이유는 대부분의 나무가 초록에서 노랑과 빨강으로 색을 바꾸어서 많은 사람이 아름다운 나뭇잎을 보고, 뜨거운 여름 후 온화한 날씨를 즐기기 위해 하이킹을 갑니다. 또한, 이 시기에는 많은 흥미로운 축제들이 열리는데, 이는 많은 소도시와 도시에서 다른 나라에서 온 관광객들을 환영해줄만한 다양한 이벤트를 제공한다는 뜻이기도 합니다.

어휘

(to) change from X to Y X에서 Y로 변하다   **exciting** 흥미로운
(to) offer 제공하다

 Model Answer 01-43

E = Is it very cold in winter?

TT = It depends on the region of Korea. While Seoul is very cold in winter, Busan, which is located on the South-Eastern coast of Korea, is quite mild, which means people from Seoul like to travel to Busan during this time. As a result of the cold weather, a lot of younger people from Seoul enjoy winter sports such as skiing or snowboarding at one of the wide range of ski resorts around the Seoul area.

해석

그것은 한국의 지역에 따라 다릅니다. 서울이 겨울에 굉장히 추운 반면 한국의 남동쪽 해안에 위치한 부산은 다소 온화한 편인데, 이는 서울에 사는 사람들이 이 시기에 부산으로 여행하기를 좋아한다는 뜻이기도 합니다. 추운 날씨 때문에 서울의 많은 젊은이들은 서울근교에 있는 다양한 종류의 스키 리조트에서 스키나 스노우보딩 등의 겨울스포츠를 즐깁니다.

어휘

region 지역   **X is located in Y** X는 Y에 위치해 있다   **as a result of X** X의 결과로
a wide range of X 다양한 종류의 X

Model Answer  01-44

E = Is the weather changing in your country?

TT = Unfortunately, yes, I think we are seeing more severe weather in our country… We are getting lots of rain and stronger typhoons every year. It seems to be an effect of global warming, so I am worried for future generations. Hopefully next year won't be so bad.

해석

유감스럽게도, 그렇습니다. 우리나라 날씨가 더 혹독해지는 것 같습니다. 매년 많은 비와 더 강해진 태풍이 옵니다. 이것은 지구온난화의 영향인 것 같아서 미래의 후손들이 걱정됩니다. 내년에는 날씨가 많이 나쁘지 않기를 바랍니다.

어휘

unfortunately 유감스럽게도   **severe** 혹독한   **typhoons** 태풍
X is an effect of Y X는 Y의 영향이다   **(to be) worried for X** X가 걱정된다

자, 이제는 여러분 차례입니다. 일단 질문을 들으면 시험관은 여러분이 답할 수 있는 시간을 줄 것입니다. 만약 답변이 끝나기 전에 다음 질문으로 넘어간다면 답변이 너무 길다는 뜻이니 줄이도록 노력해야 합니다.

01-45

E = Now, I'd like to ask you some questions about yourself…… Do you work or are you a student at the moment?

TT=

E = and what do you study right now?

TT=

E = right, and what do you like the most about your studies?

TT=

E = OK, and what kind of job would you like to have in the future?

TT=

E = Right, let's talk now about travel…Do you enjoy travelling?

TT=

E = Do you like to travel alone or with your friends?

TT=

E = What are the benefits of travelling to foreign countries?

TT=

E = Why do so many people enjoy travelling in your country?

TT=

E = Great…Ok, let's talk about the weather now….What's the weather like in your country?

TT=

E = What's the best time of the year to visit your country?

TT=

E = Is it very cold in winter?

TT=

E = Is the weather changing in your country?

TT=

WEEK
02

이제 IELTS Speaking 테스트의 '쉬운' 부분이 끝나고 '긴 문장으로 전환'할 시간입니다. 영어를 공부하는 대부분의 학생에게 이 PART 2가 가장 두려운 부분입니다. 그 이유는 많은 학생이 처음으로 자전거의 보조바퀴를 떼어내고 친구, 선생님, 교수님, 시험관 어느 누구의 도움 없이 혼자서 2분 동안 이야기를 해야하기 때문입니다.

01 질문 유형

여러분은 토픽이 적혀있는 카드를 받게 될 것이며, 그 카드는 아래와 같은 형태입니다.

> Describe a school you once attended.
>
> You should say:
>
> What the school classrooms looked like
> What the teachers were like
> How the subjects were taught
>
> And explain whether you feel it was a good school or not

여러분은 오직 하나의 카드를 받게 될 것이며, 시험관에게 다른 카드로 바꾸어달라고 할 수 없습니다. 만약 받은 카드의 토픽이 마음에 들지 않아도 받아들일 수밖에 없습니다. 여러분에게는 시작 전 1분이 주어지며, 1분 동안 무엇을 말할지 생각할 수 있습니다. 또한 메모를 위한 종이와 펜도 받게 될 것입니다.

⑫ 메모하기

1분은 얼마나 길까요? 1부터 60까지 세면 꽤 오랜 시간인 것 같지만 시험준비를 위해 메모를 하는 시간으로는 매우 짧다고 느껴질 것입니다. 따라서 그 시간을 어떻게 활용할지 알 필요가 있습니다.

★ 한국어로 쓸까? 아니면 영어로 쓸까?

이 시간 동안 학생들이 종이에 메모하기 위해 괴로워하는 모습을 너무나 많이 보았습니다. 괴로워하는 이유는 영어로 메모하려고 애쓰기 때문입니다.

메모를 영어로 해야한다는 규정은 어디에도 없습니다. 60초 동안 여러분이 하는 모든 메모는 한국어로 할 것을 권장합니다. 훨씬 더 빠르고 정확하게 메모할 수 있으며, 한국어로 메모하는 동안 생각을 더 명확하게 정리할 수 있을 것입니다. 못믿겠다면 지금 당장 1분 동안 영어로, 1분 동안 한국어로 메모를 해보세요. 그 차이점이 확연할 것입니다.

★ 무엇을 써야 할까?

다시 한번 강조하지만 메모 시간은 단 1분입니다. 다음은 Speaking 답변 준비를 위한 메모에 잘못된 예입니다.

① 답안 작성

> A SCHOOL I ATTENDED – HIGH SCHOOL
> CLASSROOMS – BIG, MANY STUDENTS
> TEACHERS – KIND, ALWAYS HELPED US
> SUBJECTS – TEACHER EXPLAINED EVERYTHING
> IT WAS A GOOD SCHOOL BECAUSE THEY TAUGHT US WELL AND WE LEARNED A LOT.

주어진 60초 동안 이와 같은 메모를 하는 것은 시간 낭비입니다. 본인이 이미 알고 있는 답을 나열하는데 시간을 쓰는 것이 현명할까요? 이미 아는 답을 나열할 필요가 없습니다. PART 2 시험 동안 여러분은 카드를 얼마든지 다시 볼 수 있기 때문에 카드에 있는 질문에 답을 메모하는 것은 올바르지 않습니다.

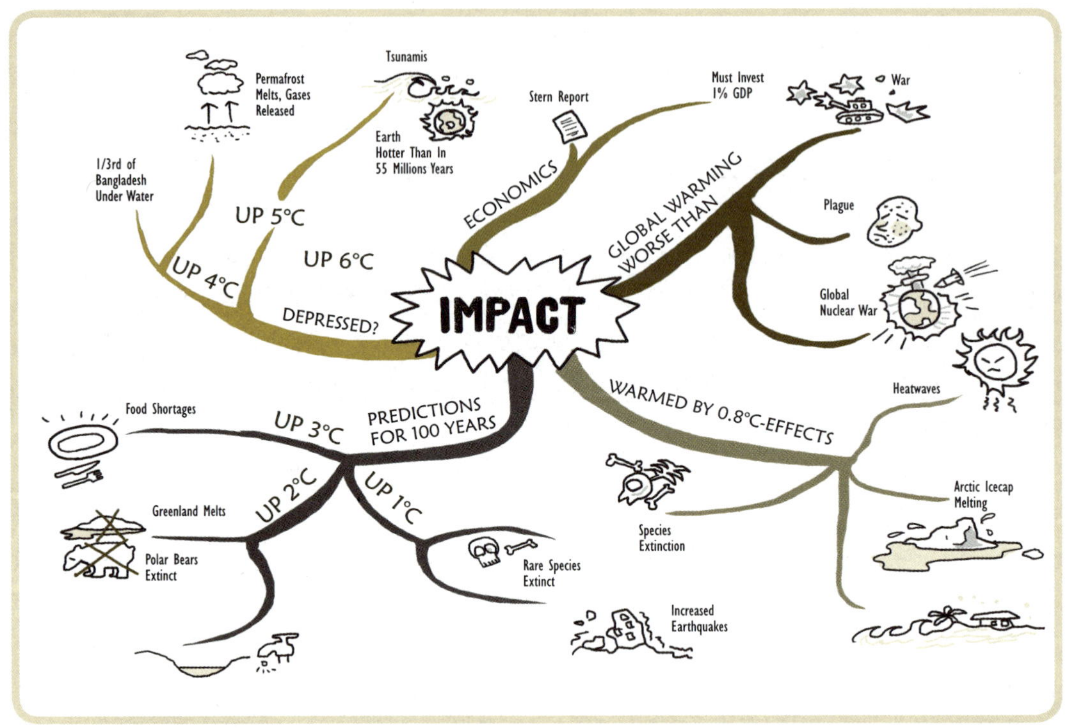

많은 IELTS 책에서, 그리고 많은 IELTS 강사들이 아이디어를 시각적으로 정리하는 것을 돕기 위해 마인드맵 그리기를 권합니다. 이 방법은 생각을 일관성 있게 정리하여 연결하는 것을 힘들어하는 특정한 사람에게는 도움이 될 수 있지만, 대부분의 경우 큰 도움이 되지 않습니다. 게다가 필요한 모든 사항을 포함하는 마인드맵을 60초 동안 그리는 것은 불가능합니다. 따라서 마인드맵 그리기는 1번 '질문에 답 적기'와 거의 유사하게 불필요합니다.

03 대화 연장을 위한 질문하기

그렇다면 효과적인 메모를 위해 60초를 어떻게 사용해야 할까요?

어렸을 때부터 지금까지 영어를 배웠던 경험을 생각해보세요. 대부분 경험이 선생님의 질문에 답을 한 경험일 것입니다. '이름이 뭐예요?', '여가시간에 무엇을 하나요?' 등의 질문들이죠. 그래서 질문에 답하는 것은 아주 잘 하는 반면, 질문을 하거나 대화하는 것은 연습할 시간이나 기회가 없었기 때문에 다소 어렵게 느낄 수 있습니다.

여기서 하고 싶은 조언은 시험에서 여러분의 강점을 살려야 한다는 것입니다. 여러분이 가장 잘 하는 것이 질문에 답하는 것이라면, 말을 해야만 하는 2분 동안 질문에 답하도록 만드는 것입니다. 이렇게 하려면 먼저 추가 질문을 만들어야 합니다.

아래 토픽 카드를 다시 보세요.

Describe a school you once attended.

You should say:

What the school classrooms looked like
What the teachers were like
How the subjects were taught

And explain whether you feel it was a good school or not

여기서의 요령은 2분 동안 계속 말을 하는 것입니다. 대부분 수험자의 문제점은 카드에 주어진 질문에 너무 빨리 답을 한다는 것입니다. 그래서, 1분이 지나면 더 이상 할 말이 없집니다. 우리가 여기서 할 일은 카드에 다른 질문을 더해서 계속 이야기할 수 있도록 하는 것 입니다.

how, why, when, who, what, where, was 등을 이용해 위 토픽 카드에 더할 수 있는 질문 10개를 만들어보세요. 3개는 예로 만들어져 있습니다.

① What books did you use?

② How many students were there in your class?

③ Who was the best teacher?

④ ....

⑤ ....

⑥ ....

⑦ ....

⑧ ....

⑨ ....

⑩ ....

① What books did you use?
② How many students were there in your class?
③ Who was the best teacher?
④ What was your favourite subject in school?
⑤ What did you hate the most in school?
⑥ When did school start and finish?
⑦ Where was your school located?
⑧ How did you get to school every day?
⑨ Who was the most popular student in the school?
⑩ Were you on any school sports teams?

04 다른 예 들기

답을 할 수 있는 질문이 더 이상 없어도 걱정할 필요 없습니다. 토픽 카드에 있는 또 다른 예에 대해 이야기해도 아무 문제 될 것 없습니다. 예를 들어, 다녔던 학교에 관해 이야기할 때 그 학교에 대해 모든 것을 이야기 했다면 다녔던 다른 학교에 대해 이야기를 시작하면 됩니다. 그 과정을 처음부터 다시 반복하는 겁니다.

Describe a school you once attended.

I attended Jiri Mountain school in Korea. It was a rural school that was split between an elementary school and a middle school, because there were not enough students living in the area to justify building two schools. The classrooms themselves were large but really cold in winter as the school's heating system was inadequate. In the summer, the air-conditioning system couldn't keep up with the boiling temperatures, so we would all sweat while studying. Our teachers were kind but they were kind of old-fashioned… they would just stand at the front and dictate the lesson for us, and we would do our best to try to remember what they were saying… I don't think it was that good a school compared to some schools in the city, but it had a certain kind of charm and innocence that I think might be lacking from urban schools.

Another school I attended was Busan high school, once my family had moved to the city from the country. It was a bit of an eye-opener to see so many kids all in one place, I think there were ten times more students in this new school. The teachers were a lot better than in my old school as well, and we actually had some lessons outside, together with practical science lessons that we were never able to have before. This was definitely a better school than the one in the country, but I always felt that I was just another face in the crowd in this school, whereas at my old school I felt part of a big family. I guess that's what happens when you move to a big city.

해석

저는 한국에 있는 지리산 학교를 다녔습니다. 그것은 초등학교와 중학교로 나누어진 지방에 있는 학교였는데, 그 이유는 두 학교 건물을 지을만큼 그 지역 학생 수가 충분하지 않았기 때문입니다. 교실 자체는 컸지만 겨울에는 굉장히 추웠는데, 그 이유는 학교의 난방 시스템이 적절하지 않았기 때문입니다. 여름에는 냉방시스템이 뜨거운 온도를 따라가지 못해서 공부하는 동안 우리는 땀에 젖곤했습니다. 우리 선생님들은 좋은 분들이었지만 다소 구식이었습니다. 교실 앞에 서서 수업을 받아쓰게 하고, 저희는 그분들이 말씀하는 것을 기억하기 위해 최선을 다했습니다. 저는 그 학교가 도시에 있는 다른 학교와 비교했을 때 그렇게 좋은 학교라고는 생각하지 않지만 도시의 학교에서 찾아 볼 수 없는 어떤 매력과 순수함이 있었습니다.

제가 다녔던 또 다른 학교는 부산고등학교인데 우리 가족이 시골에서 도시로 이사를 했을 때였습니다. 한 장소에서 그렇게 많은 아이들을 한꺼번에 보는 것은 놀라운 경험이었는데, 제 생각에 새로운 학교에 10배는 많은 아이들이 있는 듯 했습니다. 선생님들도 제 예전 학교보다 훨씬 나았는데 예전에는 절대 할 수 없었던 실용과학수업과 병행한 야외수업을 했습니다. 그 학교는 시골에 있는 학교보다 분명 더 좋은 학교였지만 저는 그 학교에서 항상 많은 아이들 중 단지 한명이라고 느꼈던 반면, 옛날 학교에서는 큰 가족의 일부라고 느꼈습니다. 이는 아마 큰 도시로 옮겨갈 때 생기는 일일 것입니다.

어휘

split between ~끼리 나누다　　**boiling** 아주 뜨거운

X is good compared to Y X가 Y와 비교해 좋다　　**justify** 정당화하다

X couldn't keep up with Y X가 Y를 따라갈 수 없었다　　**dictate** 받아쓰게 하다

X has a certain kind of Y X는 특별한 종류의 Y를 가지고 있다

(to be) lacking 결여된, 부족한　　**X was a bit of an eye opener** X는 다소 놀라운 일이었다

(to be a) another face in the crowd 많은 사람들 중 한 명

PART 2 끝에 하나 또는 두 개의 이어지는 질문을 받을 수도 있습니다. 이 질문들은 PART 2에서 여러분이 받았던 토픽과 관련 있는 것들이며, 카드에 주어진 정보에 대해 좀 더 상세한 설명을 하도록 요구할 것입니다. 이러한 질문들은 여러분이 PART 1에서 받았던 질문처럼 4~5 문장으로 답하면 됩니다. PART 2의 토픽을 예상할 수 없기 때문에 이 질문들 또한 예상하기는 힘들지만, 2분 동안 말하기를 끝낸 후에도 관련 주제의 마지막 질문에 답변할 준비를 하는 것이 좋습니다.

PART 2 답변에도 정직하게 진실만을 말할 필요는 없습니다. 만약 아무것도 모르는 토픽을 받았다고 해도 그 토픽을 바꿀 수는 없습니다. 그러니 답변이 될만한 내용들을 마음 편하게 만들어내세요!

Trainer's TIP 시간체크!

IELTS Speaking PART 2에서는 2분 동안 이야기해야 한다는 것을 명심하세요.

골든 룰은

Too short = BAD!
Too long = GOOD!

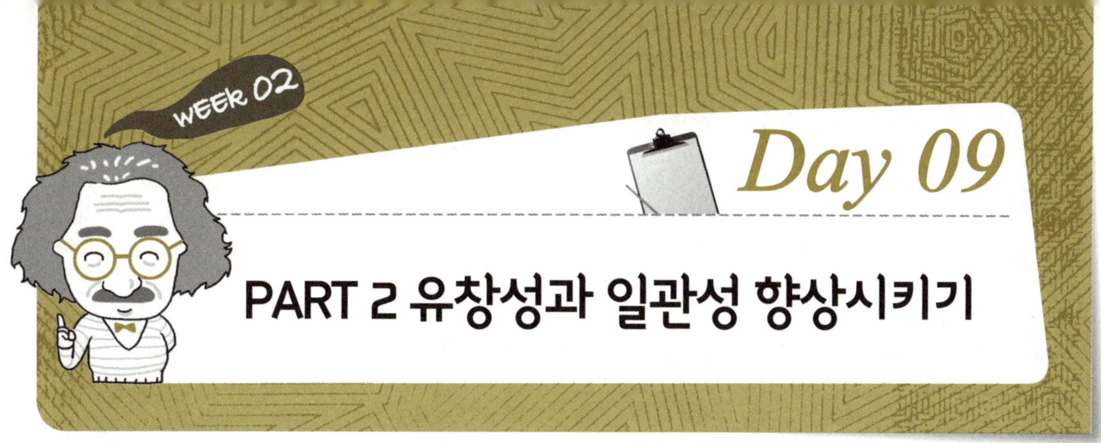

Day 09

PART 2 유창성과 일관성 향상시키기

Week 1에서 유창하게 말하기 위해 머뭇거림이나 반복하기를 어떻게 피하는지 알아보았습니다. 이번 Week 2에서는 PART 2에서 고득점을 위한 COHERENCE '일관성 있게 말하기'를 알아보겠습니다.

01 일관성이란 무엇인가?

일관성 있게 말하기는 굉장히 까다로운 부분인데, 그 이유는 실제로 무엇을 의미하는지 명확하게 정의 내리기 힘들기 때문입니다. 말을 일관성 있게 하는 데 영향을 주는 요소들이 굉장히 많습니다. COHESION '결합'은 이전에 언급된 것과 새로운 것을 연결해주는 단어나 구의 사용을 말합니다. 이를 REFERENTIAL COHESION '관련 내용 결합하여 말하기'라고 합니다. 이는 또한 두 개 이상의 절을 연결하는 단어나 구를 나타내는데 사용되기도 합니다. 이를 CONNECTIVES '연결어'라고 부릅니다.

연결어의 결합은 새로운 절과 이전 절의 관계 표시에 적합한 연결어가 사용되었는지 확실하게 살펴보아야 합니다.

다음 이야기를 읽고 어떤 일이 일어나고 있는지 생각해보세요. 특히 누가 누구에게 무엇을 하고 있는지 집중해서 살펴보세요. 이 이야기는 REFERENTIAL COHESION이 잘못 사용된 예입니다. 즉, 일관성이 엉망이라는 말이죠.

① One day he arrived.

② The boy was on his way home,

③ when girl arrived.

④ The girl wanted to play with the man but she said 'no'.

⑤ A boy arrived and he wanted to play with him.

⑥ The boy decided that he would join in too,

⑦ and played happily.

① 어느 날 그가 도착했다.
② 그 소년은 집으로 가던 길이었다.
③ 소녀가 도착했을 때
④ 그 소녀는 그 남자와 놀고 싶었지만, 그녀는 '아니요'라고 말했다.
⑤ 한 소년이 도착했고, 그는 그 남자와 놀고 싶었다.
⑥ 그 소년도 역시 같이 놀기로 결심했다.
⑦ 그리고 즐겁게 놀았다.

무슨 소리인지 도무지 알 수가 없습니다. 무엇이 문제인지 하나씩 짚어보겠습니다.

① he가 누구인지 알 수 없다.
② 목적어 자리에 he를 사용하는 것은 문법적으로 적절하지 않다.
③ girl 앞에 부정관사 없음 – girl이 사람의 이름인지, '그 소녀'인지 알 수 없다.
④ she에 대한 대명사 성별 오류. she가 아니라 he대명사가 사용되어야 함 – 만약 놀기를 원하는 사람이
   그녀(she)라면 그 사람(she)이 no라고 말할 이유가 없다.
⑤ 이 남자가 ②에 있는 남자와 같은 사람인지 모호함. 이 문장에서 he는 누구이고 him은 누구인지 모호하다.
⑥ '그 소년(The boy)'이 모호함 – 어떤 소년을 말하고 있는가?
⑦ 주어에 대한 언급 없음 – 누가 행복하게 놀았나? 그들만 놀았는지 아니면 다른 누군가와 함께 놀았는지.

다음 글은 위 오류를 바로잡은 글입니다. 사람과 사물을 언급하는 모든 단어에 표시를 하면서 읽어
보세요.

① One day, there was a boy.
② He was on his way home,
③ when a girl arrived.
④ She wanted to play with him.
⑤ The boy said no.
⑥ Another boy arrived and
⑦ he said that he wanted to play with the girl.
⑧ The first boy decided that he would join in too, and
⑨ they all played together happily.

이제, REFERENTIAL COHESION이 '일관성' 있게 말하기 위해 얼마나 중요한지 감을 잡았기를 바랍니다. 한국어에는 정관사와 부정관사가 없기 때문에 더 어려운 부분입니다.

- 부정관사 a, an − 새로운 정보를 언급할 때 사용
- 정관사 the − 이미 앞에 나왔던 내용을 다시 언급할 때 사용

또한, 한국어에서 흔히 실수하는 주어 빠뜨리기를 각별히 주의해야 합니다.

A boy went into a house. He went upstairs = GOOD!
A boy went into a house. Went upstairs = BAD! (한국인이 자주하는 실수)

EXERCISE

그림을 순서대로 살펴보세요. 1분 동안 살펴본 뒤 본 것을 이야기해보세요. 말할 때 누가, 누구에게 무엇을 했는지 언급하는 표현에 주의하세요. 말하기가 끝난 후 모범답안을 들어보세요

Model Answer  02-02

One day, a boy arrived at school carrying a basketball. He was pretty good at basketball and spun the ball on his finger with ease. Suddenly, another boy arrived, and they started to play together. The first boy shot the ball to the basket, and scored. He was very pleased. Next, a girl arrived and wanted to play basketball too. She grabbed the ball from the boy and shot the ball to the basket. However, the ball got stuck, and the two of them stared at the ball, wondering how to get it down.

해석

어느 날, 한 소년이 농구공을 들고 학교에 왔습니다. 그 소년은 농구를 매우 잘했고 아주 쉽게 손가락 위에서 공을 돌렸습니다. 갑자기 다른 소년이 왔고 함께 농구를 했습니다. 첫 번째 소년이 슛을 했고 골은 들어갔습니다. 그는 매우 기뻤습니다. 그리고 한 소녀가 왔는데 그녀도 농구를 하고 싶어했습니다. 소녀는 공을 잡아 골대를 향해 슛을 했습니다. 하지만, 공이 끼어버렸습니다. 둘은 공을 어떻게 꺼낼까 고민하면서 쳐다만 봤습니다.

⑳ 접속어

다음으로 살펴볼 연결장치는 접속사입니다. 여러분은 상당수의 접속사를 이미 알고, 접속사는 한국어에도 존재합니다. 접속사는 처음 나오는 절과 그 다음 등장하는 절의 관계를 나타내주는 품사입니다. 잘못된 접속사 사용은 절과 절의 관계를 제대로 설명하지 못하여 결국 일관성있게 말하기가 불가능해집니다.

> A boy went into his house AND went upstairs. = GOOD!
> A boy went into his house THEREFORE went upstairs. = BAD!

일관성있게 말하기에서 고득점을 받으려면 다양한 접속사를 활용할 수 있어야 합니다. and, so, but 과 같은 단순한 형태뿐만 아니라, 자주 쓰지 않는 다른 형태들도 알아두어야 합니다.

다음은 접속사를 분류하여 정리한 것입니다.

인과관계 – 원인과 결과	The teachers at my school often set lots of homework **so** I always had to stay up late to finish it. 우리 학교 선생님들은 많은 숙제를 자주 내줘서 항상 그것을 끝내기 위해 늦게까지 깨어있어야 했다.
인과관계 – 결과와 원인	I always had to stay up late **because** the teachers at my school often set lots of homework. 나는 항상 늦게까지 깨어있어야 했는데, 그 이유는 우리 학교 선생님들은 많은 숙제를 자주 내주었기 때문이다.
인과관계 – 대조하는 절과 결과	**Although** the teachers at my school were kind, they often set lots of homework, **so** I always had to stay up late to finish it. 비록 우리학교 선생님들은 친절했지만 많은 숙제를 자주 내주어서 그것을 끝내기 위해 늦게까지 깨어있어야 했다.
논쟁 – 주장	Korean teachers set a lot of homework. **Therefore**, many students stay up late to do their homework. 한국 선생님들은 많은 숙제를 내준다. 그래서, 많은 학생은 숙제를 하기 위해 늦게까지 깨어있는다.
수단 – 목표	We must do our homework **to** learn all we can. 우리는 배울 수 있는 모든 것을 위해 반드시 숙제를 해야 한다.

결과 – 조건	We can all be good students **provided that** we do all of our homework. 우리는 모두 좋은 학생이 될 수 있는데, 만약 우리가 숙제를 모두 한다면 말이다.
열거	I do a lot of homework **and** I also read a lot of books. 나는 많은 숙제를 하고, 또한 많은 책을 읽는다.
예외	Most students don't do their homework, **but** I do. 많은 학생은 숙제를 하지 않지만, 나는 한다.
인정	Doing your homework can help you to be a better student, **yet** it is not the only way you can improve. 너의 숙제를 하는 것은 더 나은 학생이 되도록 도울 수 있지만, 그것이 유일한 방법은 아니다.
반대	Korean students do a lot of homework. **On the other hand**, students in the UK do not. 한국 학생들은 많은 숙제를 한다. 반대로, 영국 학생들은 그렇지 않다.
열거 – 더하기	Korean students do a lot of homework. **Moreover**, they study for longer in school. 한국 학생들은 많은 숙제를 한다. 게다가, 그들은 학교에서 더 오랫동안 공부한다.

DAY 09

문장을 읽고 두 개의 절을 연결하는 적합한 접속사를 넣으세요.

① The school I used to attend in the countryside was small _____________ the school I used to attend in the city was much bigger.

시골에 있는 내가 다녔던 학교는 작았지만, 도시에 있는 내가 다녔던 학교는 훨씬 컸다.

② The teachers at my school were kind _____________ they always helped us with our homework.

나의 학교 선생님들은 친절해서, 그들은 항상 우리가 숙제하는 것을 도와주었다.

③ The thing I remember most about my school was that the classrooms were very small. _____________ I remember that they were always cold in winter.

내가 나의 학교에 대해 가장 잘 기억하는 것은 교실이 아주 작았다는 것이다. 더구나, 나는 교실이 겨울에 아주 추웠다고 기억한다.

④ The lunch at my school was free _____________ it wasn't very nutritious.

우리 학교의 점심은 공짜였지만, 아주 영양가가 있지는 않았다.

⑤ Our teachers were always kind _____________ you did your homework on time.

우리 선생님들은 항상 친절했다. 우리가 숙제를 제때 한다면 말이다.

⑥ I once had to stay after school _____________ I didn't do my homework.

나는 한번 방과 후에 학교에 남았는데, 그 이유는 숙제를 하지 않았기 때문이다.

⑦ I think our school was poor compared to other schools in the country. _____________ perhaps we didn't get the quality of education that others did.

나는 우리학교가 우리나라에 있는 다른 학교들과 비교해 가난했다고 생각한다. 결과적으로, 다른 사람들이 받았던 양질의 교육을 받지 못했을지도 모른다.

⑧ _____________ our teachers did their best, I didn't understand much of the classes.

비록 우리 선생님들은 최선을 다했지만, 나는 대부분의 수업을 이해하지 못했다.

⑨ We need to study hard in school _____________ be all that we can be.

우리는 우리가 되고싶은 것을 모두 이루기 위해 학교에서 열심히 공부할 필요가 있다.

⑩ If I could back to school I would listen to all my classes much harder _____________ I probably wouldn't do much better in my tests!

내가 학교로 돌아갈수 있다면 나는 수업을 훨씬 더 열심히 들을 것이다, 비록 아마 시험에서 훨씬 더 잘할 수는 없겠지만 말이다!

① but	② so
③ Moreover	④ but
⑤ provided that	⑥ because
⑦ As a result	⑧ Although
⑨ to	⑩ although

이제 연습한 접속사가 사용된 모범답안을 들어보세요. 그리고, 접속사가 길고 복잡한 문장들을 어떻게 연결하는지 살펴보세요.

Model Answer 🎧 02-03

Describe a part of your town that is changing.

A part of my town that is changing a lot is the old market district. In the past, many people used to shop at the local market in the centre of town **and** buy their weekly groceries there, **but** recently they built one of these mega-malls on the outskirts of the town that has all the modern shops and a food court all under one roof. **Although** the new mall is actually a really nice place and is very clean, one of the side-effects of building that mall is that people have stopped going to the central market. **Therefore**, a number of the shops have already closed down, **while** a number of others are running into difficulty. **Moreover**, as a lot of the shops have emptied, the area itself is getting run-down **and** some homeless people have started living in the empty stores.

Most people were happy with the mega-mall **provided that** the trade going to the old market district was not affected. **On the other hand**, we can see that it has not helped the area as a whole and we can see that people are starting to miss the old ways, **because** once we started to going to the mall, the friendly atmosphere of the town had changed. I think that we should do all we can to protect our traditions and I hope that our town can return to the way it was.

해석

제가 사는 동네에서 많이 바뀐 부분은 재래시장 지역입니다. 과거에는 많은 사람이 동네 중심가 시장에서 쇼핑을 하고 1주일분 식료품을 샀지만, 최근 한 지붕 아래 모든 현대식 상점과 음식점들이 있는 대형쇼핑센터 중 하나를 동네 외곽에 세웠습니다. 비록 새로운 쇼핑센터가 정말 좋고 깨끗하지만, 이 쇼핑센터의 부작용 중 하나는 사람들이 중앙시장에 가지 않는다는 것입니다. 그래서 많은 상점이 어려움을 겪는 동안 이미 많은 상점이 문을 닫았습니다. 더군다나 많은 상점이 비어있기 때문에 지역 자체가 쇠퇴하고 있으며 일부 집 없는 사람들이 빈 상점에서 살기 시작했습니다.

만약 재래시장의 거래가 영향을 받지 않았다면 대부분의 사람은 대형쇼핑센터를 즐겁게 이용했을 것입니다. 반면에, 우리는 그것이 지역 전체로 봤을 때 도움이 되지 않았다는 것을 알 수 있고 사람들이 이전 방식을 그리워하기 시작했다는 것을 알 수 있는데, 그 이유는 쇼핑센터에 가기 시작하면서 동네의 정겨운 분위기가 바뀌었기 때문입니다. 저는 우리의 풍습을 보호하기 위해 우리가 할 수 있는 모든 것을 해야 한다고 생각하며 우리 동네가 이전의 형태로 돌아오기를 바랍니다.

어휘

X used to Y X는 Y를 하곤 했다 (과거의 습관적인 행동)　　**district** 지역

mega-mall 대형쇼핑센터　　**groceries** 식료품　　**outskirts** 외곽　　**side-effect** 부작용

(to be) running into difficulty 어려움을 겪는　　**run-down** 쇠퇴

affected 영향을 받은　　**the old ways** 이전의 방식들　　**atmosphere** 분위기

traditions 전통　　**to return X to the way it was** X를 이전의 형태로 돌리다

다음 글은 문장들이 너무 짧아서 접속사를 이용해 문장을 연결하면 그 의미를 더 잘 전달할 수 있습니다. 글을 읽고 문장이 일관성 있게 연결되도록 접속사를 넣으세요.

Describe the most popular sport in your country?

This country's most popular sport is baseball.There are many fans of Korean baseball. My favorite, the Giants, has a lot of fans. There are several teams in the Korean league. The Giants are one of the best teams now. They haven't won for some time. Some people say that the team will never win. People like to cheer for them. There are a lot popular chants that we sing during the game to raise our team's spirits. We tear up newspapers. We use the paper as a kind of flag that we shake as we sing. It's a lot of fun.

This country's most popular sport is baseball. There are many fans of Korean baseball **and** my favorite, the Giants, has a lot of fans. There are several teams in the Korean league **and** the Giants are one of the best teams now, **but** they haven't won for some time. Some people say that the team will never win **even though** people like to cheer for them. **Therefore**, there are a lot popular chants that we sing during the game to raise our team's spirits, **and** we tear up newspapers, then we use the paper as a kind of flag that we shake as we sing, **and** it's a lot of fun.

우리나라에서 가장 인기 있는 운동경기는 야구입니다. 한국 야구는 많은 팬이 있고, 제가 가장 좋아하는 팀인 자이언츠는 아주 많은 팬을 가지고 있습니다. 한국 리그에는 여러 팀이 있고 자이언츠는 최고의 팀 중 하나이지만, 그들은 한참 동안 우승을 하지 못했습니다. 사람들이 그들을 응원하는 것을 좋아함에도 불구하고, 어떤 사람들은 그 팀이 절대 이기지 못할 거라 말하기도 합니다. 그래서 우리 팀의 사기를 높이기 위해 경기 동안 우리가 부르는 많은 인기 구호가 있고, 우리는 신문을 찢어서 노래를 부를 때 깃발처럼 그 종이를 흔드는데 아주 재미있습니다.

PART 2 어휘 늘리기

Week 1에서 '동의성', '하의성'을 이용해 단어를 기억하는 방법과, 효과적인 페러프레이즈(바꾸어 말하기)를 학습했습니다. Week 2에서는 형용사와 부사를 이용해 명사구와 연어(단어의 결합) 표현 확장에 대해 알아보겠습니다.

01 형용사

형용사는 사람이나 사물이 어떠한지, 또는 사람이나 사물의 상태가 어떠한지 설명하는 것을 도와주는 단어입니다. PART 2의 모든 질문들이 무언가를 설명하라는 것이기 때문에 반드시 형용사를 사용해야 합니다.

형용사는 두가지 용법이 있습니다.

- 한정용법: 명사를 앞에서 수식하는 형태

  ex former, alleged, erstwhile

- 서술용법: 뒤에서 보충하는 형태

  ex asleep, afraid, alone

★ 한정형용사

한정형용사는 명사 앞에서 이미 언급한 명사를 한정하는 데 사용됩니다. 주로 사람, 사물, 장소 등이 가진 특징을 설명하는 데 사용할 수 있습니다.

> The **former** President of the United States
> 미국의 전 대통령 → 현재의 대통령이 아니라는 의미
>
> The **old** river 오래된 강 → 새로운 강과 반대의 의미
>
> The **previous** owner of the house
> 집의 전 주인 → 이 사람이 집을 팔았다는 의미

EXERCISE

다음은 가장 흔히 사용되는 25개의 형용사입니다. 이 형용사들을 한정적 용법으로 6개의 표현을 만들어보세요.

good	new	first	last	long
great	little	other	right	big
high	different	small	large	next
early	important	few	public	same
able	young	own	old	bad

e.g.   the bad old man, the same long tunnel

① ____

② ____

③ ____

④ ____

⑤ ____

⑥ ____

모범답안

① The last young man ② The important public official

③ A big bad wolf ④ The same old story

⑤ The little old woman ⑥ The other long cable

서술적형용사는 명사구의 상태나 상황을 설명하기 위해 동사 뒤에 사용됩니다.

> The sea is **BLUE**.
> The shopping centre was **AMAZING**.
> The war in our country was **TERRIBLE**.

EXERCISE

다음 형용사들을 서술적 용법을 이용해 문장을 만들어보세요.

short	fast	horrible	pretty	happy
full	dark	funny	interesting	cheap
high	deep	healthy	rich	safe
same	early	strong	beautiful	handsome
cold	ugly	thin	empty	light
serious	boring	expensive	low	sick
hard	difficult	dirty	dangerous	different
late	weak	bottom		

e.g.   the man was BAD, the tunnel was LONG

① ____

② ____

③ ____

④ ____

⑤ ____

⑥ ____

02 부사

부사는 형용사에서 파생되는 경우가 많은데, 이런 경우 형용사 끝에 -ly를 더해 부사를 만듭니다. 예를 들어 slow가 slowly가 되는 것이죠. 하지만 예외의 경우도 있습니다. 다음은 부사의 기능에 따른 몇 가지 예입니다.

- 행동   slowly, carefully, quietly
- 시간성   yesterday, tomorrow, now
- 빈도   always, rarely, never

★ 행동을 나타내는 부사

무엇이 어떻게 되었는지 설명하며 절의 앞, 동사의 앞, 또는 명사 뒤에 사용될 수 있습니다.

Slowly, the man took off his jacket.
The man **slowly** took off his jacket.
The man took off his jacket **slowly**.

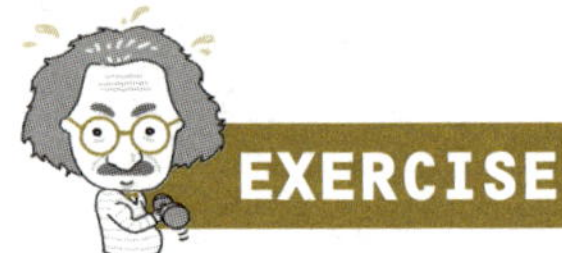

다음 행동을 나타내는 부사를 이용해 부사의 위치(절의 앞, 동사의 앞, 또는 명사 뒤)에 주의해서 문장을 만들어보세요.

accidentally	badly	calmly	carefully	eagerly
easily	fortunately	gently	happily	hungrily
kindly	neatly	patiently	politely	quickly
quietly	repeatedly	silently	softly	thoughtfully
violently				

① The teacher spoke to the boy ___________________ .

② ___________________ , the teacher spoke to the boy.

③ The teacher ___________________ spoke to the boy.

④ ____

⑤ ____

⑥ ____

모범답안

① The teacher spoke to the boy calmly.
② Calmly, the teacher spoke to the boy.
③ The teacher calmly spoke to the boy.
④ The man waited patiently for the woman.
⑤ Patiently, the man waited for the woman.
⑥ The man waited for the woman patiently.

언제 무슨 일이 일어났는지 설명합니다. 행동을 나타내는 부사처럼 절의 앞, 동사의 앞, 또는 명사 앞에 쓰일 수 있습니다.

> **Yesterday**, our President gave a speech on television.
> Our President **yesterday** gave a speech on television.
> Our President gave a speech on television **yesterday**.

EXERCISE

다음 시간을 나타내는 부사를 이용해 부사의 위치(절의 앞, 동사의 앞, 또는 명사 뒤)에 주의해서 문장을 만들어보세요.

yesterday	today	daily	weekly	monthly
annually	afterwards	once	twice	tomorrow

① ____

② ____

③ ____

④ ____

⑤ ____

⑥ ____

모범답안

① Tomorrow I will go shopping.

② I will go shopping tomorrow.

③ Once, I went on a date with a co-worker.

④ I once went on a date with a co-worker.

⑤ I went a date with a co-worker once.

⑥ I finished my lunch then afterwards went back to work.

★ 빈도부사

얼마나 자주 또는 얼마나 많이 무엇을 하는지 설명합니다. 빈도부사 역시 절의 앞, 동사의 앞, 또는 명사의 앞에 쓰일 수 있습니다.

Usually, I take my girlfriend to the cinema on weekends.

I **usually** take my girlfriend to the cinema on weekends.

I take my girlfriend to the cinema **usually** on weekends.

다음 빈도부사를 이용해 부사의 위치(절의 앞, 동사의 앞, 또는 명사 뒤)에 주의해서 문장을 만들어 보세요.

| usually | sometimes | often | never | always | rarely |

① ____

② ____

③ ____

④ ____

⑤ ____

⑥ ____

모범답안

① I often take my dog to the park.

② I take my dog to the park often.

③ Often, I take my dog to the park.

④ I sometimes watch television at work.

⑤ Sometimes I watch television at work.

⑥ I watch television at work sometimes.

다음 모범답안은 형용사와 부사를 많이 포함한 답변입니다. 음원을 듣고 답변을 읽으면서 형용사와 부사의 사용을 살펴보세요.

Describe an accident you once had.

You should say:

How the accident happened
What you did about it
How long it took to recover

And explain how you felt about the accident.

I **once** had a really **terrible** accident while driving with my friend down to one of the summer music festivals last year. It was **totally awful**, I don't even like to think about it.

I don't **really** remember too much about how it happened. We **always** stayed under the speed limit and we **never** drove too **dangerously**, but **one time** there was another **similar** car alongside us, and they were **young** like us, so they wanted to try and have a race. It seemed like a **stupid** idea in hindsight but at the time we just wanted to give it a go, so we went **quickly** down the highway. The only problem was that there had already been a **serious** accident down the road that we didn't know about, so as we were speeding **recklessly** down the street, we were **unaware** of what was to come.

Anyway when we saw the **big** crash in front of us, we **violently** slammed on the brakes, but we **narrowly** clipped one of the cars there and our car went spinning **wildly** into **oncoming** traffic. **Luckily** the other cars stopped before they hit us!

We recovered **pretty rapidly**, but it was a **massive** shock, and we could have been **horribly injured**. These days I feel that it was a **lucky** escape, and we had **fortunately** escaped anything **really awful**.

저는 작년 어느 여름 음악 축제에 친구와 운전해서 가던 도중 정말 참담한 사고를 한번 겪었습니다. 그것은 정말 끔찍해서 생각조차 하고 싶지 않습니다.

저는 그 사고가 어떻게 발생했는지 정말 많이 기억하지 못합니다. 우리는 항상 제한속도를 준수했고 절대 위험하게 운전하지 않았지만, 한번은 우리 옆에 다른 비슷한 차가 있었는데 그들은 우리처럼 젊어서 경주를 하고 싶어했습니다. 그것은 멍청한 생각이었다는 걸 나중에 깨달았지만, 그 당시 우리는 그냥 한번 해보고 싶어서 고속도로를 빨리 질주했습니다. 단 하나의 문제는 도로에 이미 우리가 모르는 심각한 사고가 발생해서 우리가 무모하게 도로를 달리는 동안 무슨 일이 일어날지를 알지 못했습니다.

여하튼 우리가 앞에 있는 대형 충돌사고를 보았을 때 아주 세게 브레이크를 밟았지만 차들 중 하나를 가깝게 스쳤고, 우리 차는 다가오는 차들 쪽으로 격렬히 돌면서 돌진했습니다. 운 좋게도 다른 차들이 우리와 충돌하기 전에 멈췄습니다!

우리는 비교적 빨리 회복했지만 그것은 엄청난 충격이었고, 심각하게 부상을 입을 수도 있었습니다. 요즘 저는 그것이 행운이 따른 탈출이었고 우리는 정말 끔찍한 일을 운좋게 피했다고 생각합니다.

어휘

driving down/up to X X로 운전해서 내려가다/올라가다

I don't like to think about X 나는 X에 관해서 생각하고 싶지 않다

(to) stay under the speed limit 제한속도를 준수하다

X seemed Y in hindsight 나중에 깨달은 것은 X는 Y인 것 같았다　　**accident** 사고

speeding recklessly 무모하게 속도를 내는　　**spinning** 회전하는

oncoming traffic 다가오는 차들　　**a lucky escape** 운좋은 탈출　　**fortunately** 운이 좋게도

03 함께 쓰이는 단어들 – 연어

모범답안에서 본 것처럼 영어문장 구성에서 형용사와 부사의 결합된 형태가 자주 등장합니다. 이렇게 결합된 형태로 자주 쓰이는 것들은 하나로 취급되는데 Ladies and gentlemen이 COLLOCATION '단어들의 결합'의 대표적인 예입니다.

다음 단어를 보세요.

> ① A fast car　　　② A quick car

위의 두 예는 같은 의미이지만 원어민은 오직 ①번 표현만 사용합니다. 그 이유는 fast가 car와 연결되어 fast car라는 단어의 조합을 만드는데, 이 단어는 너무 자주 쓰여서 자연스럽게 '맞아떨어진다'고 생각하는 반면 quick은 이상하게 들리기 때문입니다.

수백 개가 넘는 연어들을 모두 공부하는 것이 힘들 수 밖에 없습니다. Week 1에서 학습한 동의어, 동음이의어, 반의어와 함께 연어도 단어장에 정리해 암기하는 게 좋습니다. 연어 정리는 www.ozdic.com를 참고하면 좀 더 쉽게 할 수 있습니다. 또한, 좋은 영영사전도 도움이 됩니다.

다음은 각각의 품사가 결합한 연어들이 많이 쓰인 모범답안입니다. 음원을 들은 후 답변을 읽고 다양한 연어를 익히길 바랍니다.

★ 형용사와 명사

Describe a sport you watch or play regularly

I'm a **big fan** of football, so I'm always watching it on TV. I love the **bright colours** of the team strips and enjoy the **rousing chants** of the crowd as they try to keep their team in **good spirits**. Sometimes it's a **dirty business** if there are troublemakers in the crowd, but there is a **strong sense** of loyalty to your team. Many people say it is called the '**beautiful game**', and I agree, but it can be such a **serious matter** and there is a lot of **fierce competition** at times.

해석

저는 축구의 열렬한 팬이라서, 항상 TV로 축구를 봅니다. 저는 팀 유니폼의 밝은 색깔을 좋아하고 군중들의 열렬한 구호도 즐겨보는데, 그 이유는 그들이 지지하는 팀이 좋은 기분을 유지할 수 있도록 노력하기 때문입니다. 때때로 관중들 중 문제를 일으키는 사람이 있으면 지저분한 일이 되기도 하지만, 자기 팀에 관한 강한 충성심이 있습니다. 사람들이 축구가 '아름다운 경기'라고 불린다고 하고 저도 동의하지만, 그것은 정말 심각한 문제가 되기도 하고 때때로 치열한 경쟁이 일어납니다.

★ 명사와 동사

Describe a hobby you enjoy

I really enjoy listening to music, especially K-Pop. **K-pop** is **booming** these days, and the **trend** is **taking off** around the world. The **dancers perform** really cool routines and new **videos** are **released** almost every day. **Playing music** is a dream of mine, and I'm learning to **read music** too, so that I can learn to play something. I want to **record a tune** of my own one day, and maybe **appear** on **TV**.

해석

저는 음악 듣는 것을 정말 즐기는데, 특히 K-Pop을 좋아합니다. K-Pop은 요즘 갑작스런 인기를 끌고 있는데, 그 추세가 세계로 퍼져나가고 있습니다. 댄서들이 아주 멋진 율동을 보여주고 새로운 비디오가 거의 매일 나옵니다. 음악을 연주하는 것이 저의 꿈이고 저는 음악을 읽는 것도 배우고 있어서, 무언가 연주하는 것을 배울 수 있습니다. 저는 언젠가 제 곡을 녹음하기를 원하며 TV에 나올지도 모릅니다.

Model Answer  02-07

Describe a toy you used to play with as a child

When I was young we went to the **toy department** of my **local store** to buy a radio-controlled car. It only had a **battery life** of about a few hours, so it didn't last for long! My **school teacher** confiscated it during class. It had red **wheel trims** and the **engine compartment** looked like the real thing. It came with some cool **sound effects** including a horn and it had a **flag pole** on the back too.

해석

제가 어렸을 때 우리는 무선조정 자동차를 사기 위해 동네의 상점에 있는 장난감 코너에 갔습니다. 그것은 배터리 수명이 몇 시간 밖에 안되어서 오랫동안 지속되지 않았습니다. 저희 학교 선생님은 수업 중에는 그것을 압수했습니다. 그것은 붉은색 바퀴 장식이 있었고 엔진 부분은 진짜처럼 보였습니다. 그것은 경적을 포함한 멋진 음향효과가 있었고 뒤쪽에 깃대도 있었습니다.

★ 동사와 전치사구

Model Answer   02-08

Describe a long journey you once went on

We **went on a journey** to Scotland once. We **rode along** the highway in a friend's car, and we **sat in** the back. We **stayed for** the weekend and **left for** England on the Monday. We **entered** Scotland **through** Glasgow I think, I remember **meeting with** my cousin while we were there. We **slept for** a while in the car, and one of my friends **slept through** the whole journey back!

해석

우리는 한번 스코틀랜드로 여행을 갔었습니다. 친구의 차를 타고 고속도로를 달렸는데 우리는 뒤에 앉았습니다. 우리는 주말 동안 머물렀고 월요일에 잉글랜드로 떠났습니다. 제 생각에 글라스고를 통해 스코틀랜드로 들어갔고, 그곳에 있는 동안 제 사촌과 만난 것을 기억합니다. 우리는 차에서 한참 동안 잠을 잤고 제 친구 중 한 명은 돌아오는 여정 내내 잠을 잤습니다.

★ 동사와 부사

  02-09

Describe a modern building you have seen recently

I **regularly visit** the new art museum in town. I **suddenly thought** that I should become more interested in art, and I **quickly realised** that I **hardly knew** much about it after I went there. I **walked slowly** around the exhibits, **looking carefully** at the sculptures and **stared wildly** at some of the new paintings for a while, as they were a lot to take in. The works made me **think deeply** about what I want to do with my life.

해석

저는 도심에 있는 미술관을 정기적으로 방문합니다. 저는 갑자기 미술에 좀 더 관심을 가져야겠다고 생각했고, 미술관에 간 이후 제가 거의 아는 것이 없다는 걸 빨리 알아차렸습니다. 저는 조각품들을 유심히 보면서 전시품들 주위를 천천히 걸었고 한참 동안 새로운 그림 중 일부를 아주 진지하게 응시했는데, 왜냐하면 받아들여야 할 것이 많았기 때문입니다. 이 작품들은 제 인생에서 제가 무엇을 하고 싶은지에 대해 깊게 생각하게 만들었습니다.

★ 부사와 형용사

   02-10

Describe a famous person you would like to meet

I'm **awfully interested** in meeting Ban-Ki-Moon, who is the secretary-general of the United Nations. He's **totally devoted** to helping those in need, and he's **incredibly hard-working**. He is a **quite exceptional** person and he is **internationally famous** as a result of his job. He makes me **immensely proud** to be a Korean person, because he is representing us all. He is a **truly amazing** man and a **highly talented** negotiator for world peace.

해석

저는 반기문 유엔 사무총장을 만나는 것에 지대한 관심이 있습니다. 그는 도움이 필요한 사람들을 돕는데 전적으로 헌신적이며 놀랍도록 열심히 일합니다. 그는 꽤나 예외적인 사람이며 그의 일 때문에 세계적으로 유명합니다. 그는 제가 한국인인 것을 굉장히 자랑스럽게 만드는데, 그 이유는 그가 우리 모두를 대표하고 있기 때문입니다. 그는 진정으로 굉장한 사람이며 세계평화를 위한 아주 뛰어난 협상가입니다.

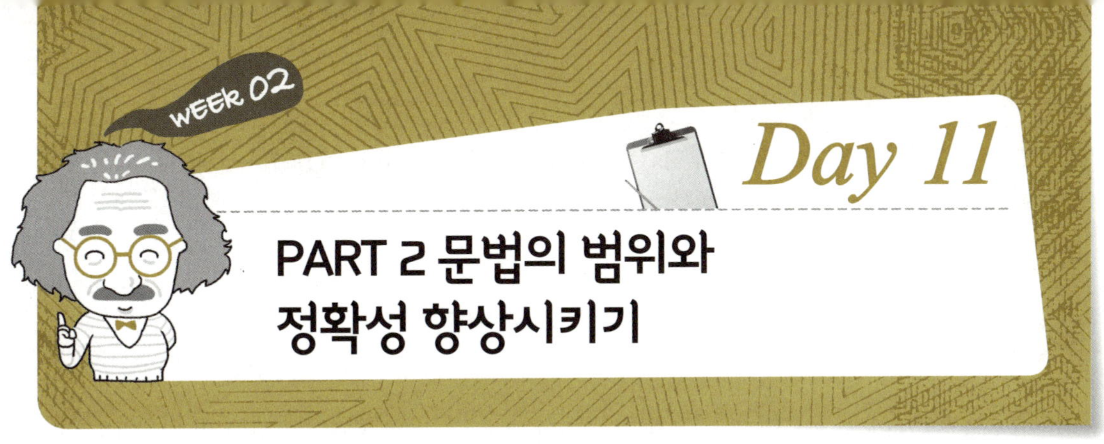

Week 1에서는 우리가 말하고 있는 사람이나 사물에 대한 정보를 더하기 위해 형용사, 부사와 같은 수식어와 관계사절을 이용하여 명사구 만드는 것을 집중적으로 살펴보았습니다. Week 2에서는 주어와 직접목적어를 넘어 사격어와 관계사를 이용해 더 복잡한 문장 만드는 방법을 알아보겠습니다. 또한, 긴 문장을 말할 때 적절하게 시간의 개념을 설명할 수 있도록 시제도 살펴보겠습니다.

01 복잡한 구문 만들기

지난주에 아래 개념을 간단히 소개했었습니다.

+ [주어+동사+직접목적어]

  I read books.　　　　　　He eats pizza.

+ [주어+동사+간접 목적어+직접목적어]

  He gave Tom the ball.

+ [주어+동사+직접목적어+사격어]

  He gave the ball to Tom.

+ [주어+동사+직접목적어+사격어+사격어]

  He gave the ball to Tom on Wednesday.

+ [주어+동사+직접목적어+사격어+사격어+이어지는 문장(주어+동사+목적어와 함께)]

  He gave the ball to Tom on Wednesday and Tom was happy.

+ [주어+동사+직접목적어+사격어+사격어+이어지는 문장(주어+동사+목적어와 함께)+관계사절]

  He gave the ball to Tom on Wednesday and Tom was happy that he had been given the ball.

이렇게 접속사를 이용해 두 개의 절이 연결된 문장을 살펴보았습니다. 이번에는 부가어를 배울텐데, 이를 위해서는 전치사에 대해 알아야 합니다.

⑩ 전치사

전치사는 다양한 종류가 있으며, 각각의 전치사는 특징적인 기능이 있습니다. 일부의 전치사는 여러 가지 다른 기능으로 쓰일 수 있는데, 예를 들면 with와 by 둘 다 '도구'를 이용한다는 의미로 사용될 수 있습니다.
아래 전치사의 기능에 따른 정의를 보세요. 모든 전치사가 정리된 것은 아니지만 기본적으로 알아두어야 할 흔히 사용되는 전치사들입니다.

★ 시간을 나타내는 전치사

+ on 요일과 주 앞에 사용
He goes to school **on** weekdays. 그는 주중에 학교에 간다.

+ at 특정한 시간을 나타낼 때
He gets up for school **at** 9:00. 그는 9시에 학교에 가기 위해 일어난다.

+ in 불특정한 시간을 나타낼 때
He gets up for school **in** the morning. 그는 아침에 학교에 가기 위해 일어난다.

+ for 기간을 나타낼 때
He's been a student **for** 3 years. 그는 3년 동안 학생이다.

+ since 기간이 시작되는 시점을 나태낼 때
He's been a student **since** January. 그는 1월부터 학생이다.

+ before 이전의 시간을 나타낼 때
He arrived **before** 9 p.m. 그는 9시 전에 도착했다.

+ after 시간의 후를 나타낼 때
He arrived **after** 9 p.m. 그는 9시 이후에 도착했다.

시간을 나타내는 전치사를 이용해 사건이 일어난 시기를 정해 빈칸을 채워보세요.

① I eat breakfast ______________________________

② I was a middle school student ______________________________

③ I learned to swim ______________________________

④ I've been learning IELTS ______________________________

⑤ I arrive at school/work ______________________________

★ 몇몇 전치사 뒤에는 새로운 문장이 따라오기도 합니다.

I have been a student since I was a little girl.
I went to the shop after I had finished eating my breakfast.

DAY 11

모범답안

① I eat breakfast at 9:00 a.m.
② I was a middle school student for 3 years.
③ I learned to swim before I went to elementary school.
④ I've been learning IELTS since 2001.
⑤ I arrive at work in the afternoon.

★ 장소를 나타내는 전치사

+ in 공간적인 내부를 나타낼 때

He lives **in** Manchester. 그는 맨체스터에 산다.

+ at 특정한 장소를 나타낼 때

There is somebody **at** the door. 문에 누군가가 있다.

+ on 표면 위를 나타낼 때

The picture is hanging **on** the wall. 사진이 벽에 걸려있다.

+ next to 공간적으로 바로 옆을 나타낼 때

The man is **next to** the window. 그 남자는 창문 옆에 있다.

+ under 공간적으로 아래를 나타낼 때

The dog is **under** the table. 그 개는 탁자 아래에 있다.

+ over 공간적으로 위를 나타낼 때

The plane flies **over** the land. 비행기는 땅 위를 난다.

+ across 공간을 가로지르는 것을 나타낼 때

We had to walk **across** the park to get to the bathroom.
우리는 화장실을 가기 위해 공원을 가로질러 걸어야 했다.

+ to 목적지를 나타낼 때

We went **to** the shopping centre. 우리는 쇼핑센터로 갔다.

+ between 공간적인 사이를 나타낼 때

The shop is **between** the post office and the restaurant.
그 상점은 우체국과 식당 사이에 있다.

장소를 나타내는 전치사를 이용해 아래 문장을 완성해보세요.

① My hometown is located _______________________________________

② To get home I have to go _______________________________________

③ To avoid there, we had to go _______________________________________

④ The library in my town is _______________________________________

⑤ My family lives _______________________________________

모범답안

① My hometown is located in the north of the country.

② To get home I have to go over the bridge.

③ To avoid there, we had to go across the river.

④ The library in my town is next to the police station.

⑤ My family lives between Seoul and Daejeon.

★ **역할을 나타내는 전치사**

+ **by** 수단을 나타내거나, 수동태에서 사용
The man was killed **by** a shark. 그 남자는 상어에 의해 살해되었다.

+ **by** 만든 사람을 나타낼 때
This book was written **by** James Bond. 이 책은 제임스본드에 의해 쓰여졌다.

+ **of** 소유를 나타낼 때
The sixth page **of** the book 그 책의 여섯 번째 페이지

+ **from** 근원지를 나타낼 때
It was a gift **from** my friend. 그것은 내 친구로부터 받은 선물이다.

+ **about** 목적을 나타낼 때
This is a book **about** taking the IELTS test. 이 책은 IELTS 시험을 위한 책이다.

+ **except** 예외를 나타낼 때
I have all of his albums **except** the latest one.
나는 최근 앨범을 제외한 그의 모든 앨범을 가지고 있다.

+ **for** 혜택을 받는 사람을 나타낼 때
I have something special **for** you. 나는 당신을 위한 특별한 무엇인가를 가지고 있다.

+ **with** 수단을 나타낼 때
I picked him up **with** my father's car. 나는 내 아버지의 차로 그를 픽업했다.

+ **without** 예외를 나타낼 때
He stole the car **without** getting caught. 그는 잡히지 않고 차를 훔쳤다.

역할을 나타내는 전치사를 이용해 문장을 완성해보세요. 답은 하나 이상일 수 있습니다!

① I got my high school diploma ______________________________

② I caught a cold ______________________________

③ I was beaten ______________________________

④ It was the fourth day ______________________________

⑤ I ate all of them ______________________________

⑥ This phone was made ______________________________

⑦ I gave him the pizza ______________________________

모범답안

① I got my high school diploma from the headmaster.
② I caught a cold from my sister.
③ I was beaten by an older child.
④ It was the fourth day of January.
⑤ I ate all of them without giving him any.
⑥ This phone was made for people who are hard of hearing.
⑦ I gave him the pizza to keep him quiet.

03 부정사 구문

특별한 전치사인 to는 동사 바로 앞에 쓰이면 부정사구를 만들 수 있습니다. 이 부정사구는 무언가의 '목적'을 설명할 때 사용됩니다.

I decided **to** study IELTS.
I decided **to** study IELTS **to** get into university.
I decided **to** study IELTS **to** get a job after graduation.

부정사구를 이용해 문장을 완성하세요. 1, 2번은 예로 주어져 있습니다.

① I visited my friend in hospital to make her feel better.

② I waited for a long time to catch a bus.

③ I study IELTS to ______

④ I will go to university to ______

⑤ Every day, I try to ______

⑥ I started exercising at the gym to ______

⑦ I travelled to Europe last year to ______

⑧ I go shopping on weekends to ______

⑨ I want to lose weight to ______

⑩ I visit my friend's house on the weekend to ______

⑪ I have never managed to ______

⑫ I will earn lots of money to ______

⑬ I practice the guitar to ______

모범답안

③ I study IELTS to get into university.

④ I will go to university to get a diploma.

⑤ Every day, I try to improve my memory.

⑥ I started exercising at the gym to get bigger for the summer.

⑦ I travelled to Europe last year to experience a new culture.

⑧ I go shopping on weekends to buy food for the week.

⑨ I want to lose weight to feel better about myself.

⑩ I visit my friend's house on the weekend to play video games with him.

⑪ I have never managed to save any money.

⑫ I will earn lots of money to support my family.

⑬ I practice the guitar to join a band one day.

 **관계사**

시험관에게 여러분의 문법 지식을 보여주는 다양한 방법 중 PART 2에서 유용하게 사용 할 수 있는 것들을 살펴보겠습니다.

★ 서술적용법
관계사의 서술적용법은 이전 문장에서 이미 언급된 것을 가리킵니다.

I went to the shops to buy some bread, **which** was an interesting experience.
나는 빵을 사기 위해 상점에 갔는데, 그것은 아주 흥미로운 경험이었다.

I study IELTS, **which** is a very difficult test, so I can go to a good university.
나는 IELTS를 공부하는데, 그것은 매우 어려운 시험이며, 그래서 나는 좋은 대학교에 갈 수 있다.

My favourite singer is PSY, **who** had a great hit with 'Gangnam style'.
내가 좋아하는 가수는 싸이인데, 그는 강남스타일로 아주 큰 히트를 쳤다.

I have always wanted to travel to America, **where** I can see many interesting things.
나는 항상 미국을 여행하기를 원했는데, 그곳에서 흥미로운 것들을 많이 볼 수 있다.

I am really interested in prehistoric times, **when** dinosaurs walked the Earth.
나는 선사시대에 아주 관심이 많은데, 그때는 공룡이 지구에 걸어다녔다.

적합한 형태의 관계사를 이용해 서술적용법으로 연결된 문장을 완성하세요.

① I am from Korea, ____

② I study IELTS, ____

③ My favourite city is New York, ________________________________

④ I am a great admirer of Albert Einstein, ________________________

⑤ The time I remember most in my life was my childhood, ____________

⑥ The person I am most proud of is my mother, ____________________

모범답안

① I am from Korea, which is in East Asia.
② I study IELTS, which will help me get into university in Europe.
③ My favourite city is New York, where you can see the Empire State building.
④ I am a great admirer of Albert Einstein, who was a famous German physicist.
⑤ The time I remember most in my life was my childhood, when I lived in Japan.
⑥ The person I am most proud of is my mother, who was given an award by the Queen.

05 동명사

동명사는 동사처럼 보이지만 실제로 명사구의 역할을 합니다. 예문을 보세요.

I really enjoy **playing** tennis. 나는 테니스치는 것을 정말 즐긴다.

When I was little I remember **running** very fast.
내가 어렸을 때 나는 아주 빨리 달렸던 것을 기억한다.

I have no problem with **driving** in the rain.
나는 빗속에서 운전하는 것에 아무 문제가 없다.

I can't help **falling** in love with you. 나는 당신과 사랑에 빠지는 것을 피할 수 없다.

동명사는 오직 특정한 동사에서만 찾아볼 수 있기 때문에, 동명사를 발견하면 그 형태를 잘 살펴봐야 합니다.

EXERCISE

동명사를 이용하여 문장을 완성하세요.

① I have always liked ______________________________________

② I have never liked ______________________________________

③ When I was young I remember ______________________________________

④ I really enjoy ______________________________________

⑤ I find ______________________________ is a lot of fun.

⑥ I hope I experience ______________________________ one day.

모범답안

① I have always liked running in the park.
② I have never liked watching football on the television.
③ When I was young I remember falling off a horse and going to hospital.
④ I really enjoy studying English.
⑤ I find motorcycling is a lot of fun.
⑥ I hope I experience bungee jumping one day.

일반적인 문장 구조에서는 행위자(행동을 하는 사람)가 문장의 앞에 오고, 경험자(그 행동의 영향을 받는 사람)이 동사의 뒤에 옵니다.

ex The man killed the horse.

이러한 문장에서는 행위자가 가장 중요합니다. 그러나 경험자의 중요성을 강조하고 싶을 때는,

① 경험자를 문장 제일 앞에 오게 하고
② was/were(be동사 과거)+p.p의 형태로 동사를 바꾸고
③ by 뒤에 행위자를 오게 합니다.

ex The horse was killed by the man.

EXERCISE

다음 능동태 문장을 수동태 문장으로 바꾸세요.

① The man hit the ball with his foot. ▶ _______________________________

② I broke the glass. ▶ _______________________________

③ The girl ate the banana. ▶ _______________________________

④ The teacher controlled the class well. ▶ _______________________________

⑤ My boss always shouted at his employees. ▶ _______________________________

모범답안

① The ball was hit by the man's foot.
② The glass was broken.
③ The banana was eaten by the girl.
④ The class was controlled well by the teacher.
⑤ The employees were always shouted at by their boss.

 **시제**

IELTS PART 2는 답변할 때 동사의 시제 사용이 적절한지 평가합니다. 따라서 영어에서는 어떻게 시간 설명을 하는지, 어떤 시제를 사용해야 하는지, 그리고 그 시제들을 어떻게 자유자재로 사용할 수 있는지를 살펴볼 필요가 있습니다.

다음 PART 2 토픽 카드를 보세요. 답변할 때 각각 어떤 시제가 사용되어야 할까요?

Describe a school you once attended.

You should say:
What the school classrooms looked like
What the teachers were like
How the subjects were taught

And explain whether you feel it was a good school or not

Describe a popular TV show in your country that you watch regularly.

You should say:
What the show is about
Who watches the show
When the show is on TV

And explain why the show is so popular

첫 번째 토픽은 답변의 대부분이 과거형이어야 합니다. 과거에 있었던 일을 이야기하기 때문이죠! 토픽 카드에 사용된 동사의 시제 looked, were를 보고 눈치챈 수험자도 있을 것입니다.
두 번째 토픽은 쇼 관람을 시작했을 때를 설명하는 부분 등 일부 답변은 과거형으로 할 수 있습니다. 하지만, 카드에 쓰인 동사에서 힌트를 얻을 수 있듯이(is, watches) 대부분의 답변은 현재형으로 해야 합니다.
여러분이 미래에 무엇을 할 것인지를 묻는 토픽도 출제될 수 있습니다. 미래시제는 이 책의 WEEK 3에서 배우겠습니다.

⑧ 과거형구문

★ 단순과거

• 과거에 일어났던 일이나 상태를 언급할 때

Peter lived in Cambridge. (but he doesn't now)
피터는 캠브리지에 살았다. (그러나 지금은 그곳에 살지 않는다.)

They learned English. (but now they are learning Spanish)
그들을 영어를 배웠다. (그러나 지금은 스페인어를 배우고 있다.)

• 과거의 습관을 얘기할 때

Peter played with his daughter in the morning.
피터는 아침에 그의 딸과 놀았다.

Peter usually fought with his supervisor.
피터는 보통 그의 상관과 다투었다.

TV was much better in the 80s.
TV는 80년대에 훨씬 더 나았다.

★ 과거진행

• 과거에 일시적으로 일어났던 일을 설명할 때

Peter was living in Cambridge. (temporarily)
피터는 캠브리지에 살고 있었다. (일시적으로)

I was speaking Chinese. 나는 중국어를 말하고 있었다.

★ **She was knowing the result.** 그녀는 결과를 알고 있었다.
이 문장은 문법적으로 틀립니다. know는 인지동사로 분류되며, 이는 진행형을 사용할 수 없습니다.

• 과거에 미래의 일을 이야기할 때

I was leaving the next week for London. 나는 다음주에 런던으로 떠날 것이었다.

We were departing on the weekend. 우리는 주말에 출발할 것이었다.

• 과거의 습관을 이야기할 때

Sarah was always walking her dog in the morning.
사라는 항상 아침에 그녀의 개와 산책을 했다.

Steven was usually reading the newspaper.
스티븐은 보통 신문을 읽었다.

★ **과거완료**

> • 과거시점에서 더 먼 과거의 일을 설명할 때
>
> **I had already departed for Seoul. (when the fire started)**
> 나는 이미 서울로 출발했었다. (불이 나기 시작했을 때)
>
> **Sarah had fed the fish. (before she went out)**
> 사라는 물고기에게 밥을 주었다. (그녀가 나가기 전에)
>
> **Sarah had studied English. (before deciding to learn French)**
> 사라는 영어를 공부했었다. (불어를 배우기로 결심하기 전에)

★ **현재완료 (과거와 현재 둘 다를 나타낼 수 있습니다.)**

> • 현재 시점과 연관이 있는 동사와 함께 쓰일 때
>
> **I have departed for Seoul.** 나는 서울로 출발했다.
> **I have finished the book.** 나는 그 책을 끝냈다.
>
> • 특정한 과거 시점부터 현재까지 이어지는 일을 설명할 때
>
> **Angela has studied in Spain. (since 1980)**
> 안젤라는 스페인에서 공부하고 있다. (1980년부터)
>
> **They have learned English/known the answer. (for some time)**
> 그들은 영어를 공부해왔다/답을 알았다. (얼마 동안)

09 현재형구문

★ 단순 현재

> • 현재의 사실을 설명할 때
>
> **Sarah studies English.** 사라는영어를 공부한다.
> ★ 뒤에 기간을 나타내기 위해 since 1987을 쓰는 것은 문법적으로 틀림. 현재형과 since는 함께 쓸 수 없음
>
> **Water boils at 100 degrees.** 물은 100도에서 끓는다.
>
> • 계획된 미래의 일을 이야기할 때 (미래를 나타내는 시간 부사와 함께 쓰임)
>
> **I head out tomorrow for Seoul.** 나는 내일 서울로 출발한다.
> **We leave next Thursday.** 우리는 다음 주 목요일에 떠난다.
>
> • 현재의 습관을 이야기할 때
>
> **I read the newspaper in the morning.** 나는 아침에 신문을 읽는다.
> **I don't enjoy fishing.** 나는 낚시를 좋아하지 않는다.

★ 현재 진행

> • 정확한 현재시제를 나타내는 시간적인 대상이 있을 때
>
> **I'm studying English. (at the moment)** 나는 (지금 이 순간에) 영어를 공부하고 있다.
> **She is running away.** 그녀는 달아나고 있다.
> ★ I am knowing the time. know는 인지동사이며 진행형으로 사용할 수 없어서 틀린 문장임
>
> **Winter is coming.** 겨울이 오고 있다.
>
> • 미래를 나타내는 시간 부사와 함께 쓰일 때
>
> **I am quitting tomorrow.** 나는 내일 그만둔다.
> **We are departing Tuesday.** 우리는 화요일에 출발한다.
> ★ 시간부사와 같이 쓰일 때는 현재형과 현재진행형의 의미가 같다고 볼 수 있다.
> I am quitting tomorrow. = I quit tomorrow.

지금까지 본 시제는 PART 1, 2에서 문법적 고득점을 받으려면 필수적으로 사용해야 하는 것들입니다. 물론, 토픽 카드에 주어진 문제에 따라 사용할 시제가 결정되기 때문에, 위 시제를 모두 사용해야 하는 것은 아니지만, 대부분의 시제를 자유롭고 정확하게 사용할 수 있는 것을 보여주면 고득점에 한층 더 다가갈 수 있을 것입니다.

다음 모범답변에는 다양한 과거형 문장이 사용되었습니다. 과거형이 실제 답변에 어떻게 사용되는지 살펴보세요.

Describe an important letter

You should say:
When did you receive the letter?
From whom did you receive the letter?
What was the letter about?

And explain the reasons why it is important

2 months ago I received the note that someone had put into a book that they had given me. At first I thought it was a mistake, and that the piece of paper was just a bit of rubbish, but upon closer inspection I realized that the paper itself was quite nice and that there was some handwriting on there, so I opened it up. I didn't realize until I read it that it was actually a message directed at me, so you can imagine my surprise when the note started 'Dear Peter'.

The person who had written the letter was an old school friend of mine who had recently moved overseas to study English. We had been close for a number of years but recently we hadn't had the chance to talk much. She sent me the book as she had already read it and she wanted me to check it out as well. The book was alright, but it was the note itself that was the most touching thing about it.

The letter told me that the main reason she had moved away was that she actually loved me. At the time I was seeing someone else, and I had only ever considered my friend as just a friend. I had no idea that she had feelings for me. Apparently, the story in the book told a similar story to the one that she had experienced, so perhaps she wanted me to know how she had felt.
The letter is important as it represents the true feelings of someone I had known for a long time, but I'd never suspected her true intentions. Had I have known before, my life might have taken a different turn.

두 달 전에 저는 누군가 제게 준 책에 넣어둔 쪽지를 받았습니다. 처음에 저는 실수로 넣어 둔 것이라고 생각했고 그 종이 조각은 쓰레기 조각 같았는데, 자세히 살펴보니 종이 자체가 꽤 좋은 것이었고 그 위에 손으로 쓴 글이 적혀 있다는 것을 알아채고는 그것을 열어보았습니다. 그것을 읽기 전까지 그 메세지가 제게 쓴 거라는 걸 몰랐기 때문에 내용이 Dear Peter로 시작되었을 때 얼마나 놀랐는지를 쉽게 상상할 수 있을 겁니다.

그 편지를 쓴 사람은 영어를 공부하기 위해 최근 외국으로 간 제 예전 학교 친구였습니다. 우리는 오랜 시간 가깝게 지냈지만 최근에 이야기할 수 있는 기회가 많지 않았습니다. 그녀는 제게 책을 보냈는데, 그 이유는 그녀는 이미 그 책을 읽었고 저도 읽어보기 원했기 때문입니다. 책은 꽤 괜찮았지만 가장 감동적인 것은 그 쪽지 자체였습니다.

그 편지에 그녀가 외국으로 간 가장 큰 이유가 저를 사랑했기 때문이라고 적혀 있었습니다. 그 당시 저는 다른 사람을 만나고 있었고 저는 그녀를 단지 친구로 생각했습니다. 저는 그녀가 제게 그런 감정이 있는지 정말 몰랐습니다. 책의 이야기는 명백하게 그녀가 경험한 것과 비슷한 이야기를 담고 있어서 아마 그녀는 자신이 어떻게 느꼈는지 제가 알기를 원했던 것 같습니다.

그 편지는 제가 오랫동안 알고 지냈던 누군가의 진심을 보여주기 때문에 중요하지만 저는 그녀의 진정한 의도를 한번도 의심해 보지 않았습니다. 만약 제가 이전에 이 사실을 알았더라면 제 인생은 다른 방향으로 흘러갔을지도 모릅니다.

at first 처음에   **rubbish** 쓰레기   **upon closer inspection** 꼼꼼히 살펴보기

handwriting 손으로 쓴 글씨   **you can imagine my X** 나의 X을 상상할 수 있을 것이다

overseas 외국으로   **(to) have the chance to X** X를 할 수 있는 기회가 있다

check it out 살펴보다   **touching** 감동적인   **seeing someone else** 누군가를 사귀는

just a friend 단순한 친구   **(to) have feelings for X** X에 대한 감정이 있다

true intentions 진정한 의도   **suspect** 의심하다   **a different turn** 다른 방향

mistake 실수

다음 모범답변에는 다양한 현재형 문장이 사용되었습니다. 현재형이 실제 답변에 어떻게 사용되는지 살펴보세요.

Describe a piece of equipment you often use at home or at work.

You should say:
What is it?
What you do with it
How long you have had it?

And explain how important it is to you.

I always have an MP3 player whether I am at home or on the way to work, especially when I am studying. The MP3 player connects to the computer via a USB cable and I can download my songs on the PC to the player quite easily using the packaged software that came with it. It was very easy to install and use. When I have to record my voice, it is invaluable, and my player also contains a lot of podcasts that I have downloaded, such as English language programs that are useful for my studies. My MP3 player has a small colour screen that allows me to watch movies I have downloaded and they can be saved on the player's internal memory. It even allows me to connect to the Internet and use an online dictionary if I need to look up some difficult vocabulary.

I've had it now for around 5 years and it's still going strong. Other people have already upgraded to the latest model but I haven't had to do that yet, as I actually don't have so many songs to put on there. If I put too many on there I just end up shuffling to find the ones I really like so it's a bit of a pain. I'd rather just have a small number of songs that I really like on there.

Listening to music on the way to university is vital for me. I can't get into the right frame of mind to start the day if I don't have my favourite songs blasting away on the bus. If I forget my MP3 player, sometimes I actually get off the bus and go back the other way just to pick it up – it's that important! I can't imagine life without it!

저는 집에 있던지 일하러 가는 길이던지, 특히 공부할 때 항상 MP3 플레이어를 가지고 있습니다. MP3 플레이어는 USB 케이블을 이용해 컴퓨터에 연결하고, 포함되어 있는 프로그램을 이용해 쉽게 컴퓨터에서 플레이어로 음악을 다운로드할 수 있습니다. 설치하고 사용하는 것은 아주 쉬웠습니다. 제가 제 목소리를 녹음해야 할 때 아주 유용하게 쓰이며, 또한 공부에 유용한 영어 프로그램 등 많은 팟캐스트를 플레이어에 다운 받았습니다. 제 MP3 플레이어에는 다운받은 영화를 볼 수 있는 작은 컬러 스크린이 있고, 영화는 플레이어의 내장메모리에 저장할 수 있습니다. 심지어 어려운 단어를 찾을 때 플레이어로 인터넷에 연결해 온라인 사전을 이용할 수 있습니다.

저는 이것을 대략 5년째 가지고 있는데 여전히 튼튼합니다. 다른 사람은 이미 최신 모델로 바꿨지만 저는 아직인데, 왜냐하면 사실 MP3 플레이어에 담을 노래가 그리 많지 않기 때문입니다. 만약 너무 많은 노래를 플레이어에 넣으면 제가 정말 좋아하는 노래를 찾으려 헤매다가 끝나는데, 이건 좀 괴로운 일입니다. 저는 정말 좋아하는 몇 개의 노래들을 여기에 가지고 있는 게 더 좋습니다.

대학교 가는 길에 음악 듣는 것은 제게 아주 중요합니다. 만약 버스에서 좋아하는 노래가 들려오지 않으면 하루를 시작할 마음의 준비를 제대로 할 수 없습니다. 만약 MP3 플레이어를 잊고 가져가지 않으면 실제로 가지러 버스에서 내려 다시 돌아갑니다. 그만큼 그것은 제게 중요합니다. 플레이어가 없는 제 삶은 상상할 수도 없습니다.

packaged 포함된　　**install** 설치하다　　**invaluable** 아주 소중한　　**internal** 내부의

going strong 잘 작동하는　　**shuffling** 이리저리 찾기

X is a bit of a pain X는 다소 고통이다　　**frame of mind** 마음의 준비

blasting away (음악이) 아주 크게 들리다

Week 1에서는 자음 소리와 우리가 쉽게 잘못 발음하는 자음 소리를 살펴보았습니다. 오늘은 단어의 강세와 문장에서의 강세를 집중적으로 살펴보겠습니다.

01 단어의 강세

한국어와 영어의 차이점은 소리의 타이밍입니다. 한국어는 음절중심 언어입니다. 즉, 모든 음절이 비슷한 강세를 가지고 있고, 모음과 자음의 소리가 줄어들지 않습니다. 반면, 영어는 강세 중심 언어로 강세가 주어진 음절 사이에는 비슷한 시간이 소요되기는 하지만, 음절이 길게 늘여지거나 짧게 줄여질 수 있습니다.

> Korean = duh duh duh duh duh duh duh duh duh duh
> English = DUH duh DUH duh DUH duh DUH duh DUH

또한 영어는 한 단어 안에서도 특정한 음절에 강세를 주며, 이 때 다른 음절들은 소리가 줄어듭니다.

다음 단어를 소리 내 읽으면서 강세가 있는 음절에 밑줄을 그어보세요. 모음에 강세가 있다는 것을 기억하세요.

02-13				
beautiful	random	lucky	normal	stupid
crazy	special	England	robot	metal
student	office	doctor	monster	football

이제 음원을 들으면서 각 단어의 강세를 확인하세요. 잘 들어보면 모든 단어의 첫 번째 음절에 강세가 있고 그 다음 음절은 자음 소리가 축약되면서 강세가 없다는 것을 알 수 있습니다. 예를 들어, doctor에서는 첫번째 음절 doc에 강세가 있고, tor 소리는 축약됩니다. 또한, tor의 o 소리는 oh라고 발음되기 보다 uh처럼 발음됩니다. 비슷한 단어의 예는 England가 있는데 land의 a는 lund처럼 소리가 납니다.
이는 영어 발음의 중요한 특징입니다. 그러나, 모든 단어가 첫 번째 음절에 강세가 있는 것은 아니며 다른 음절에 강세가 가기도 합니다.

아래의 단어들을 소리 내 읽어보고 강세가 있는 음절에 밑줄을 그어보세요.

02-14			
present	begin	export	support
explain	refrain	invite	decide
result	correct	suspect	suspend

이제 음원을 들으면서 여러분의 답이 맞는지 확인하세요. 모든 단어의 강세가 마지막 음절에 있다는 것을 알 수 있습니다. 또한, 이 단어들의 첫 번째 음절 소리는 축약되어 있습니다. 그러나, 어떤 단어들은 다른 형태의 강세를 가지기도 합니다.

아래 단어들을 소리 내어 읽어보고 강세가 있는 음절에 밑줄 그어보세요.

exaggerate	remember	motivation	responsible
divided	excited	incentive	extinguisher
behaviour	example	exception	correlation

이제 음원을 들으면서 답을 확인하세요. 이 단어들은 중간에 있는 음절에 강세가 있으며, 처음과 마지막 음절의 소리는 축약되어 있다는 것을 알 수 있습니다.

한가지 주의할 점은 비슷한 단어라도 강세의 위치는 다를 수 있습니다. 아래 단어를 소리내 읽으면서 강세가 있는 음절에 밑줄 그어보세요.

public	publicity	electric	electricity
photograph	photography	maths	mathematics
inform	information	economy	economics

이제 음원을 들으면서 강세가 어떻게 변하는지를 확인하세요.
지금까지 예로 주어진 단어들을 살펴보면서 단어의 어떤 음절에 강세가 오는지에 대해 조금은 감을 잡으셨을 것입니다. 강세에 대한 부분 또한 여러분의 단어장에 함께 정리해야 합니다.

02 문장에서의 강세

영어는 문장 안에 기능어와 내용어가 존재하며, 강세는 기능을 나타내는 단어가 아니라 내용을 나타내는 단어에 있습니다.

- **내용어 = 명사 (man), 동사 (look), 형용사 (big), 부사 (carefully)**
- **기능어 = 관사, 전치사, 접속사, 대명사, 관계사, 연결동사 (be동사)**
  ★ 특별히 강조된 경우 제외 – WEEK 3 참고

다음 모범답안을 읽고 박스에 내용어와 기능어를 분리해보세요.

Model Answer  **02-17**

Describe one of your neighbours.

You should say:
When did you become neighbours?
Do you often meet?
What you talk about?

And state whether you think your neighbour is a good one.

We became neighbours when I was born I guess, as my family has always lived in my apartment. However, we really don't see or hear too much from them, unless we bump into each other on the front door or something. In fairness then, I can't really say whether my neighbour is a good neighbour or not. Perhaps a silent neighbour is the best kind of neighbour, who knows?

The reason why we don't mix often is that our generation just doesn't seem to have time to devote to strangers as much as our parents' generation did. We only care about those immediately around us, and unfortunately this does not include next-door neighbours anymore these days.

[해석]

우리 가족은 항상 이 아파트에 살았기 때문에, 아마 제가 태어났을 때 우리는 이웃이 되었습니다. 하지만 우리가 정문이나 다른 곳에서 우연히 마주치지 않는 한, 서로 자주 보거나 소식을 듣지는 않습니다. 그래서 공평하게 말하면, 저는 이웃이 좋은 이웃인지 그렇지 않은지 말할 수 없습니다. 아마 조용한 이웃이 최고의 이웃일지도 모릅니다. 누가 알겠어요?

우리가 자주 어울리지 않는 이유는 우리 세대는 부모님 세대가 그랬던 것처럼 모르는 사람들과 보낼 시간이 없는 것 같습니다. 우리는 단지 아주 가까운 사람들만 신경을 쓰고, 불행히도 요즘은 가까운 사람에 옆집 이웃은 더 이상 포함하지 않습니다.

We don't hear too much of X 우리는 X에 관한 소식을 많이 듣지 않는다

devote (time) (시간을) 보내다   **(to) bump into X** X와 우연히 마주치다

generation 세대   **in fairness** 공평하게 말하면

those around us 우리 주위에 있는 사람들   **whether or not** ~인지 아닌지

the best kind of X 좋은 X인 편인   **mix** (사람들과) 어울리다

기능어	*WE WHEN I WAS*
내용어	*BECAME NEIGHBOURS BORN GUESS*

기능어 – we, when, I, was, as, has, in, my, really, don't, or, too, much, from, them, into, on, the, then, can't, whether, is, a, not, of, who, why, that, our, just, doesn't, to, much, did, only, about, those, us, this, does, not, these

내용어 – became, neighbours, born, guess, family, always, lived, apartment, however, see, hear, unless, bump, each, other, front, door, something, fairness, say, neighbour, good, perhaps, silent, best, kind, knows, reason, mix, often, generation, seem, have, time, devote, strangers, parents, only, care, immediately, around, unfortunately, include, next-door, anymore, days

이제 음원을 듣고 어떤 단어가 강조되었고 어떤 단어가 강조되지 않았는지 확인하세요. 여러분이 들은 것처럼 내용어는 강조되었고, 문장에서의 강세는 DUH duh DUH duh DUH duh DUH의 형태입니다.

PART 2 시험의 발음 부분에서 높은 점수를 원한다면 지금까지 학습한 패턴을 확실히 익혀 자기 것으로 만들어야 합니다. 부정확한 강세는 쉽게 눈에 띄어 감점당할 수 있습니다. 일단 DUH duh DUH duh DUH duh DUH 패턴에 익숙해지면 영어의 강세가 얼마나 쉬운지 알 수 있을 겁니다.

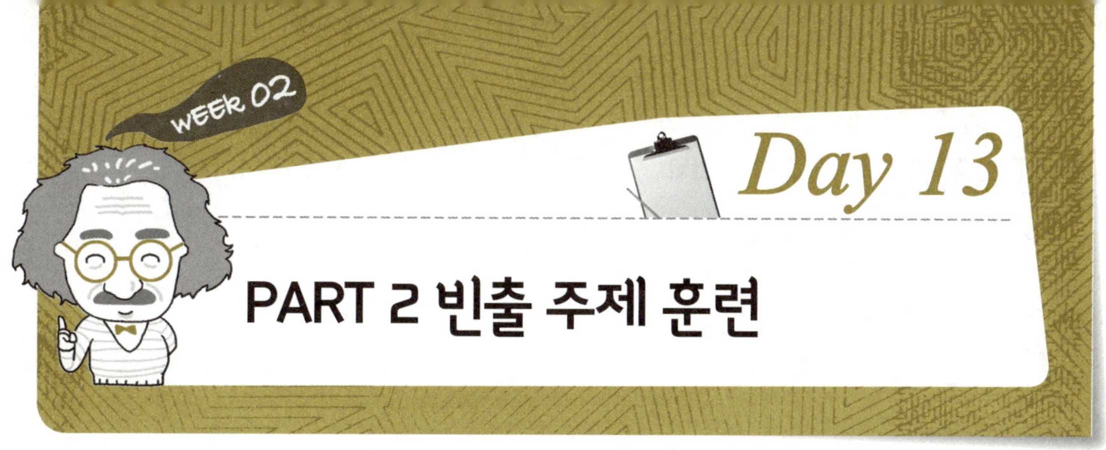

PART 2 빈출 주제 훈련

지금까지 IELTS PART 2 긴 문장 말하기에 대비하여 학습했습니다. 이제 여러분이 시험에서 접할 수 있는 다양한 토픽을 살펴보겠습니다. 아래 토픽 카드가 주어져 있으며, 각 카드마다 1분 동안 가능한 한 많은 추가 질문을 만들어보세요.

1.

Describe a garden or park you like to visit.

You should say:
Where it is
What you can see in there
What kind of people use it

And explain why you visit that place

EXTRA QUESTIONS

① ____
② ____
③ ____
④ ____
⑤ ____

Describe a famous person you would like to meet.

You should say:
Who that person is
What they do
Why they are famous

And explain why you would like to meet them

EXTRA QUESTIONS

① ____
② ____
③ ____
④ ____
⑤ ____

Describe a TV program that you don't like.

You should say:
What the TV show is about
Who watches it
When it is on TV

And explain why you don't like this show

EXTRA QUESTIONS

① ____
② ____
③ ____
④ ____
⑤ ____

4.

Describe a long journey you have taken recently.

You should say:
When you went on the journey
How long the journey took
Where you went to

And explain why you went on such a long journey

EXTRA QUESTIONS

① ____
② ____
③ ____
④ ____
⑤ ____

5.

Describe a toy you played with as a child.

You should say:
What the toy is
When you got the toy
What happened to the toy

And explain why this toy was important to you

EXTRA QUESTIONS

① ____
② ____
③ ____
④ ____
⑤ ____

Describe one of your neighbours.

You should say:
Who they are
How often you see them
How you met them

And explain if they are good neighbours or not

EXTRA QUESTIONS

① ____
② ____
③ ____
④ ____
⑤ ____

Describe a shopping centre you often go to.

You should say:
Where the shopping centre is
How often you go there
What kind of shops are there

And explain why you go there so often

EXTRA QUESTIONS

① ____
② ____
③ ____
④ ____
⑤ ____

Describe a newspaper or magazine you often read.

You should say:
What the newspaper/magazine is
What kind of stories are in there
Who else reads this kind of publication

And explain why you enjoy reading it

EXTRA QUESTIONS

① ____
② ____
③ ____
④ ____
⑤ ____

9

Describe a children's game (not a sport).

You should say:
What the game is
How it is played
How to win the game

And explain why children might like that game

EXTRA QUESTIONS

① ____
② ____
③ ____
④ ____
⑤ ____

10.

Describe your favourite animal.

You should say:
What the animal is
Where it can be found
What the animal can do

And explain why it is your favourite animal

EXTRA QUESTIONS

① ____
② ____
③ ____
④ ____
⑤ ____

11.

Describe a historical place in your country.

You should say:
What the place is
Where is it located
What makes it so historical

And explain what this place means to you

EXTRA QUESTIONS

① ____
② ____
③ ____
④ ____
⑤ ____

12

Describe an advertisement you have seen recently that you thought worked well.

You should say:
What the advert is
What it sells
Where you can see it

And explain why you think it works well

EXTRA QUESTIONS

① ____
② ____
③ ____
④ ____
⑤ ____

Describe your favourite movie.

You should say:
What the movie is
When you saw it for the first time
How popular it is

And explain why this movie is your favourite

EXTRA QUESTIONS

① ____
② ____
③ ____
④ ____
⑤ ____

Describe a photograph you think is special.

You should say:
What the photograph is of
When it was taken
Who took it

And explain why this photograph is so special.

EXTRA QUESTIONS

① ____

② ____

③ ____

④ ____

⑤ ____

15.

Describe a party you once attended.

You should say:
When the party was
What kind of party it was
Who attended the party

And explain why this party was memorable for you

EXTRA QUESTIONS

① ____

② ____

③ ____

④ ____

⑤ ____

이제 다음 모범답안을 살펴보세요. 일부는 질문에 대한 답변이 예로 주어졌습니다. 질문에 답을 한 후 음원을 들어보세요.

1.

① Are there any animals there?

② What happens if it rains?

③ Is the park free to enter?

④ What other facilities are in the park?

⑤ Would you pay to visit the park if you had to pay?

02-18

I have always heard about Central Park in New York City. I find it amazing that one of the biggest cities in the world has such a big park in the middle of it, I think only Hyde Park in London can compare. You hear stories of people getting lost in there all the time, as the park is so big. There are even lakes with boats you can ride, and there is a zoo filled with polar bears, lions, and all kinds of birds. The park is free to enter but to be honest if they charged a couple of dollars entrance fee I would probably be willing to pay that as the park is very well-maintained. If it rains there are even indoor areas you can visit. Everyone goes there to escape from their busy city lives for a couple of hours, and you can see all sorts of people in there, from rich bankers to celebrities to the homeless. I'd love to try riding a horse and carriage through there!

해석

저는 뉴욕 시티에 있는 센트럴 파크에 대해 항상 들어왔습니다. 세계에서 가장 큰 도시 중 하나에 그렇게 큰 공원이 도시 중간에 있다는 것이 매우 흥미롭고, 런던에 있는 하이드파크만이 비교가 될 수 있다고 생각합니다. 공원이 너무 커서 사람들이 길을 잃는다는 이야기들을 항상 듣습니다. 심지어 탈 수 있는 보트가 있는 공원도 있고 북극곰, 사자 그리고 온갖 종류의 새들로 가득 찬 동물원도 있습니다. 공원 입장은 무료지만, 솔직히 말해 만약 입장료로 1~2달러를 부과한다고 해도 지불할 용의가 있는데, 그 이유는 공원이 아주 잘 관리되기 때문입니다. 심지어 만약 비가 오면 방문할 수 있는 실내공간도 있습니다. 부자 은행원부터 유명인사, 부랑자들까지 모든 사람이 1~2시간 동안 도시의 바쁜 삶에서 벗어나기 위해 그곳에 갑니다. 저는 공원을 지나는 말과 마차를 타고 싶습니다!

2.

① What would be the first thing you asked them?

② Would you shake their hand?

③ Are they still living?

④ Would someone who wasn't from your country know who this famous person is?

⑤ When did this person first become famous?

I will tell you about a famous figure-skating Korean called Kim-yu-na. She is quite young and now she has become a famous star. I remember that in the past she used to make a lot of mistakes in her routine, but now she has hired an American coach she has improved tremendously and is up for the gold medal in the forthcoming winter Olympic Games. A lot of people admire her these days due to the fact that she overcame her difficulties through perseverance. She kept going despite the difficulties she faced, and this was an inspiration to common people during these hard economic times.

해석

저는 김연아라고 불리는 유명한 한국인 피켜스케이터에 관해 이야기하겠습니다. 그녀는 꽤 어리고 지금 유명인이 되었습니다. 저는 과거에 그녀가 경기 중 많은 실수를 했던 것을 기억하지만, 지금 그녀는 미국인 코치를 고용하고 놀라울 만큼 향상되어서, 다가오는 겨울 올림픽에서 금메달을 바라보고 있습니다. 많은 사람이 요즘 그녀가 인내심으로 어려움을 극복했다는 사실 때문에 그녀를 동경합니다. 그녀는 처한 어려움에도 불구하고 계속 나아갔으며 이것은 이렇게 경제적으로 어려운 시기에 일반인들에게 귀감이 되었습니다.

3.

① What is the worst thing about the show?
② Who is the presenter?
③ What channel is the show on?
④ Do other people dislike the show?
⑤ Can we see the show outside of your country?

I really don't like a show on TV at the moment called Wipeout. It's a game show where people have to run across an assault course filled with slides and traps where they can get knocked into the water. The contestants have to beat the clock to win the competition. It's presented by a little guy called Richard Hammond who tries to do an amusing voiceover whenever the contestants get knocked into the water. The show is broadcast on BBC1 on Saturdays but I dislike the show as I think it's a bit silly. Saturday night TV in general is pretty dull but I feel like Wipeout just insults my intelligence – I mean, there are so many other important things we could be doing, rather than watch some helpless women fall over or get hit by a moving pillar. I hear the show has now been exported to America and Asia, so perhaps they will hate it just as much as I do.

해석

저는 요즘 와이프아웃이라는 TV쇼를 정말 좋아하지 않습니다. 그것은 사람들이 물에 빠질 수 있는 미끄럼틀과 함정으로 가득 찬 유격코스를 달리는 게임 쇼입니다. 참가자들은 시간 전에 마쳐야 경쟁에서 이길 수 있습니다. 그 쇼는 참가자들이 물에 빠질 때마다 재미있게 해설하는 리차드 하몬드라는 키 작은 남자가 진행합니다. 그 쇼는 토요일 BBC1에서 방송되는데, 저는 그 쇼가 약간 유치하다는 생각이 들어서 싫어합니다. 일반적으로 토요일 저녁 TV는 꽤 따분하지만 와이프아웃은 나의 지적 능력을 모욕한다고 느낍니다. 제 말은, 몇 명의 속수무책인 여자들이 넘어지거나 움직이는 기둥에 맞는 걸 보는 것보다 우리가 할 수 있는 다른 중요한 일이 많다는 뜻입니다. 저는 그 쇼가 이제 미국과 아시아로 수출된다고 들었는데, 아마 그들도 저만큼이나 그 쇼를 싫어할 것입니다.

4.

① Did you travel alone or by yourself?
② How much did the journey cost?
③ Were there any complications on the journey?
④ What did you eat along the way?
⑤ What was the best thing about the journey?

5.

① How much did the toy cost?
② Can you still buy that toy now?
③ Do you know anyone else with the same toy?
④ How much would the toy be worth today?
⑤ Why did your parents buy that toy for you?

🎧 02-21

I once used to own a hand puppet made of rubber called a Boglin. You put your hand into its head and there were controls to move the eyes and mouth so you could pretend it was talking. They were heavily advertised on children's television and everyone wanted one, so my mother bought me one for my birthday. I used to take it to school to scare little girls with. Interestingly, I checked an online auction site, and I realised that these things are going for a fortune these days, if the toy was still in the original packaging. It's a shame that we threw them all away once we had finished playing with them.

해석

저는 예전에 보글린이라는 고무로 만든 손가락 인형이 있었습니다. 손가락을 인형의 머리에 넣고 눈과 입을 움직이는 조정기가 있어서 인형이 말하는 것처럼 할 수 있었습니다. 그 인형은 어린이용 TV프로에 많이 광고되었고 모든 아이들이 그것을 갖고 싶어해서 엄마가 제 생일날 인형을 사주셨습니다. 저는 어린 소녀들을 겁주기 위해 인형을 학교에 가지고 가곤 했습니다. 흥미로운 것은, 온라인 경매사이트를 검색했는데 만약 그 인형이 원래의 박스에 들어있다면 요즘에는 굉장히 비싸다는 것을 알게 되었습니다. 더 이상 그 인형을 갖고 놀지 않게 되었을 때 모두 버린 것이 정말 유감입니다.

6.

① Do you still meet them today?
② When did you last see them?
③ What do you remember the most about them?
④ Did you ever disagree with them?
⑤ Do you think that you are a good neighbour?

7.

① How many people go there?
② What is the most popular store there?
③ Do you have to pay for parking?
④ Do they sell food there?
⑤ What are the facilities like?

🎧 02-22

I like to go to Lotte department store. I don't go so regularly anymore, probably about twice a month. I like the place due to the fact that it is easy to get there, as it has great transport links to the rest of the city. If I am with friends we use it as a meeting zone, as it is a landmark that everyone knows in Busan. Lotte is a giant brand in Korea so people trust the selection and quality of their products. Lotte is kind of a giant maze, and to this day I still haven't seen every room. As it is attached to a hotel, it has a wider range of services that most department stores could only dream about, including swimming pools and squash courts, and a casino. It is popular with Japanese tourists who come over to look for the cheaper prices of branded goods in Korea, and if you go to the duty-free section of the store, you are bound to see plenty of Japanese shoppers there.

해석

저는 롯데백화점에 가는 것을 좋아합니다. 더 이상 정기적으로 그곳에 가지는 않지만, 아마 한 달에 두 번 정도는 갑니다. 그곳에 가기가 쉽다는 것 때문에 좋아하는데, 도시의 다른 지역들과 교통연결이 아주 좋습니다. 저는 친구들과 만남의 장소로 이용하는데, 부산의 모든 사람들이 아는 랜드마크이기 때문입니다. 롯데는 한국에 있는 거대브랜드라서 사람들이 상품 종류와 품질을 신뢰합니다. 롯데는 일종의 거대 미로같아서 저는 아직까지 모든 곳을 보지 못했습니다. 그곳은 호텔과 붙어있어서 수영장, 스쿼시장, 카지노를 포함해 대부분의 백화점이 단지 꿈꾸기만 하는 훨씬 폭넓은 범위의 서비스를 제공합니다. 그곳은 한국에서 브랜드 상품을 저렴한 가격에 구입하기 위해 오는 일본인 관광객들에게 인기가 있으며, 만약 면세점에 가면 반드시 수많은 일본인 쇼핑객들을 보게 될 것입니다.

8.

① Will people read this publication in the future?
② Why did you first start reading it?
③ How much does it cost?
④ Where can you buy it?
⑤ Can you get it delivered?

🎧 02-23

Well to be honest I very rarely read the newspapers or magazines these days as I read almost everything on the Internet now. The market for newspapers and magazines has shrunk considerably. When I was a teenager though, I used to read the celebrity gossip magazines quite often. They would have stories about which celebrities were dating that week, who had split up, who were fighting or jealous of each other and that kind of thing.

Looking back on it I don't know if half of the stories were even true, but that kind of thing isn't really important. You just want to be entertained and realise that while they often have great lives, sometimes their lives aren't so great after all.

솔직히 말해 저는 요즘 신문이나 잡지를 거의 읽지 않는데, 그 이유는 거의 모든 것을 인터넷에서 보기 때문입니다. 신문과 잡지 시장이 상당히 줄어들었습니다. 제가 10대였을 때만 해도 유명인 가십 기사를 다루는 잡지들을 꽤 자주 읽곤 했습니다. 그 잡지들은 어떤 유명인이 그 주에 데이트를 했고, 누가 헤어졌고, 누가 싸웠거나 서로 질투를 했다는 내용의 기사들을 다룹니다. 되돌아보면 그 이야기의 반이라도 진실이었는지 알 수 없지만, 그런 것들이 정말 중요한 것은 아닙니다. 단지 즐길 거리가 필요하고 그들이 종종 아주 멋진 삶을 살지만 때때로 전혀 멋지지 않다는 것을 알게 됩니다.

9.

① Is that game popular only in your country?

② Did you play that game a lot when you were a child?

③ Would you let your children play that game?

④ Is the game dangerous in any way?

⑤ What do you get if you win the game?

10.

① Is the animal native to your country?

② Is the animal dangerous?

③ What does the animal look like?

④ Does the animal eat other animals?

⑤ Can you see the animal in the wild or in a zoo?

11.

① Do you have to pay to get in?

② How old is the place?

③ Is the place famous around the world?

④ Can you buy souvenirs of that place?

⑤ What will happen to that place in the future?

12.

① Do other people like the advert?

② Do you know anyone who bought the product?

③ Are there many adverts in your country?

④ Have you ever sold anything?

⑤ Can we see the advert online?

13.

① Is the movie popular outside of your country?

② Did the movie win any awards?

③ Who stars in the movie?

④ Who was the director?

⑤ What were the special effects like?

14.

① What kind of camera was used?

② Was it a colour photo?

③ Do you have a camera?

④ Is the photo in a special frame?

⑤ Are you in the photo?

15.

① Did your family attend the party?

② Do you often go to parties?

③ What was the food like at the party?

④ Did you drink at the party?

⑤ What did you wear to the party?

🎧 02-24

Every year I attended a special homecoming day in my graduate school's laboratory. This party was held every fall and sometimes in special places like Geyongju or Haeundae, and sometimes we would go hiking. There are many graduate students from our lab who became CEOS or professors these days, so from this party we have seen a great deal of people who have graduated early. These people are often very old, as old as over 60. When I attend this party I have a great deal of respect to my professor and I have the chance to see my old school friends. I was so busy to work or study daily, so that when I attended these parties, it was an opportunity for me to relax or get some useful connections that would help me advance professionally. These parties are very meaningful for me so I promise to attend annually.

해석

저는 매년 대학원 연구실의 특별한 동창회에 참석했습니다. 이 파티는 매년 가을에 열렸고 때때로 경주나 해운대 같은 특별한 장소에서, 또는 때때로 하이킹을 가기도 했습니다. 요즘 우리 연구실 출신으로 CEO나 교수가 된 졸업생들이 많아서, 이 파티에서 예전에 졸업한 많은 사람들을 봐왔습니다. 이 사람들은 대게 나이가 60 이상으로 굉장히 많습니다. 제가 이 파티에 참석할 때, 교수님에 대한 대단한 존경심을 표하며, 제 이전 학교 친구들을 만날 수 있는 기회를 갖습니다. 저는 매일 일이나 공부에 너무 바빴기 때문에, 이런 파티에 참석하면 휴식을 취하거나 제 분야에서 앞서나가는 데 도움될만한 인간관계를 만드는 기회가 됩니다. 이런 파티는 제게 큰 의미가 있어서 매년 참석할 것입니다.

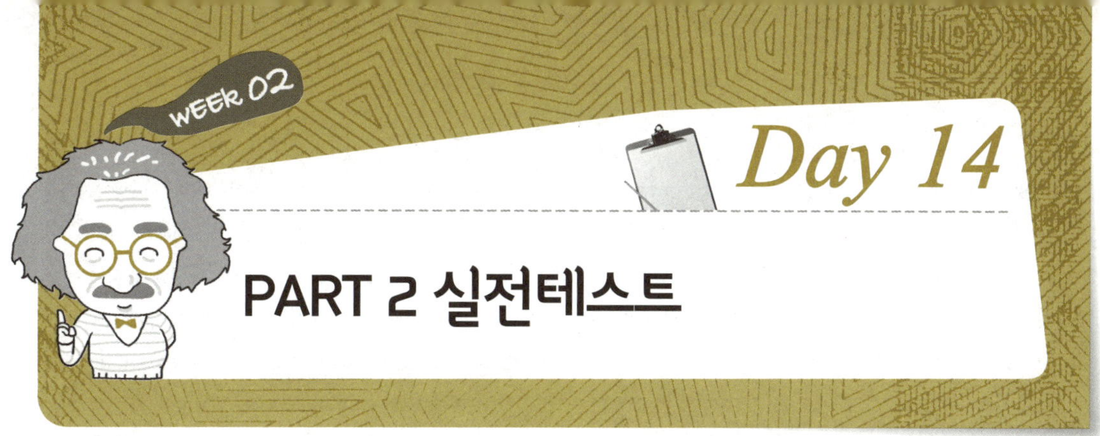

PART 2 실전테스트

자, 이제 PART 2 긴 문장 말하기 실전문제 3세트를 연습하겠습니다. 아래 3개의 토픽 카드는 이미 앞에서 여러분이 추가질문을 만들었던 것들입니다. 먼저 SET 1은 모범답안을 들어본 후 여러분의 실전이 이어집니다. 전체 말하기의 길이, 말하는 속도, 내용의 일관성, 문법과 단어의 난이도, 단어와 문장의 강세와 발음 특징(소리의 축약)에 주의하면서 전체적인 흐름을 파악하세요.

SET 01

Examiner - Now, I'm going to give you a topic and I want you to talk about the topic for 1-2 minutes. You have a minute to think about what you want to say and you can make some notes if you wish. Here's the topic…..

Describe your favourite movie.

You should say:
What the movie is
When you saw it for the first time
How popular it is

And explain why this movie is your favourite

Test taker [1 minute for notes]

Examiner - OK so I'll stop you when the time is up. Can you start your talk now please?

Test taker - It's hard to choose a favourite movie from the many awesome movies that I have seen, but if I had to choose one, I would say that my favourite movie is probably 'Predator'. It's an action movie starring Arnold Schwarzenegger that is set somewhere in South America during the seventies, and it follows a team of trained soldiers who are given a mission to rescue some hostages from the jungle. However, they get more than they bargained for, as unbeknownst to them, a vicious creature from outer space had crash landed in the jungle and was killing people one by one, as a kind of hunter, collecting trophies. So the movie is about them running away from this monster, and in the end there is a big showdown between this monster and the main character played by Arnold, and it's just a really exciting fight to the death.

I think I saw it when it came out, sometime in the 80's, but as it is rated for adults I wasn't allowed to go to the cinema to watch it. Back then, we watched everything on VHS tape, so my old brother went to get it out from the video store for us using a fake ID. We turned off all the lights and put the movie on in our pyjamas.

It's one of Arnold's most popular movies, I mean, he's been in a lot of movies like the Terminator and Conan, but I think this movie is still popular because it has a great supporting cast of characters who make the movie fun to watch. You really feel like the team of soldiers are a band of brothers who have been serving together for a while, so you feel sad for them when the monster finally catches up with them.

I think this movie is my favourite as I have seen it over 200 times and know every single word in the script off by heart. It never gets old for me though and if I know it's going to be on the telly then I'll make a point of staying up to watch it. They even made a couple of sequels, and Predator 2 was a good movie, even though the last sequel was kind of boring. I think it needed more Arnold!

Examiner - Would you recommend this movie to your friends?

Test taker - Absolutely! I've even had friends come around to my house to watch it together and they are just as huge fans of the movie as I am, so we role-play the characters, and have a drinking game where if one person messes-up the lines, we all have to take a shot of something.

시험관 – 이제, 당신에게 토픽을 줄 것이며, 저는 당신이 이 토픽에 관해 1~2분 동안 이야기하기를 바랍니다. 1분 동안 말하고 싶은 것을 생각할 수 있고, 원한다면 메모를 해도 좋습니다. 여기 토픽이 있습니다.

응시자 – 1분 동안 노트하기 (앞에서 연습한대로 생각 정리하기)

시험관 – 시간이 다 되면 제가 멈추라고 말을 할 겁니다. 이제 시작해주세요.

응시자 – 제가 봤던 많은 굉장한 영화 중 가장 좋아하는 영화를 고르는 것은 어렵지만, 하나를 골라야 한다면 아마 '프레데터'일 겁니다. 그것은 70년대 남미 어딘가를 배경으로 한 아놀드 슈왈츠제네거가 주인공인 액션 영화이며, 정글에서 인질을 구하는 임무를 받은 훈련된 군인 팀에 관한 것입니다. 하지만, 그들은 준비한 것보다 어려운 상대를 만나는데, 그들이 모르는 사이 우주에서 정글로 불시착한 잔인한 생명체가 사냥꾼이 트로피를 모으는 것처럼 사람들을 한 명씩 죽이고 있었습니다. 영화는 이 괴물로부터 도망치는 것을 다루고 있으며 끝에 괴물과 아놀드가 연기하는 주인공 사이에 마지막 결전에 벌어지는데 이는 죽음에 이르는 흥미진진한 싸움입니다.
저는 80년대 그 영화가 출시되었을 때 본 것 같은데, 성인 등급으로 정해져 있어서 영화관에서 관람할 수 없었습니다. 그때는 모든 것을 비디오 테이프로 보았고, 우리 형은 가짜 신분증을 이용해 비디오대여점에서 그 비디오를 빌려왔습니다. 우리는 모든 불을 끄고 잠옷을 입은 채 영화를 봤습니다.
그 영화는 아놀드가 출연한 가장 유명한 영화 중 하나인데, 그가 터미네이터나 코난 등 많은 영화에 출연했지만 영화의 재미를 더해주는 훌륭한 조연들 때문에 이 영화가 여전히 인기 있다고 생각합니다. 한동안 함께 일하는 군인 팀이 정말 형제들 같다고 느껴 괴물이 마침내 그들을 잡았을 때 그들이 불쌍하다고 여겨집니다.
저는 이 영화를 200번 넘게 보았고 대본에 있는 모든 단어를 외우기 때문에 가장 좋아하는 영화라고 생각합니다. 영화는 제게 항상 새롭고 만약 TV에 영화가 방송되면 반드시 봅니다. 그들은 몇 개의 후속작을 만들었는데, 비록 마지막 편은 지겨웠지만 '프레데터 2'는 괜찮았습니다. 저는 아놀드가 더 나왔어야 한다고 생각합니다.

시험관 – 당신은 이 영화를 친구에게 추천할 건가요?

응시자 – 물론이죠! 심지어 친구들을 우리 집으로 불러 같이 영화를 봤고, 그들도 저처럼 그 영화의 열렬한 팬입니다. 우리는 등장인물의 역할극을 했고 술 마시기 게임을 했습니다. 만약 한 명이 대사를 엉망으로 하면 모두 원샷을 해야 합니다.

어휘

It's hard to X X하기 힘들다   **if I had to choose X** 만약 X를 골라야 한다면

set 배경   **trained** 훈련된

(to) get more than you bargained for 예상했던 것 보다 더한 것을 갖다

unbeknownst 모르게   **vicious** 잔인한   **crash landed** 불시착   **one by one** 한 명씩

trophies 트로피   **X to the death** 죽음에 이르는 X   **come out** 상영되다   **rated** 등급이 매겨진

supporting cast 조연   **band of brothers** 형제들   **catch up with** 따라잡다

X never gets old X는 항상 새롭다   **learn X by heart** X를 외우다

(to) make a point of X 반드시 X를 한다   **sequel** 후속

X is just Y as Z X는 Z처럼 Y와 같다   **role-play** 역할극   **messes up** 망치다

take a shot 시도해보다

자, 이제는 여러분 차례입니다. 일단 질문을 들으면 시험관은 여러분이 답할 수 있는 시간을 줄 것입니다. 만약 답변이 끝나기 전에 다음 질문으로 넘어간다면 답변이 너무 길다는 뜻이니 줄이도록 노력해야 합니다. SET 2~3은 실전문제 후 모범답안이 주어집니다. 토픽카드를 보고 나만의 답을 만들어본 후 모범답안을 들어보세요.

SET 02　🎧 02-25-01

Describe a famous person you would like to meet.

You should say:
Who that person is
What they do
Why they are famous

And explain why you would like to meet them

Examiner - Now, I'm going to give you a topic and I want you to talk about the topic for 1-2 minutes. You have a minute to think about what you want to say and you can make some notes if you wish. Here's the topic…..

Test taker [1 minute for notes]

Examiner - OK so I'll stop you when the time is up. Can you start your talk now please?

Test taker - OK well there's a lot to choose from… right now I would have to say PSY. He's a Korean singer who just had a big hit with his song 'Gangnam Style' in the US and around the world. Maybe you have heard it? Or at least seen the dance? Well, never mind if you haven't, but he is the person that I am most interested in meeting.

PSY has been a popular entertainer in Korea for some time now, I think over a decade. He's not your average Korean pop star though, in that he doesn't look like a big muscular guy or he's not particularly handsome. If anything, he's a bit overweight with a pudgy face. However, I think that is his big selling point – he's seems very down-to-Earth and is just like one of us really, I think that's where his appeal comes from.

He started out in the 90's doing catchy techno-pop tunes with some crazy dance routines. He was only popular in Korea back then though, but recently his new song 'Gangnam Style' became the most viewed video on YouTube of all time, breaking the Guinness record. It's a hilarious video, which is actually a kind of parody or satire on rich Koreans who live in Gangnam. You don't have to know this to enjoy the video though, and even though the lyrics are in Korean, the main reason why international audiences love the song is the dance – he does a dance where it looks like he is riding a horse, and if you've seen it, everyone tries to copy that dance. It's brilliant!

I'd like to meet PSY because I think he would be a nice celebrity to meet and doesn't seem so stuck up like a lot of K-pop stars. He doesn't seem to take himself too seriously, and I think that's why everyone likes him so much.

Examiner - What would you like to ask this person?

Test-taker - I would like to ask him what he plans to do next. He's built up a large following after Gangnam Style, so it will be interesting to see whether he can capitalise on that success or not.

시험관 – 이제, 당신에게 토픽을 줄 것이며, 저는 당신이 이 토픽에 관해 1~2분 동안 이야기하기를 바랍니다. 1분 동안 말하고 싶은 것을 생각할 수 있고, 원한다면 메모를 해도 좋습니다. 여기 토픽이 있습니다.

응시자 – 1분 동안 노트하기 (앞에서 연습한대로 생각 정리하기)

시험관 – 시간이 다 되면 제가 멈추라고 말을 할 겁니다. 이제 시작해주세요.

응시자 – 선택하고 싶은 사람이 굉장히 많은데요… 지금은 '싸이'라고 말하고 싶습니다. 그는 미국과 세계에서 그의 노래 '강남스타일'로 큰 인기를 끌고 있는 한국 가수입니다. 아마 들어보셨나요? 아니면 최소한 춤은 보셨나요? 안 보셨다면 신경 쓰지 마세요. 그렇지만, 그가 내가 가장 만나고 싶은 사람입니다.
싸이는 한국에서 10년 넘게 인기 있는 연예인이었습니다. 그는 근육이 많아 보이지도 않고, 특히 잘 생기지도 않았기 때문에 일반적인 한국연예인이 아닙니다. 만약 무언가 다른 점이 있다면, 그는 펑퍼짐한 얼굴이며 다소 과체중입니다. 그러나, 그의 큰 장점은 현실적이고 정말 우리 중 한 명인 것 같아서 그것이 우리에게 어필하는 점이라고 생각합니다.
그는 90년대에 특이한 댄스와 기억하기 쉬운 테크노 팝 음악으로 시작했습니다. 그는 그때 한국에서만 인기 있었지만, 최근 그의 신곡 '강남스타일'은 기네스 기록을 깨면서 유튜브에서 지금까지 가장 많이 본 비디오가 되었습니다. 그것은 아주 우스운 비디오인데 실제 강남에 사는 부자 한국인들을 패러디하거나 풍자한 것입니다. 비디오를 즐기는데 이것을 알 필요는 없지만 말이죠. 비록 가사가 한국어로 되어 있지만, 다른 나라에서 비디오를 본 사람들이 이 노래를 좋아하는 주된 이유는 춤입니다. 그는 말을 타는 것처럼 춤추고, 만약 당신이 그 춤을 봤다면 모든 사람들이 그 춤을 따라 하려고 합니다. 아주 멋집니다.
제가 싸이를 만나고 싶은 이유는 그는 좋은 인기인이고, 많은 K-pop 스타들처럼 거만하지 않은 것 같습니다. 그는 자신을 너무 심각하게 생각하지 않는 것 같아서 그 점이 모든 사람들이 그를 좋아하는 이유인 것 같습니다.

시험관 – 당신은 이 사람에게 무엇을 물어보고 싶은가요?

응시자 – 저는 다음 계획하는 것이 무엇인지 물어보고 싶습니다. 그는 강남스타일 이후 많은 팬들이 생겨서, 그 성공을 이용할 수 있을지 보는 것은 흥미로울 것입니다.

decade 10년　　**X is not your average Y** X는 일반적인 Y는 아니다

muscular 근육질의　　**pudgy** 땅딸막한　　**selling point** 장점　　**down-to-Earth** 현실적인

appeal 어필　　**start out** 시작하다　　**catchy** 기억하기 쉬운　　**dance routines** 댄스 율동

hilarious 아주 우스운　　**satire** 풍자　　**lyrics** 가사　　**stuck up** 거만한

(to) take yourself seriously 스스로를 심각하게(대단하다고) 생각하다

(to) build up 일구어내다　　**large following** 많은 지지자

(to) capitalise on your success 당신의 성공을 이용하다

Describe a long journey you have taken recently.

You should say:
When you went on the journey
How long the journey took
Where you went to

And explain why you went on such a long journey

Examiner - Now, I'm going to give you a topic and I want you to talk about the topic for 1-2 minutes. You have a minute to think about what you want to say and you can make some notes if you wish. Here's the topic…..

Test taker [1 minute for notes]

Examiner - OK so I'll stop you when the time is up. Can you start your talk now please?

Test taker - I recently went to London on a trip with my family. It was the first time that we had been to a European country, but we had read up on how to act and what to expect when we got there so we were looking forward to the trip for a long time. The reason we went there was because I had been doing a Masters program online through the University of London, so I was attending my graduation ceremony, bringing my parents along for the ride. We were also going to take in some sightseeing of the city of London and go on an excursion to Bath and Stonehenge as well, as part of a package tour.

Even the journey itself was memorable, as it was the first long-haul flight that we had been on, so we were a bit apprehensive at first, especially at take-off. The food and service was really good though and it was nice to have some Korean food on the plane as we had no idea whether we would get any in London or not, even though we eventually did find a Korean restaurant there. Once we touched down it took a while to get our bags but once we had them we caught a shuttle bus from the airport to the hotel where we were staying.

After attending the graduation ceremony, we took a trip along the banks of the Thames and saw some wonderful sights, such as St. Pauls, the Tate Modern gallery, Big Ben and the London Eye. I think we maxed out a couple of memory cards for our digital camera along the way, we took so many photos. Afterwards, we had a slap-up meal in a British Pub, which was a new experience as they don't have anything like that here, it was a lot more social and everyone was eating while watching premier league football on the telly.

Examiner - Would you recommend this place to another person?

Test taker - Definitely! It was quite expensive but if you can afford to go it's well worth the trip and I plan to go back to pursue my doctoral degree sometime in the near future.

시험관 – 이제, 저는 당신에게 토픽을 줄 것이며, 당신이 이 토픽에 관해 1~2분 동안 이야기하기를 바랍니다. 1분 동안 말하고 싶은 것을 생각할 수 있고, 원한다면 메모를 해도 좋습니다. 여기 토픽이 있습니다.

응시자 – 1분 동안 노트하기 (앞에서 연습한대로 생각 정리하기)

시험관 – 시간이 다 되면 제가 멈추라고 말을 할 겁니다. 이제 시작해주세요.

응시자 – 저는 최근에 가족들과 런던으로 여행을 갔습니다. 우리가 처음 유럽에 간 것이었지만 그곳에서 어떻게 행동하고 무엇을 기대할지 읽었기 때문에 오랫동안 그 여행을 고대했습니다. 우리가 그곳에 간 이유는 제가 런던대학교의 온라인 석사 프로그램을 했었기 때문이며, 부모님들을 모시고 졸업식에 참석하려 했습니다. 우리는 또한 런던 관광을 했고 팩키지 투어로 버스와 스톤헨지로 여행을 다녀왔습니다.
비록 여행 자체는 기억에 남지만 우리가 처음으로 장거리 비행을 한 것이었기 때문에, 처음에, 특히 이륙할 때 다소 불안해 했습니다. 음식과 서비스는 정말 좋았고 비행기에서 한국 음식을 먹을 수 있었던 것이 좋았는데 그 이유는 런던에서 한국음식을 먹을 수 있을지 없을지 몰랐기 때문입니다. 결국 한국식당을 찾았지만 말이죠. 착륙 후 가방을 찾는데 한참이 걸렸고, 가방을 찾은 후에는 공항에서 우리가 머물 호텔까지 갈 셔틀 버스에 탔습니다.
졸업식에 참석하고 난 후 우리는 템즈강 둑을 따라 세인트 폴 성당, 테이트 모던 갤러리, 빅밴, 런던아이 같은 곳들을 둘러보았습니다. 제 생각에 우리는 2개의 디지털 카메라 메모리카드를 다 채웠는데, 정말 많은 사진을 찍었습니다. 나중에 영국 펍에서 맛있는 음식을 먹었는데 한국에는 이런 것이 없기 때문에 새로운 경험이었습니다. 그곳은 훨씬 더 사교적이고 모든 사람이 TV로 프리미어리그 축구를 보면서 음식을 먹고 있었습니다.

시험관 – 당신은 이 곳을 다른 사람에게 추천할 건가요?

응시자 – 당연하죠! 비쌌지만 만약 갈 수 있는 경제적 여유가 된다면 여행할 만한 충분한 가치가 있고, 저는 미래 언젠가 박사학위를 위해 돌아갈 계획입니다.

(to) read up on X X에 관해 읽다　　**graduation** 졸업　　**(to) take in** 방문하다

(to) bring X along for the ride X와 동행하다　　**excursion** 짧은 단체 여행

memorable 기억　　**long-haul flight** 장거리 비행　　**apprehensive** 불안한

take-off 이륙　　**touch-down** 착륙　　**shuttle bus** 셔틀버스　　**(river) bank** 강둑

(to) max out 최고조에 달하다　　**fancy meal** 맛있는 음식

It's well worth (X) X할 만한 충분한 가치가 있는　　**pursue** 추구하다

WEEK
03

Day 15

PART 3 기초 다지기

PART 2를 무사히 마친 것을 축하합니다. 많은 사람이 스피킹 테스트에서 가장 어려워 하는 부분이 끝났고, 이제 여러분에게 익숙한 질문/답변 유형으로 돌아갑니다. IELTS Speaking PART 3를 성공적으로 마무리 할 수 있도록 몇 가지 사항들을 살펴보겠습니다.

01 개인적 주제 vs. 사회적 주제

PART 3는 PART 1 유형과 유사하며 인터뷰처럼 질문과 답의 형태로 진행됩니다. 그러나 PART 3가 PART 1과 크게 다른 점은 질문과 예상되는 답의 포커스가 어디에 있느냐 하는 것입니다.

PART 1은 여러분에게 포커스가 맞춰져 있습니다. 여러분의 개인적인 상황, 여러분의 인생이 포커스입니다.

PART 3는 포커스가 사회에 맞춰져 있습니다. 사람들이 보통 무엇을 하는지가 포커스입니다.

토픽은 모든 사람에게 영향을 미치는 사회적 이슈들, 예를 들면 환경, 대중 교통, 규칙과 규정, 교육, 건강과 범죄 등입니다.

아래에는 PART 1 과 PART 3 의 예제입니다.

PART 1 → What do **you** like to do in your free time?

당신은 여가시간에 무엇을 하나요? – 포커스가 여러분입니다.

PART 3 → Should **children** have more free time to play rather than study?

아이들은 공부보다 놀이를 위해서 자유시간을 더 가져야 할까요? – 아이들에 대한 여러분의 일반적인 의견을 묻는 것으로, 포커스는 아이들입니다.

위 질문처럼 PART 3에서는 여러분이 문화를 공유하는 사람들의 대변인처럼 스스로를 생각해야 한다는 점입니다. 이를 위해서는 I의 사용을 피하고 we 또는 people에 대해 생각해야 하며, 실제 우리나라 사람들이 무엇을 하는지에 관한 의견을 미리 준비해야 합니다. 또 다른 방법은 주어로 you를

사용하는 것인데, 여기서 you는 특정한 누군가를 가리키는 것이 아닙니다. 예를 들자면 다음과 같습니다.

> In the past, if **you** wanted to buy a cinema ticket, **you** had to wait in line to go the counter, but now **you** can get everything online, so **you** don't have to queue up anymore.
>
> 과거에는 영화표를 사고 싶으면 줄을 서서 기다리고 매표소에 가야 했지만, 지금은 모든 것을 온라인으로 구할 수 있어서 더 이상 줄을 설 필요가 없습니다.

또한 정직함이 최고의 방책이 아님을 명심하세요! 만약 사람들이 주어진 상황에서 무엇을 하는지, 무엇을 해야 하는지 모르겠거나 특정 주제에 대해 이야기할 만큼 충분한 단어를 알지 못하면 이야기할 수 있는 답변을 마음 편하게 만들어내세요.

02 질문의 기능

PART 3에서 어떤 질문을 받게 될지 예측할 수는 없지만 (PART 2에서 받은 토픽을 바탕으로 하기 때문에), 우리가 예상할 수 있는 것은 여러분이 받게 될 질문의 기능입니다. 일반적으로 PART 3 질문은 여러분에게 아래 제시된 사항을 요구합니다. (실제 시험 질문에 이러한 단어들을 절대 명확하게 제시하지 않습니다.)

- ▶ **설명하기** – 무엇이 왜 발생하는지 이유 말하기
- ▶ **예상하기** – 미래에 무슨 일이 일어날지 생각하기
- ▶ **비교하기** – 무언가를 다른 어떤 것과 비교하여 평가하기 (보통 과거에 있었던 것과 현재, 또는 미래의 어떤 것을 비교해야 하는데, 예를 들면 What's the difference between fashion trends now and fashion trends in the past in your country?와 같은 질문을 받을 수 있다.)
- ▶ **제안하기** – 무언가 향상시키기 위한 아이디어 제안하기
- ▶ **평가하기** – 특정 이벤트나 정책이 성공적인지 실패인지 평가하기
- ▶ **판단하기** – 특정 의견을 제시하는 문장에 대해 동의, 반대 의견 진술하기

여러분은 위 기능을 모두 사용해 답을 해야 할 것입니다. 따라서 각 기능을 어떻게 사용하는지 살펴보겠습니다.

아래 PART 3 질문들을 읽고 질문이 어떠한 기능을 요구하는지 생각해보세요. 하나 이상의 기능을 요구하는 질문도 있습니다.

① What's the difference between the kinds of children's entertainment in the past versus how children entertain themselves these days?

과거 예전 아이들 놀 거리의 종류와 요즘 아이들 노는 것에는 어떤 차이가 있나요?

② Why do you think the Internet has aided the speed of globalisation?

당신은 왜 인터넷이 글로벌화를 가속화하는 데 도움을 주었다고 생각하나요?

③ Do you think that the government should provide more money to build libraries in poorer areas?

당신은 정부가 경제적으로 더 취약한 지역에 도서관을 짓는데 더 많은 돈을 들여야 한다고 생각하나요?

④ Do you think that the introduction of laws to protect the environment will stop the kind of pollution we are seeing today?

당신은 환경보호법 실시가 오늘날 우리가 보고 있는 공해를 멈출 수 있다고 생각하나요?

⑤ What can be done to get more people to use public transport?

더 많은 사람이 대중교통을 이용하려면 무엇이 되어야 하나요?

⑥ Do you think that money can be used to buy happiness?

당신은 돈이 행복을 사는데 이용될 수 있다고 생각하나요?

⑦ Do you see a change in how people use technology in the future?

당신은 사람들이 미래에 과학기술을 이용하는 방법에 있어 변화가 있을 것이라고 보나요?

⑧ Would you say that having lots of animals in public zoos has been a positive step?

공공 동물원에 많은 동물을 사육하는 것이 긍정적인 조치라고 생각하나요?

모범답안

① 비교/평가	② 설명	③ 판단/설명	④ 평가/예상
⑤ 제안/설명	⑥ 판단/설명	⑦ 예상	⑧ 평가/설명

이제 질문에서 요구하는 기능에 대해 대략적인 감을 잡았을 겁니다. PART 3는 PART 1 보다는 약간 길게, PART 2 보다는 짧게 대답해야 합니다. 각각의 질문마다 30~45초 정도 답변을 해야 하니 연습할 때 시간을 재도록 하세요.

또한, 간혹 여러분이 이미 말한 답변에 근거한 추가적인 질문을 받기도 합니다. 아래 예를 살펴보세요.

Model Answer 🔊 **03-01**

Examiner - What can be done to get more people to use public transport?

Test taker - Well one thing that can be done is to introduce a charge or fee for people who drive in busy areas at certain times. I know that in London, they introduced a congestion charge where you have to pay some money if you drive into the city centre between nine in the morning and six in the evening, with discounts for those who actually live in the charging zone.

Examiner - I see, do you think that such a charge would work in your country?

Test taker - I don't see why not, I mean we have the technology to pull it off, and it would make such a difference to people's lives here as the traffic is so bad. The only downside I can see is for parents who take their children into the city centre for school, but hopefully they could be exempt from paying the fee.

해석

시험관 – 더 많은 사람이 대중교통을 이용하도록 하기 위해 무엇을 할 수 있을까요?

응시자 – 가능한 한가지 방법은 특정 시간대에 교통이 혼잡한 장소를 운전해서 지나는 사람들에게 요금이나 수수료 부과를 시행하는 것입니다. 저는 런던에서 이렇게 하는 것을 알고 있는데, 그들은 아침 9시부터 저녁 6시까지 시내에 차를 몰고 들어오는 사람들에게 요금을 부과하는 교통혼잡요금제를 시행했으며 실제로 요금이 부과되는 지역에 거주하는 사람들에게는 할인을 적용합니다.

시험관 – 그렇군요. 그러한 요금 부과가 당신 나라에서도 적용 가능할까요?

응시자 – 안 될 이유는 없다고 생각합니다. 우리는 그것을 해낼만한 기술이 있고, 교통혼잡이 너무 심하기 때문에 그 제도는 사람들의 삶에 아주 큰 변화를 가져올 것입니다. 제가 생각하는 한가지 단점은 아이들을 시내에 있는 학교에 등교시키는 부모들인데, 그들은 요금 부과에서 제외되기를 바랍니다.

어휘

charge/fee 요금/수수료　　**certain times** 특정한 시간대　　**congestion** 교통혼잡

discounts 할인　　**charging zone** 요금이 부과되는 지역

I don't see why not 안될 이유는 없다　　**downside** 안 좋은 점 (불리한 점)　　**exempt** 면제하다

make a difference to X X에 차이를 가져오다　　**pull something off** 힘든 것을 성사시키다

PART 3 유창성과 일관성 향상시키기

WEEK 2에서 대명사와 접속사를 이용해 앞에 나온 단어를 언급하여 일관성 있게 이야기하는 방법과 머뭇거림을 줄이고 답변하는 방법을 살펴보았습니다. 이번 WEEK 3에서는, '토픽(주제) 발전시키기'라는 일관성과 관련된 평가항목을 살펴보겠습니다.

사실 이 부분이 설명하기가 어렵습니다. 어느 누구도 정확하게 무엇이 '완전히 발전된 토픽'을 구성하는지 설명하지는 못합니다. 하지만, 앞에서 언급한 말하기의 기능들이 기본적으로 토픽 발전과 연관이 있으므로 하나의 답변에 각각의 기능을 모두 이용해서 답변한다면 최대한으로 주어진 토픽을 발전시킬 수 있을 것입니다.

 01 주제 발전시키기

여러 가지 말하기 기능을 어떻게 하나의 답변에 포함시킬 수 있을까요? 규칙은 여러분이 무엇을 말해야 하는지 지시 받을 필요는 없다는 것입니다. 그냥 원하는 것을 말하면 됩니다. 다음 모범답변은 모든 기능들을 하나의 답변에 포함시킨 것입니다. 어떻게 말을 이어가는지 잘 살펴보세요.

> **Model Answer** 🎧 03-02
>
> **Examiner** - How do you think healthcare might be improved in the future?
>
> **Test Taker** - Well, that's a tough question. **COMPARE** In the past, our healthcare system was pretty poor, **EXPLAIN** as we didn't have access to basic things like x-rays or brain scanners back then, **COMPARE** whereas now we have all kinds of useful technology, **EVALUATE** and it has been so beneficial in helping people's lives. **EXPLAIN** As our country now is so technologically advanced, **PREDICT** I think that we might start to discover new cures for previously incurable diseases and find certain life-threatening cancers and such things **COMPARE** much earlier than we can now. **SUGGEST** Perhaps if the government can promote more research in this area then it can really take-off and **JUDGE** I agree with most people in that **SUGGEST**

we need to spend less on the military and put that money into helping each other instead.

해석

시험관 – 미래에는 의료 서비스가 어떻게 향상될 수 있다고 생각하나요?

응시자 – 그것은 어려운 질문이네요. **비교하기** 과거에는 우리 의료서비스가 상당히 빈약했는데, **설명하기** 그때 우리는 엑스레이나 뇌주사 장치 같은 기본적인 기구들을 이용할 수가 없었고, **비교하기** 반면 지금은 모든 종류의 유용한 기술들을 가지고 있으며, **평가하기** 그것은 사람들의 삶에 많은 이로움을 주고 있습니다. **설명하기** 우리 나라는 이제 기술적으로 우수하기 때문에, **예상하기** 저는 우리가 이전에 치료할 수 없었던 질병의 새로운 치료약을 발견하고, 생명을 위협하는 암과 같은 병들을 **비교하기** 지금보다 훨씬 빨리 발견할 것이라고 생각합니다. **제안하기** 정부가 이 분야에 더 많은 연구를 장려한다면 아마 현실적으로 시작 될 것이고, **제안하기** 군대에 쓰는 경비를 줄이고 그 돈을 대신 서로를 돕는데 써야 한다는 **판단하기** 대부분 사람의 의견에 동의합니다.

어휘

a tough question 어려운 질문　　**(to) have access to X** X를 사용하다
whereas 반면　　**beneficial** 이로운　　**technologically advanced** 기술적으로 진보된
incurable 불치의　　**life-threatening** 생명을 위협하는　　**promote** 장려하다
take-off 시작하다　　**(to) put X into Y** X를 Y에 더하다

응시자는 앞서 언급한 말하기의 기능 6가지를 모두 이용해 답변했습니다. 그 결과 '미래의 의료서비스 개선하기' 토픽은 원래 질문에서 요구된 단 하나의 기능 '예상하기'의 범위를 넘어서 훨씬 더 발전되었습니다. 위의 모범답안은 유창성과 일관성 부분에서 좋은 점수를 얻기 위해 여러분이 목표로 해야 할 토픽 발전의 예입니다.

다음은 PART 3의 질문들입니다. 제시된 각각의 기능에 적합하도록 답변을 만드세요.

① Do you think that people who commit minor crimes should perform some kind of community service, rather than going to jail?

`JUDGE`
`COMPARE`
`EXPLAIN`
`EVALUATE`
`SUGGEST`
`PREDICT`

② How do you think that crimes might be punished in the future?

`PREDICT`
`EXPLAIN`
`COMPARE`
`EVALUATE`
`JUDGE`
`SUGGEST`

③ What can be done for children who choose to commit crimes?

`SUGGEST`
`EXPLAIN`
`COMPARE`
`EVALUATE`
`JUDGE`
`PREDICT`

④ Do you think that we are more at risk of crime today than we were in the past?

`JUDGE`
`COMPARE`
`EVALUATE`
`EXPLAIN`
`PREDICT`
`SUGGEST`

Model Answer  03-03

① **Do you think that people who commit minor crimes should perform some kind of community service, rather than going to jail?**

JUDGE I'm of the opinion that simply sending people to prison for minor crimes is not much of a deterrent, particularly if they are repeat offenders.

COMPARE If you look at the crime statistics, it's easy to spot that the majority of crimes are committed by people who have already been to prison once or twice in their lives, compared to first-time offenders.

EXPLAIN This means that whatever is happening in prison is not helping these people to go on to lead more productive lives after release, but that the cycle of crime is continuing after a prisoner gets out.

EVALUATE Therefore, I'm not sure if the current system has been all that effective.

SUGGEST It would be better to put people into community service so that they can learn the value of an honest day's work, and learn some skills that they can use to get a proper job once they finish their duties.

PREDICT If we can break the cycle of crime, it might be more effective in the long run.

해석

경범죄를 저지른 사람들이 감옥에 가는 대신 일종의 공공 서비스를 해야 한다고 생각하나요?

판단 저는 경범죄를 저지른 사람들을 단순히 감옥에 보내는 것은, 특히 반복 범죄자들에게는 그다지 억제책이 되지 않는다고 생각합니다.

비교 범죄 통계를 보면 처음 범죄를 저지른 사람과 비교했을 때 대부분 범죄가 교도소를 이미 한두 번 다녀온 사람들에 의해 행해진다는 것을 쉽게 알 수 있습니다.

설명 이는 교도소에서 발생하는 어떤 일이든 그들이 출옥한 뒤에 더 생산적인 삶으로 이어지도록 돕지 못하고, 죄수가 출옥한 후 범죄를 저지르는 악순환이 계속된다는 뜻입니다.

평가 따라서 저는 현재의 시스템이 모두 효과적인지 확신이 서지 않습니다.

제안 사람들을 공공 서비스 하도록 하는 것이 나을 수도 있으며, 그래서 그들은 정직한 하루 일의 가치를 배우고 그들의 의무가 끝났을 때 적절한 일을 구할 때 사용할 수 있는 기술을 배울 수 있습니다.

예상 우리가 범죄의 순환을 막을 수 있다면 그것이 장기적으로 더 효과적일지도 모릅니다.

Model Answer  03-04

② **How do you think that crimes might be punished in the future?**

PREDICT I think we will see more lenient sentences being handed out for minor crimes

EXPLAIN because our prisons are rapidly becoming overcrowded.

COMPARE We have many more people in prison now than we did 20 years ago

EVALUATE and prison has been shown to be ineffective at preventing re-offending.

JUDGE I do not think the prison system is working well at all.

SUGGEST We need to educate criminals to give them a chance to succeed in life.

미래에는 범죄에 대해 어떻게 처벌이 이루어질 것이라 생각하나요?

예상 저는 경범죄에 더 관대한 형이 주어질 거라고 생각합니다.
설명 왜냐하면 교도소가 급속하게 붐비고 있기 때문입니다.
비교 현재 교도소에 20년 전보다 훨씬 많은 사람이 복역하고 있습니다.
평가 그리고 교도소가 재범을 방지하는데 효과가 없다는 것이 밝혀져 왔습니다.
판단 저는 교도소 시스템이 잘 운영되고 있다고 전혀 생각하지 않습니다.
제안 우리는 범죄자들을 교육시켜서 그들이 삶에서 성공할 수 있는 기회를 주어야 합니다.

Model Answer  03-05

③ **What can be done for children who choose to commit crimes?**

SUGGEST We could train them in some kind of practical work skills, such as carpentry or bricklaying
EXPLAIN because generally children who commit crime do not do well in a conventional school.
COMPARE More and more children are committing crime in the U.K. than ever before
EVALUATE and I think this is a very serious situation.
JUDGE I blame the parents and the government for not doing more to help vulnerable children.
PREDICT If we do nothing, we might have a whole generation of children who are unsuitable for society.

범죄를 저지르는 아이들을 위해 무엇을 해야 한다고 생각하나요?

제안 우리는 그들에게 목공 일이나 벽돌 쌓기 등의 기술을 훈련시킬 수 있습니다.
설명 왜냐하면 일반적으로 범죄를 저지르는 아이들은 일반 학교에서 잘 지내지 못하기 때문입니다.
비교 영국에는 그 어느 때보다 점점 더 많은 아이들이 범죄를 저지르고 있습니다.
평가 그리고 저는 이것이 심각한 상황이라고 생각합니다.
판단 저는 취약한 아이들을 돕는데 더 많은 일을 하지 않은 것에 대해 그 부모들과 정부에 책임이 있다고 봅니다.
예상 만약 우리가 아무것도 하지 않는다면 한 세대 전체 아이들이 사회 부적응자가 될 수도 있습니다.

Model Answer  03-06

④ **Do you think that we are more at risk of crime today than we were in the past?**

JUDGE I do not think that we are any more at risk, but perhaps the type of crime might be different today than the kind of crimes we saw in the past.
COMPARE These days we have so much more cyber-crime like voice phishing or hacking, while we didn't have this type of crime in the past.

EVALUATE I do feel safer out on the streets these days so perhaps the efforts of police to curb crime have succeeded.

EXPLAIN Most of the serious criminals have turned their attention to fraud or cyber-crime rather than street gangs and muggings.

PREDICT I think cyber-crime will continue to get worse in the future as more and more of us go online.

SUGGEST The government and police really need to invest more money into preventing cyber-crime if we are to feel safe online.

해석

오늘날 우리는 과거보다 범죄의 위험에 더 노출되어 있다고 생각하나요?

판단 저는 우리가 더 이상 위험한 상태에 있다고 생각하지 않지만, 아마 오늘날 범죄 유형이 과거에 우리가 보았던 종류와 다른 것 같습니다.

비교 요즘은 보이스피싱이나 해킹과 같은 사이버 범죄가 훨씬 더 많은 반면에 과거에는 이러한 유형의 범죄가 없었습니다.

평가 저는 요즘은 길에서 더 안전하다고 느끼는데, 아마도 범죄를 억제하려는 경찰의 노력이 성공한 것 같습니다.

설명 대부분의 심각한 범죄자들은 불량배나 노상강도 보다는 사기나 사이버 범죄로 관심을 돌렸습니다.

예상 저는 미래에 사이버 범죄가 계속해서 더 심해질 것이라고 생각하는데, 이는 점점 더 많은 사람이 온라인에 접속하기 때문입니다.

제안 만약 우리가 온라인에서 안전하다고 느끼려면 정부와 경찰은 사이버 범죄를 막기 위해 정말 더 많은 투자를 할 필요가 있습니다.

Day 17

PART 3 어휘 늘리기

오늘은 앞에서 살펴본 PART 3 각각의 질문 기능을 이용하기 위해 필요한 단어와 관용어를 살펴보겠습니다.

01 기능적 어휘

각각의 기능을 이용하는데 필요한 중요한 어휘가 제시되어 있습니다. 주어진 구문을 효과적으로 사용하는 방법을 충분히 연습한 후, **Your turn** 이라는 공간에 문장을 만들어보세요.

★ COMPARE 비교하기

+In the past we X, but now we Y 과거에는 X였지만, 현재는 Y이다

In the past there were many more privately owned stores, but now most of those have closed down.
과거에는 개인 소유 상점이 더 많았지만 지금은 대부분 문을 닫았다.

Your turn

In the past ________________________________

but now ________________________________

+X is better/worse/more/less than Y X는 Y보다 ~하다

I think that attitudes towards foreigners are a lot fairer and less xenophobic now than they were in the past.
나는 과거보다 외국인들에 대한 태도가 훨씬 더 공평하고 혐오감이 덜 하다고 생각한다.

Your turn

________________________ is/are/was/were ________________________

than ________________________

+X is Y compared with/to Z X는 Z와 비교해서 Y하다

I think Koreans are doing well now compared to how they were doing just
after the Korean war.

나는 한국인들이 한국전쟁 직후 그들이 하던 것과 비교해 지금 더 잘하고 있다고 생각한다.

Your turn

_________________________________ is/are/was/were _______________________________

compared to/with ____

+The main difference between X and Y is Z X와 Y 사이에 주요한 차이점은 Z이다

The main difference between seeing animals in zoos and in the wild is
that we can get closer to the animals in the zoos.

동물들을 동물원에서 보는 것과 야생에서 보는 것 사이의 주요한 차이점은 동물원에서 동물들에게 더 가까이
갈 수 있다는 것이다.

Your turn

The main difference between _____________________ and ___________________

is ____

+X is as Y as Z X는 Z만큼 Y하다

I think that those who support illegal fishing are just as bad as those who
actually do the fishing themselves.

나는 불법 낚시를 지지하는 사람들은 실제로 낚시를 하는 사람들만큼 나쁘다고 생각한다.

Your turn

_________________________________ is/are as ______________________________

as ____

DAY 17

★ SUGGEST 제안하기

+X should do Y to do Z X는 Z하기 위해 Y해야 한다

I think the government should spend more money to help those who do not have a home to stay off the streets.

나는 정부가 집이 없는 사람들이 길에서 지내지 않도록 돕는데 더 많은 돈을 써야 한다고 생각한다.

Your turn

_____________________ should _______________ to _________

____

+It would be X if Y 만약 Y한다면 X할 것이다

It would be fantastic if we could all stop using animal products, but I don't think that is going to happen anytime soon.

만약 우리가 동물성 생산품 사용을 멈춘다면 아주 멋진 일일 것이다. 하지만, 나는 그것이 가까운 미래에 일어날 거라고 생각하지 않는다.

Your turn

___________________ would be ___________________ if __________

____

★ JUDGE 판단하기

+I think/believe/am of the opinion/maintain that X 나는 X라는 의견을 가지고 있다

I am firmly of the opinion that more has to be done to control the poaching of wild animals.

나는 야생동물 밀렵을 통제하기 위해 더 많은 것을 해야 한다는 데 확고한 의견을 가지고 있다.

Your turn

I _____________________________ that _____________________

____

+I agree/disagree with X 나는 X에 동의/반대한다

I firmly disagree with the idea that we can all live together in peace and harmony. There's always someone out there who will cause trouble.

나는 우리 모두 평화와 조화 속에서 함께 살아야 한다는 생각에 결단코 동의하지 않는다. 문제를 일으키는 사람이 어딘가에 항상 있다.

I ________________________ with ________________________

____

★ EVALUATE 평가하기

+X is the Y ever X는 지금까지 ~한 Y이다

I think that inviting so many people to come and work here was the worst idea ever.

나는 그렇게 많은 사람들을 여기 와서 일하도록 초대한 것은 지금까지 최악의 아이디어였다고 생각한다.

________________________ is/was ________________________ ever.

+X has/has not been Y X는 Y해왔다/해오지 않았다

The program of free school lunches has not been that successful as the quality of the food offered was very poor.

무료 급식 프로그램은 그렇게 성공적이지 못했는데, 그 이유는 제공된 음식의 질이 아주 형편 없었기 때문이다.

________________________ has/has not been ________________________

____

★ PREDICT 예상하기

+The X, the Y 더 X할수록, 더 Y하다

The more we continue to pollute the environment now, the harder it will be to repair this damage in the future.

우리가 지금 환경을 계속 더 오염시킬수록, 미래에 이 훼손을 복구하기가 더 힘들 것이다.

The ________________________ , the ____________

____

+X will/will not be Y X는 Y일 것이다/아닐 것이다

I don't think that America will be the world's largest economy for long, as China is really catching up these days.

나는 미국이 오랫동안 세계의 최고 경제 대국일 것이라고 생각하지 않는데, 그 이유는 중국이 요즘 바짝 따라잡고 있기 때문이다.

Your turn

____ will /will not be _________________________

____

★ EXPLAIN 설명하기

+The cause of/reason for X is Y X의 이유는 Y이다

The reason we have not explored space as much as we would have liked to is for financial reasons - it's just too expensive!

우리가 하고 싶은 만큼 우주를 탐색하지 않은 이유는 재정적인 이유 때문이다. – 비용이 너무 많이 든다!

Your turn

The reason for ____

is ____

+X happens because of/is due to Y X는 Y 때문에 일어난다

The loss of our country's natural habitat is due to serious over-farming by the government and private corporations.

우리 나라의 자연 서식지를 잃는 것은 정부와 개인 기업에 의해 행해지는 심각하게 과도한 농업 때문이다.

Your turn

____ is because of _________________________

____

02 관용표현

IELTS Speaking 대비 어휘 실력 향상을 위해 마지막으로 살펴볼 부분은 관용표현입니다. 이미 여러분은 단어장에 새로운 단어와, 유의어, 반의어, 동음이의어, 연어를 정리하고 있을 것이며, 여기에 새로운 단어가 관용어의 일부인지 확인해서 기록하는 것도 좋은 방법입니다. 관용어는 하나로 묶여있는 구이고 이를 단어로 분리하면 전혀 의미가 없지만 하나의 단위나 구로 합쳐서 보면 원어민들이 이해하는 특별한 의미가 있습니다. 이런 관용어를 스피킹 테스트에서 한 두 개 사용하면 좋은 점수를 받는데 도움이 됩니다. 관용어는 외우기도, 사용하기도 힘들지만 충분히 그만한 가치가 있습니다.

EXERCISE

다음 모범답변을 읽고 관용어를 모두 찾아보세요. 그리고 그 뜻을 알고 있는지 확인하세요. 이 모범답안은 단지 예시일 뿐입니다. 실제 시험에서 이렇게 많은 관용어를 사용할 필요는 없습니다!

03-07

Examiner - Do you think that the current system of education is fair in your country?

Test-taker - Allow me to play devil's advocate here for a moment. For all intents and purposes, in an age where false morals are a dime a dozen, true virtues are a blessing in disguise. We often put our false morality on a pedestal but we all seem to be taking something very valuable for granted. So I try to muster up all the strength I can because it is a dog-eat-dog world out there, even though people might think I have a huge chip on my shoulder. Many people try to throw everything in but the kitchen sink, but I have a sixth sense when it comes to these types of things. It is almost spooky, because I cannot turn a blind eye to these glaring flaws in their rhetoric. I have zero tolerance when it comes to people spouting out hate in the name of moral righteousness. You just need to remember what goes around comes around.

Mark my words, when you get down to brass tacks it's not rocket science to kill two birds with one stone. Sometimes you just have to swallow your pride and face the facts. They might have to come to this conclusion through trial and error but for me it's a piece of cake.

(to) play devil's advocate 일부러 반대의견을 말하다

for all intents and purposes 모든.점에서, 사실상

X is a dime a dozen 흔해 빠진　　**a blessing in disguise** 뜻밖의 좋은 결과

to put X on a pedestal X를 받들어 모시다　　**(to) muster up strength** 힘내게 하다

a dog-eat-dog world 서로 먹고 먹히는 세상

have a chip on your shoulder 예민한 반응을 보이다

everything but the kitchen sink 필요 이상으로 많은 것들

(to have) a sixth sense 예감이 뛰어난　　**(to) turn a blind eye** 보고도 모른 척 하다

glaring flaws 명확한 문제들　　**zero tolerance** 전혀 용납하지 않는

what goes around comes around 남에게 한 대로 되받게 되는 법

(to) get down to brass tacks 본론으로 들어가다

it's not rocket science 지극히 쉬운 일이다

(to) kill two birds with one stone 일석이조　　**face the facts** 사실을 받아들이다

swallow your pride 자존심을 버리다　　**come to a conclusion** 결론에 도달하다

trial and error 시행착오　　**a piece of cake** 식은죽 먹기

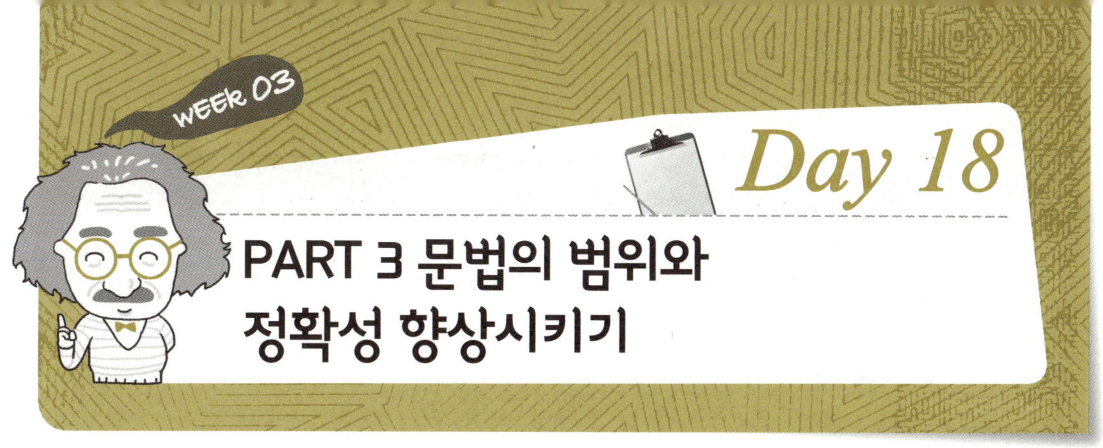

오늘은 앞에서 배운 PART 3 각각의 기능을 이용하기 위해 필요한 문법을 살펴보고, 특히 조동사와 가정법을 이용한 미래시제에 대해 학습하겠습니다.

01 미래 이야기하기

WEEK 2의 과거시제와 현재시제에 이어 미래 시간에 대한 이야기를 어떻게 구성하는지 알아보겠습니다. 영어는 미래시제가 없습니다. (교과서도, 선생님도 있다고 말을 하지만) 이 말은 과거시제처럼 미래시간을 이야기할 수 있는 정해진 동사가 없다는 것입니다. 그래서, 본동사 앞에 조동사를 붙여서 미래시간을 표시합니다. 또한, 시간을 나타내는 부사구와 전치사구를 이용해 미래시간을 나타내기도 합니다.

미래 시간 이야기(그리고 다른 조동사의 이용)는 다음 예문처럼 만들어집니다.

I will study. 나는 공부를 할 것이다. → 단순 미래

I will be studying English. 나는 영어공부를 하고 있을 것이다. → 진행 상태

I will have been studying for 10 years. 나는 영어공부를 10년 했을 것이다. → 완료

미래를 나타내는 문장 구성을 이용하여 다음 문장을 완성해보세요.

When I arrive in America…
① I will ___________________________ .
② I will be ___________________ing.
③ I will have been ____________ing for/since ______________ .

When I pass my test…
① I will ___________________________ .
② I will be ___________________ing.
③ I will have been ____________ing for/since ______________ .

When I finally graduate from university …
① I will ___________________________ .
② I will be ___________________ing.
③ I will have been ____________ing for/since ______________ .

02 시간을 나타내는 부사구

시간을 나타내는 부사구는 미래시제를 구성하는 다른 형태의 구이며 다음과 같은 예를 들 수 있습니다.

I will be seeing Terry TOMORROW. 나는 내일 테리를 볼 것이다.

I plan to visit China IN A FEW WEEKS. 나는 몇 주 후에 중국을 방문할 계획이다.

I'm going to see a Broadway musical IN TWO MONTHS TIME.
나는 2달 후에 브로드웨이 뮤지컬을 볼 것이다.

03 가능성, 필요성, 개연성을 나타내는 조동사

우리는 조동사를 가상의 상황과 관련된 다른 기능으로 사용합니다.
다음 조동사의 사용과 예문을 참고한 후 **Your turn** 이라는 공간에 문장을 만들어보세요.

★ 가능성을 나타내는 조동사 – 가능한 것을 나타냄

+CAN / COULD

The government can/could provide shelter to those most in need, but they choose not to do so.

정부는 가장 도움이 필요한 사람들에게 주거지를 제공할 수도 있지만, 그들은 그렇게 하지 않기로 결정한다.

Your turn

__________________________________ can __________________________________

____

+MAY / MIGHT

I am extremely worried that the melting of the polar ice caps might bring about a rise in the sea levels which may cause low-lying cities to be submerged.

나는 북극의 빙하가 녹으면 낮은 지대 도시의 침수를 초래할 해수면의 증가를 극도로 염려하고 있다.

Your turn

__________________________________ might __________________________________

____

★ 필요를 나타내는 조동사 – 무엇인가 반드시 되어야 함을 나타냄

+MUST

The international community must take strong action against global food shortages if the lives of millions are to be saved.

국제사회는 수 백만 명의 목숨을 구하려면 세계적인 음식부족에 대해 강력한 조치를 취해야만 한다.

_________________________ must _________________________

____

+NEED

What the world needs to do is to stop using natural resources in a way that damages the environment.
세계가 해야만 하는 것은 환경을 훼손하는 방식으로 자연 자원을 이용하는 것을 멈추는 것이다.

_________________________ needs to _________________________

____

+HAVE TO

We really have to clean up the beaches or we won't be able to attract many tourists in the coming years.
우리는 정말 해변을 청소해야만 하고, 그렇지 않으면 다음 해에 많은 관광객을 유치할 수 없을 것이다.

_________________________ have to _________________________

____

★ 확률을 나타내는 조동사 – 최선의 것을 나타냄

+SHOULD

The government should offer free childcare to single parents who wish to return to work, or it might be too difficult for them to do so.
정부는 직장으로 돌아가기를 희망하는 편부모들에게 무료 육아를 제공해야만 하고, 그렇지 않으면 그들이 일을 하기가 너무 어려울 것이다.

_________________________ should _________________________

____

+OUGHT TO

We, as responsible humans, really ought to look after each other and
stop fighting over religion or ideology.

우리는 책임감이 있는 사람으로서 서로를 돌봐야만 하고 종교 또는 이념으로 싸우는 것을 멈추어야만 한다.

Your turn

_________________________________ ought to _________________________________

____

+LIKELY TO ~일 것 같은

The United Nations is likely to run into trouble in the future as the power
of countries like China increases.

중국 같은 나라들의 힘이 세지면, 유엔은 미래에 곤경에 처하게 될 것 같다.

Your turn

_________________________________ is likely to _________________________________

____

★ **의도를 나타내는 조동사 – 최선의 선택은 아니지만 무엇을 할지를 나타냄**

+WOULD

I know that if I managed to get some money together, I would try to help
those in need.

만약 내가 함께 돈을 모을 수 있다면, 나는 어려움에 처한 사람들을 도울 것이다.

Your turn

____ would _______________

____

+SHALL

I have decided that I shall try to stay in shape over the coming year, so I can look good by the time summer comes around.
나는 내년에 몸매를 유지하기 위해 노력하기로 결심했는데, 그러면 여름이 올 때는 멋지게 보일 수 있다.

Your turn

_________________________ shall _________________________

____

04 가정법

문법 중 가장 먼저 다룰 것은 가정법입니다. 영어에는 3종류의 가정법이 있고 시험에서 당연히 3종류 모두 사용하도록 노력해야 합니다.

★ First conditional
If 뒤에 이어지는 조건이 이루어질 가능성이 높고 동사는 현재시제로 쓰입니다.

If I go out tonight, I will meet my friend John.
내가 오늘 저녁에 외출을 한다면, 나는 내 친구 존을 만날 것이다.

If I win the lottery, I will buy a BMW.
내가 복권에 당첨된다면, 나는 BMW를 살 것이다.

I will give her a kiss if I see her tonight.
내가 오늘 저녁 그녀를 본다면, 나는 그녀에게 키스를 할 것이다.

위 예문을 참고하여 First conditional 문장을 완성하는 적합한 형태로 빈칸을 채우세요.

① If global warming continues to increase rapidly, ______________________________

② If more money is given to schools, ______________________________

③ If advertising is aimed at children, ______________________________

④ If the hunting of endangered species is not controlled, ______________________________

____

⑤ ______________________________ if we improve education.

⑥ ______________________________ if medicine cannot be distributed.

모범답안

① If global warming continues to increase rapidly, the sea levels will rise.
지구온난화가 계속해서 빠르게 증가한다면, 해수면이 상승할 것이다.

② If more money is given to schools, it will just be wasted in red tape.
더 많은 돈이 학교에 주어진다면, 불필요한 요식행위로 낭비될 것이다.

③ If advertising is aimed at children, they will make more demands on their parents.
광고가 아이들을 대상으로 한다면, 아이들은 그들의 부모에게 더 많이 요구할 것이다.

④ If the hunting of endangered species is not controlled, we will see more species go extinct.
멸종위기에 처한 동물들 사냥을 통제하지 않는다면, 우리는 더 많은 종이 멸종하는 것을 보게 될 것이다.

⑤ Our children will be able to compete in the globalised world if we improve education.
우리가 교육을 향상시킨다면, 우리 아이들이 세계화된 세상에서 경쟁하는 것을 볼 수 있을 것이다.

⑥ Many more people will die if medicine cannot be distributed.
약이 배포되지 않는다면, 더 많은 사람들이 사망할 것이다.

★ **Second conditional**

If 뒤에 이어지는 조건이 이루어지지 않을 가능성이 높고, 동사는 과거시제로 쓰입니다.

> If I had a million dollars, I would spend it on a mansion in Hollywood. (but it is unlikely I will get a million dollars)
>
> 내가 백만 달러가 있다면, 나는 할리우드에 있는 맨션을 살 것이다. (그러나 백만 달러를 가질 가능성은 희박하다.)
>
> If we could bring countries closer together, we would be able to end wars once and for all. (but it is unlikely that we can bring countries closer together)
>
> 우리가 나라들을 서로 가깝게 만들 수 있다면, 전쟁을 완전히 끝낼 수 있을 것이다. (그러나 나라들을 가깝게 만들 가능성의 희박하다.)
>
> If I were you, I would not want to do anything to cause trouble. (but I am not you, so this is not possible)
>
> 내가 너라면, 문제를 일으킬 만한 것은 어떤 것도 하길 원치 않을 것이다. (그러나 나는 네가 아니기 때문에 불가능하다)

EXERCISE

위 예문을 참고하여 Second conditional 문장이 완성되도록 빈칸을 채우세요.

① If I were a rich man, ________________________________ .

② If I had the power to see into the future, ________________________________ .

③ If I had a super power, ________________________________ .

④ If I were a smarter man, ________________________________ .

⑤ ________________________________ if we could all work together to end famine.

⑥ ________________________________ if we had a device that translated all languages effortlessly.

① If I were a rich man, I would give a lot more to charity.

내가 부자라면, 나는 많은 돈을 자선단체에 기부할 것이다.

② If I had the power to see into the future, I would check out this week's lottery numbers.

내가 미래를 볼 수 있는 능력이 있다면, 나는 이번 주 복권 번호를 확인할 것이다.

③ If I had a super power, I would be able to make lots of money.

내가 강력한 힘이 있다면, 나는 많은 돈을 벌 수 있을 것이다.

④ If I were a smarter man, I would never have started this Ph.D.

내가 더 영리한 사람이라면, 나는 박사 과정을 절대로 시작하지 않았을 것이다.

⑤ The world would be a better place if we could all work together to end famine.

우리가 기근을 없앨 수 있도록 모두 함께 일한다면, 세계는 더 살기 좋은 곳이 될 것이다.

⑥ We wouldn't have to study IELTS if we had a device that translated all languages effortlessly.

만약 모든 언어를 쉽게 번역할 수 있는 장치가 있다면, 우리는 아이엘츠를 공부하지 않아도 될 것이다.

★ Third conditional

과거에 일어났던 일이 현재에 발생한 일을 불가능하게 하는 것을 설명합니다. 주의할 점은 동사가 완료시제로 쓰인다는 점입니다.

If I would have caught the train, I would have been on time. (but I didn't catch it, so I couldn't have made it on time)

내가 기차를 탔었더라면, 나는 정각에 도착할 수 있었을 것이다. (그러나, 나는 기차를 타지 않아서 정각에 도착하지 못했다.)

If she would have listened harder in school, she could have been a big success. (but she didn't listen hard, so she cannot be a big success now)

만약 그녀가 학교에서 수업을 더 열심히 들었더라면, 그녀는 아주 큰 성공을 거둘 수 있었을 것이다. (그러나 그녀는 수업을 열심히 듣지 않아서 지금 큰 성공을 거두지 못한다.)

If the goal would have gone in, the game might have been quite different. (but the goal didn't go in, so the future of the game was decided)

만약 그 골이 들어갔더라면, 그 경기는 아주 달랐을지도 모른다. (그러나 그 골은 들어가지 않아서 경기의 결과가 정해졌다.)

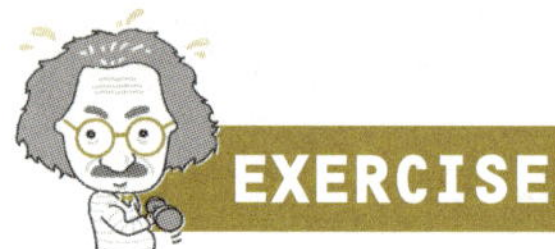

앞의 예문을 참고하여 Third conditional 문장을 적합한 형태로 완성하도록 빈칸을 채우세요.

① If I would have been born of the opposite sex, I would have ______________________
____

② If I known in the past what I know now, I would have ______________________
____

③ If the Nazis would have won world war 2, it would have ______________________
____

④ If electricity would have never have been discovered, we would have ______________
____

⑤ ____ if we had never invented the aircraft.

⑥ ____ if I had never learned English.

모범답안

① If I would have been born of the opposite sex, I would have had a hard time in this country.
만약 내가 다른 성별로 태어났더라면, 나는 이 나라에서 힘든 시간을 보냈을 것이다.

② If I known in the past what I know now, I would have never gone to university.
만약 내가 지금 아는 것을 과거에 알았더라면, 나는 대학교를 절대로 가지 않았을 것이다.

③ If the Nazis would have won World War 2, it would have been terrible for everyone.
만약 나치가 2차 세계대전에서 이겼다면, 그것은 모든 사람들에게 끔찍한 일이었을 것이다.

④ If electricity would have never have been discovered, we would have never had the Internet.
만약 전기가 발견되지 않았더라면, 우리는 인터넷을 갖지 못했을 것이다.

⑤ We would have never flown if we had never invented the aircraft.
만약 우리가 비행기를 발명하지 않았다면, 우리는 비행하지 못했을 것이다.

⑥ I would have learned a different language if I had never learned English.
만약 내가 절대 영어를 공부하지 않았더라면, 나는 다른 언어를 배웠을 것이다.

PART 3 발음 향상시키기

오늘은 PART 3 답변에 필요한 각각의 기능들을 이야기할 때 주의할 발음을 학습합니다. 억양, 강조, 대조 강세를 집중적으로 살펴보겠습니다.

 01 억양

영어에서는 말할 때 특정한 기능을 나타내기 위해 억양을 이용합니다. 억양은 음의 높고 낮음으로 나타내며 확신, 강조, 질문 표현에 사용됩니다. 억양은 단어와 문장의 강세와는 다르며, 단어의 순서에 따라 이어집니다.

다음 음원을 들어보세요. 억양이 들어간 말하기와 억양이 들어가지 않은 말하기가 있습니다. 그 차이를 비교해보세요.

Model Answer 03-08

Do you think that advertising directly to children has gotten out of control?

I would say that advertising to children has been responsible for a number of worrying trends, both at home and in the playground. The power of advertising is so strong that the effects of peer pressure are now too intense for children, and this puts a strain on parent's wallets too, when they have to buy whatever the 'in-thing' in these days. Did you ever feel like that when you were in school? You might have done, but I imagine it's nothing like what these kids go through these days.

해석

직접적으로 아이들을 향한 광고가 통제력을 벗어나고 있다고 생각하나요?

저는 아이들을 향한 광고가 집과 노는 곳 모두에서 많은 걱정을 하게 만드는 것에 책임이 있다고 생각합니다. 광고의 힘은 아주 대단해서 또래의 압박이 아이들에게 주는 영향이 너무 강하고, 그들은 무엇이든 요즘 유행하는 것을 사야만 할 때 부모들의 지갑에도 압박이 옵니다. 당신이 학교에 다닐 때 이런 것을 느껴본 적이 있나요? 당신도 그랬을 수 있지만, 그것은 요즘 아이들이 느끼는 것과는 전혀 다를 것입니다.

예를 통해 의미를 정확히 전달하기 위해 억양이 얼마나 중요한지 인식했을 겁니다. 우리가 관심 가져야 할 억양은 다음과 같습니다.

Falling - 음이 아래로 떨어질 때　　　　**Rising** - 음이 위로 올라갈 때

★ FALLING INTONATION

떨어지는 억양은 평가하기, 설명하기, 판단하기 기능을 말할 때 확신을 나타냅니다. 또한, 최종성을 나타내는 데, 예를 들어 오늘 하루 해야 할 일을 끝 냈을 때 같은 상황에 쓰입니다. 억양이 떨어지는 것은 내용어의 마지막 음절에서 발생합니다.

🎧 03-09

EVALUATE　I would say that the law forcing men into military service has resulted in a lot of break-ups of relationships.

EXPLAIN　This is because couples cannot spend extended periods of time apart, and the extra stress of the military situation causes men to become distant.

JUDGE　I firmly believe that we need to update our country's military service duty and to introduce a volunteer defence force instead, if we want to save young relationships.

해석

평가 저는 남자들을 군대에 가도록 강요하는 법은 많은 연인관계의 종말을 가져온다고 말할 수 있습니다.
설명 이것은 커플이 더 오랜 기간 떨어져 지낼 수 없고, 군대에서 발생하는 추가적인 스트레스가 남자들이 멀어지는 것을 초래합니다.
판단 저는 젊은이들의 관계를 지키고자 한다면 우리 나라의 군대의무복역을 새로 하고, 지원 자위대를 시행할 필요가 있다고 확고하게 믿습니다.

★ RISING INTONATION

올라가는 억양은 불확실성(말하는 것에 대한 확신이 없을 때)을 나타내며, 말이 끝나지 않았다는 것(다른 말할 거리를 준비하고 있을 때)을 나타냅니다. 이러한 상황들은 질문의 형태로 나타내기도 합니다.

> 🎧 03-10
>
> **COMPARE** In the past we used to eat basic food like rice, baked beans and spam, but now we can buy food from all over the world.
>
> **SUGGEST** However, I'm not sure whether or not it is a good thing, as we can see that a lot of people's diet is made up of fast food.
>
> **QUESTION** I don't think it's fair that all of the rich countries enjoy mountains of food while there are children who have to beg for food, do you?
>
> **PREDICT** In the future, we might be able to enjoy food that doesn't make you fat, but that's probably not going to happen.
>
> **해석**
>
> **비교** 과거에 우리는 쌀, 삶은 콩 그리고 스팸 같은 기본적인 음식을 먹었지만 지금은 전 세계로부터 음식을 살 수 있습니다.
>
> **제안** 그러나 저는 이것이 좋은 일인지 아닌지 확신이 서지 않는데, 그 이유는 우리가 볼 수 있는 것처럼 많은 사람의 식단이 패스트푸드로 구성되어 있기 때문입니다.
>
> **질문** 저는 모든 부자 나라는 산더미 같은 음식을 즐기는 반면 음식을 구걸해야 하는 아이들이 있다는 것은 공평하지 않다고 생각합니다. 그렇게 생각하지 않으세요?
>
> **예상** 미래에 우리를 살찌게 만들지 않는 음식을 즐기게 될 수도 있지만, 아마도 그런 일은 일어나지 않을 것입니다.

⑫ 강조

특정한 단어에 추가적인 강세를 사용하는 것은 단어를 바꾸지 않고도 문장의 의미가 달라지게 할 수 있습니다. 이러한 억양의 실용적 사용은 원어민의 말하기에서는 매우 일반적인 것입니다. 다음 예문을 음원으로 듣고 그 차이점을 익히세요.

I did not say you burst my pink balloon. → 그러나 아마 다른 누군가가 그 말을 했다.

I did **not** say you burst my pink balloon. → 내가 말하지 않았다는 강한 부정

I did not **say** you burst my pink balloon.
→ 나는 말하지 않았지만 아마도 그것을 암시했을지도 모른다.

I did not say **you** burst my pink balloon. → 나는 다른 사람이 풍선을 터트렸다고 말했다.

I did not say you **burst** my pink balloon.
→ 나는 네가 풍선을 터트린 것이 아니라고 말했지만, 아마 네가 그것을 훔쳤다고 말했을지도 모른다.

I did not say you burst **my** pink balloon. → 나는 네가 다른 사람의 풍선을 터트렸다고 말했다.

I did not say you burst my **pink** balloon. → 나는 네가 나의 다른 색 풍선을 터트렸다고 말했다.

I did not say that you burst my pink **balloon**.
→ 나는 네가 나의 핑크색 거품을 터트렸다고 말했다.

이처럼 같은 문장이라도 강세의 위치에 따라 문장이 암시하는 의미가 달라집니다.

EXERCISE

여러분의 의견(판단하기)이 반영되도록 특정한 단어를 강조해서 아래 PART 3 질문에 답해보세요.

① Do you think that there is too much emphasis on celebrity these days?
요즘 유명인들을 너무 강조한다고 생각하나요?

② Do you think that it is possible to live happily without much money?
많은 돈 없이 행복하게 살 수 있다고 생각하나요?

③ Do you think there is too much advertising directed at children?
아이들을 직접 겨냥한 광고가 너무 많다고 생각하나요?

④ Do you think that we as individuals can do anything to prevent global warming?
우리가 개인적으로 지구온난화를 방지하기 위해 무언가 할 수 있다고 생각하나요?

⑤ Do you believe that in some cases it is OK for animals to be used in medical testing?
어떤 경우에는 동물이 의학실험에 이용되어도 된다고 믿나요?

① I **do** think that there is **far** too much importance placed on celebrity. I'm **sick** and **tired** of hearing about how much Brad Pitt makes a year, when people are **starving** around the world.

저는 너무 많은 관심이 유명인들에게 주어진다고 생각합니다. 저는 세계의 여러 사람이 굶주리고 있을 때 브래드 피트가 1년에 얼마를 번다는 것을 듣는 것에 신물이 납니다.

② I don't **really** think that is possible to be happy without money. You **need** enough money to pay your **bills**, pay for your **food**, and people who say they can be happy **without** money probably **never** had money **in the first place**.

저는 돈이 없이 행복할 수 있다고 생각하지 않습니다. 세금을 내고, 음식값을 지불하기 위해 충분한 돈이 필요하고, 돈 없이 행복할 수 있다고 말하는 사람은 아마 처음에 돈이 없었을 것입니다.

③ Of **course** there is! My children are **always** going on at me to buy them **this** or buy them **that** and its **all** things that they have seen on TV. I'm **fed up** with them crying when I tell them they can't have something.

물론입니다! 제 아이들은 항상 제게 계속 이거 사달라 저거 사달라고 하는데 이는 모두 아이들이 TV에서 본 것들입니다. 제가 아이들에게 어떤 걸 가질 수 없다고 말했을 때 아이들이 우는 것에 신물이 납니다.

④ What can **we** do? The multinational companies and governments control **everything** to do with the environment and there's **nothing** that you or I can do to change that.

우리가 무엇을 할 수 있을까요? 다국적 기업과 정부가 환경과 관련된 모든 것을 통제하고 있고, 당신이나 제가 그것을 바꾸기 위해 할 수 있는 게 아무것도 없습니다.

⑤ I **strongly** agree with animal testing in **certain** cases, as long as the animals that are used are **not** subject to adverse pain and suffering.

저는 사용되는 동물이 좋지 않은 고통이나 괴로움을 당하지 않는 한 특정한 경우에는 실험에 사용되는 것에 강력히 동의합니다.

03 대조해서 강조하기

마지막 발음 관련 학습은 대조 강세에 관한 것입니다. 이는 언급된 두 개 이상의 것들의 차이를 강조하기 위해 사용됩니다. 특히 비교하기 기능을 말할 때 유용합니다. 대부분 지시어(this, these, that, those), 동사, 명사의 조합과 함께 사용됩니다.

> **03-12**
>
> I prefer ORANGES to APPLES.
> 나는 사과보다 오렌지를 좋아한다.
>
> THIS idea is much better than THAT idea.
> 이 아이디어가 그 아이디어보다 훨씬 낫다.
>
> THESE people might have better success in the future than THOSE people.
> 이 사람들이 저 사람들보다 미래에 더 성공할지도 모른다.
>
> SOME people work a lot harder than some OTHER people I know.
> 어떤 사람들은 내가 아는 다른 어떤 사람들보다 훨씬 더 일을 열심히 한다.

다음 PART 3 질문들에서 비교되는 대상의 차이점을 강조하도록 대조강세를 이용해 보세요.

① What is the difference between the kind of hobbies that young and old people enjoy?
젊은 사람들과 나이 든 사람들이 즐기는 취미의 종류에는 어떤 차이가 있나요?

② What is the difference between how rich and poor people entertain themselves?
부자와 가난한 사람들이 즐기는 방법에는 어떤 차이가 있나요?

③ How has the marketing of luxury products changed from the past until now?
과거부터 현재까지 명품 마케팅은 어떻게 변해왔나요?

④ What is the difference between the news you read in the newspapers and the news you see on the television?
신문에서 읽는 뉴스와 텔레비전에서 보는 뉴스에는 어떤 차이가 있나요?

⑤ Is there any difference in the lifestyles of those who live in the city and those who live in the country?
도시에 사는 사람들과 시골에 사는 사람들이 생활방식에는 차이가 있나요?

모범답안

① I find that **young** people tend to be **less** active in their hobbies than **old** people who actually are **more** active.
저는 젊은 사람들이 그들의 취미활동에서 실제 더 활동적인 나이 든 사람들보다 덜 활동적인 경향이 있다고 봅니다.

② Well **rich** people can afford to go **anywhere** while **poor** people generally have to **stay at home**.
가난한 사람들이 일반적으로 집에 머물러야 하는 반면 부자들은 어디든 갈 경제적인 여유가 있습니다.

③ In the **past** the focus of marketing was on **the product itself** but **now** sometimes you don't even know **what** the product is supposed to be.
과거에는 마케팅의 초점이 상품 자체에 있었지만 지금은 때때로 상품이 무엇인지 조차 알지 못합니다.

④ What you see in the **papers** is very much the opinion of **one** writer but what you can see on **television** is the **reality** for the people in front of the lens.
신문에서 보는 것은 거의 한 작가의 의견이지만 텔레비전에서 보는 것은 카메라 앞의 사람들의 현실입니다.

⑤ People who live in the **country** are generally **healthier** than **those** who live in the **city**, who tend to stay **indoors** a lot more.
시골에 사는 사람들이 일반적으로 도시에 살고 훨씬 더 많이 실내에 머무는 경향이 있는 사람들보다 건강합니다.

Day 20

PART 3 빈출 질문

오늘은 PART 3에 자주 출제되는 다양한 토픽의 질문들을 살펴보겠습니다. 각 질문은 앞에서 배운 답변 기능을 다루도록 제시되었습니다. 기능을 적절히 이용하고 지금까지 학습한 단어, 문법, 발음의 특징을 기억하면서 최대한 완벽한 답변을 만들어보세요.

★ TECHNOLOGY 과학기술

+ What is the difference between how we used mobile phones in the past compared to now? `COMPARE`

현재와 비교하여 우리가 과거에 휴대폰을 사용했던 방법에는 어떤 차이가 있나요? `비교하기`

`모범답안`

Well these days hardly anyone uses their phone to actually talk anymore, most people just text or use instant messaging now.

요즘은 거의 아무도 더 이상 전화로 이야기하지 않고 대부분 문자나 인스턴트 메신저를 이용합니다.

+ Why do you think that technology has developed so quickly in Asia? `EXPLAIN`

왜 아시아에서 기술이 그렇게 빨리 발전했다고 생각하나요? `설명하기`

`모범답안`

Asia is leading the way in technological development due to its skilled workforce and cheap labour costs.

숙련된 노동력과 값싼 인건비 때문에 아시아는 기술 발전에 앞장서고 있습니다.

+ How can we use all this technology for educational purposes? `SUGGEST`

우리는 이러한 기술을 교육적 목적으로 어떻게 이용할 수 있나요? `제안하기`

`모범답안`

It's already happening. A lot of schools these days are using tablet PCs to bring lessons to life.

이미 하고 있습니다. 요즘 많은 학교가 수업에 활력을 불어넣기 위해 태블릿 PC를 이용하고 있습니다.

+Do you think that there is too much emphasis on technology as a solution for all of our problems? **JUDGE**

우리의 모든 문제를 해결하기 위한 방안으로 기술에 너무 많은 중점을 두고 있다고 생각하나요? **판단하기**

모범답안

Certainly. In fact technology is creating new problems that we didn't have to worry about before.

물론입니다. 사실 과학기술은 이전에 우리가 걱정할 필요 없었던 새로운 문제들을 만들어내고 있습니다.

+Do you think there has been enough education about technology for older people? **EVALUATE**

나이 든 사람들을 위한 충분한 과학기술 교육이 있었다고 생각하나요? **평가하기**

모범답안

The opportunities are there but I think older people have not really taken to new technology very well compared to the younger generation.

기회는 있지만 젊은 세대에 비해 나이 든 사람들은 새로운 기술을 그렇게 즐기지는 않는다고 생각합니다.

+How do you think the use of Internet will affect people's lives in the future? **PREDICT**

인터넷의 사용이 미래 사람들의 삶에 어떻게 영향을 미칠 것이라고 생각하나요? **예상하기**

모범답안

Well, we are already living in a globalised world and I think that the internet will lead to a borderless world in the future.

우리는 이미 세계화된 세상에 살고 있고 인터넷이 미래에 국경 없는 세계를 초래할 것이라고 생각합니다.

+ **What has been the biggest change between cities now and in the past?** `COMPARE`

현재와 과거의 도시를 비교하면 무엇이 가장 큰 변화였나요? `비교하기`

`모범답안`

Cities have become a lot more integrated with foreigners than they were in the past, with so much immigration.

도시들은 많은 이민으로 과거보다 훨씬 더 많은 외국인들이 융화되었습니다.

+ **Why do so many people move from the country to the city every year?** `EXPLAIN`

왜 많은 사람이 매년 시골에서 도시로 옮겨 가나요? `설명하기`

`모범답안`

There just aren't the jobs or schools in the country anymore to support younger generations.

시골에는 젊은 세대들을 지원할 일자리나 학교가 더 이상 없습니다.

+ **How can we improve the standard of living for people living in mega-cities?** `SUGGEST`

우리는 대도시에 사는 사람들의 생활수준을 어떻게 향상시킬 수 있나요? `제안하기`

`모범답안`

We really need to work on basic services like affordable healthcare, good sanitation and clean housing.

우리는 적당한 가격의 의료서비스, 우수한 위생시설 그리고 청결한 집과 같은 기본적인 서비스에 노력을 기울여야 합니다.

+ **Do you think that cities are an ideal place for people to live?** `JUDGE`

도시는 사람들이 살기에 이상적인 곳이라고 생각하나요? `판단하기`

`모범답안`

I agree in some ways but I think that people who live in cities are not as friendly as those who live in smaller communities, and I think people need to feel that they are part of a community.

어떤 점에서는 동의하지만, 도시에 사는 사람들이 작은 지역사회에 사는 사람들보다 친절하지 않다고 생각하고, 사람들이 사회공동체의 일부분이라는 것을 느낄 필요가 있다고 생각합니다.

+ **Has globalisation affected the character of most major cities?** `EVALUATE`

세계화가 대부분의 주요 도시들의 성격에 영향을 미쳤나요? `평가하기`

Well mass immigration has led to entire cities being populated by minorities now, which has certainly changed the character of many cities.
대규모 이민이 지금 소수집단이 거주하고 있는 전체 도시로 이어졌고, 이는 분명히 많은 도시들의 성격을 바꾸어놓았습니다.

+ **How will the cities of the future be able to support so many people?** **PREDICT**
미래의 도시들은 어떻게 그 많은 사람을 지원할 수 있을까요? **예상하기**

I think we will just have to build higher and higher to contain all of the people moving to the cities.
저는 도시로 옮겨오는 모든 사람을 수용하기 위해 더 높은 건물을 지어야 한다고 생각합니다.

★ PROTECTION OF NATURE 자연 보호

+ **Has there been any change in attitudes towards the natural world?** **COMPARE**
우리는 자연에 대한 태도의 변화가 있었나요? **비교하기**

I think people these days are much more aware of the need to protect the environment.
저는 요즘 사람들이 환경 보호의 필요성을 더 많이 알고 있다고 생각합니다

+ **Why has the protection of the environment become such an important topic?**
EXPLAIN
환경 보호가 왜 그렇게 중요한 화제가 되었나요? **설명하기**

Well this is because what happens in the environment has an impact on our lives too, in terms of global warming and pollution.
왜냐하면 지구온난화나 공해처럼 환경에 일어나는 일이 우리의 삶에도 영향을 미치기 때문입니다.

+ **How can we as individuals do our best to protect the environment?** **SUGGEST**
우리 개개인은 환경 보호를 위해 어떻게 최선을 다할 수 있나요? **제안하기**

We can try to recycle as much household waste as we can, and we can drive our cars less often too.
우리는 생활폐기물을 재활용하기 위해 최대한 노력할 수 있고, 또한 자동차 운전을 줄일 수 있습니다.

+ Do you think that we as individuals can do anything to stop global warming?

JUDGE

개인으로서 우리가 지구온난화를 막기 위해 무언가 할 수 있다고 생각하나요? 판단하기

모범답안

Not really. I do not see how an individual who recycles can do anything when factories and power plants cause millions of tons of damage every year.

그렇지는 않습니다. 공장과 발전소가 매년 수 백만 톤의 피해를 입힐 때 재활용을 하는 개인이 무언가 할 수 있다고 생각하지 않습니다.

+ Have our efforts to clean up the environment had any success? EVALUATE

환경을 깨끗하게 하기 위한 우리의 노력이 성공적이었나요? 평가하기

모범답안

In part yes, but other countries like China don't seem to mind whether they pollute the planet or not, so I feel like we are alone in this.

부분적으로 그렇지만, 중국과 같은 다른 나라들은 그들이 지구를 오염시키던 그렇지 않던 신경 쓰지 않는 것 같아서 저는 우리가 혼자라고 느낍니다.

+ What will happen if the water levels continue to rise at the rate they are now?

PREDICT

만약 해수면이 지금과 같은 속도로 계속 높아진다면 어떤 일이 발생할까요? 예상하기

모범답안

Certain communities in low-lying areas will cease to exist, and many of our cities built next to water will experience terrible flooding.

지대가 낮은 지역들은 없어질 것이고 물 근처에 지어진 도시들 중 많은 곳이 심각한 홍수 피해를 겪게 될 것입니다.

CELEBRITIES AND BEING FAMOUS 유명인사와 유명세

+ What kinds of people become famous these days? COMPARE

어떤 사람들이 요즘 유명해지나요? 비교하기

모범답안

These days anyone who is on TV is famous, even if they don't have any talent. It's not about what you can do but how you look.

비록 재능이 없어도 요즘은 TV에 나오는 사람은 누구나 유명합니다. 이는 그들이 무엇을 할 수 있느냐에 관한 것이 아니라 그들이 어떻게 보이냐에 달려있습니다.

+ Why do you think that people are so obsessed with celebrity? EXPLAIN

왜 사람들이 유명인들에게 그렇게 사로잡혀 있다고 생각하나요? 설명하기

People are obsessed with celebrity as they feel that they are a part of the celebrity life, it makes them feel wanted.

사람들은 자신이 유명인의 삶의 일부라고 느끼기 때문에 유명인들에게 사로잡혀 있고, 이는 그들이 필요하다고 느끼게 만듭니다.

+ How can famous people do more to help those around them? SUGGEST

유명인사들은 어떻게 주변 사람들을 돕기 위해 더 노력할 수 있나요? 제안하기

They can donate to the various charities in their local community and pay the taxes that they are supposed to.

그들은 지역 사회의 다양한 자선단체에 기부할 수 있고 그들이 내야 할 세금을 낼 수 있습니다.

+ Do you think that being famous is always a good thing? JUDGE

유명하다는 것이 항상 좋은 것이라고 생각하나요? 판단하기

I used to think it was but really I enjoy my freedom a lot more than I would being famous.

저는 예전에는 그렇다고 생각했었지만 유명한 것보다 저의 자유를 훨씬 더 즐깁니다.

+ Has the rise in celebrity gossip brought any positive social effects? EVALUATE

유명인들에 관한 소문의 증가가 긍정적인 사회적 영향을 가져왔나요? 평가하기

Not really. If anything, I think it has made people look up to these celebrities far too much, these people are of no real importance to us.

그렇지 않습니다. 오히려 소문이 사람들로 하여금 유명인을 너무 동경하도록 만들었다고 생각하며, 이들은 우리에게 진정으로 중요하지는 않습니다.

+ How do you think people in the future might become famous? PREDICT

사람들은 미래에 어떻게 유명해질 거라고 생각하나요? 예상하기

I would like to see a return to famous people actually having some skill or talent, such as an inventor or medical practitioner. However, I think we will see more and more people becoming famous over the Internet.

발명가나 의사처럼 실제 기술이나 재능을 가진 사람들이 다시 유명해지는 것을 보고 싶습니다. 그러나, 더욱 많은 사람이 인터넷을 통해 유명해질 것이라고 생각합니다.

+ Is there any difference between the TV shows people watched in the past and now? `COMPARE`

과거와 현재에 사람들이 보던 TV 쇼에는 차이가 있나요? `비교하기`

`모범답안`

The TV shows we have now have bigger budgets and better special effects than the shows we used to watch as children.

우리가 지금 보는 TV쇼는 어릴 때 보던 것보다 더 많은 예산과 더 좋은 특수효과를 사용합니다.

+ Why is television watched by so many people around the world? `EXPLAIN`

왜 전 세계의 수 많은 사람이 TV를 시청하나요? `설명하기`

`모범답안`

It's the easiest way to be entertained without having to leave your house. Before the TV, you could say the radio was the most popular form of entertainment.

집을 나가지 않고 즐길 수 있는 가장 쉬운 방법입니다. TV가 있기 전에는 라디오가 가장 인기 있는 형태의 즐길 거리였다고 할 수 있습니다.

+ How can television be put to better use in the classroom? `SUGGEST`

TV는 교실에서 어떻게 더 유용하게 사용될 수 있나요? `제안하기`

`모범답안`

As long as the teacher doesn't use the TV to replace the lesson content, and uses the TV only to support the lesson, this would be ideal.

선생님이 TV를 수업내용을 대신해서 사용하지 않고, 오직 수업을 돕는 용도로 사용한다면 이상적일 것입니다.

+ Do people sometimes watch too much TV? `JUDGE`

사람들은 가끔 TV를 너무 많이 시청하나요? `판단하기`

`모범답안`

Yes, and it has a negative effect on people's health as a result.

그렇습니다, 그리고 이는 결과적으로 사람들의 건강에 부정적인 영향을 끼칩니다.

+ Has the growth of television had a negative effect on family life? `EVALUATE`

TV의 성장이 가족의 삶에 부정적인 영향을 미쳤나요? `평가하기`

`모범답안`

Well to be honest I don't know. If everyone has a show that they all like, then it is a good way to bring a family together, it gives them something in common they can talk about.

솔직히 말해 잘 모르겠습니다. 만약 모든 사람이 좋아하는 쇼가 있다면 가족들이 함께 할 수 있는 좋은 방법이 될 것이며, 그들이 대화할 수 있는 공통의 무언가를 제공해 줄 것입니다.

+ **How will television continue to be developed in the future?** `PREDICT`

미래에 TV는 어떻게 계속 발전해 나갈까요? `예상하기`

`모범답안`

I think we will see a move away from TV sets to tablet PCs, so people can watch what they want to watch without fighting over the remote control.

저는 우리가 TV에서 태블릿 PC로 옮겨갈 것이라고 생각하며, 사람들은 서로 자신이 원하는 프로그램을 보려고 싸우는 일 없이 그들이 원하는 것을 시청할 수 있습니다.

★ TRAVEL AND TOURISM 여행

+ **Is there any difference in the kinds of holiday that young people and families can enjoy?** `COMPARE`

젊은이들과 가족들이 즐길 수 있는 휴가의 종류에는 차이가 있나요? `비교하기`

`모범답안`

Well young people like to go out and get as drunk as possible on holiday so that's something that families tend to avoid.

젊은이들은 휴가를 가면 밖에 나가서 가능한 한 많이 술에 취하는 것을 좋아하는데, 이는 가족들이 피하고 싶어 하는 것입니다.

+ **Why has international tourism become so important to people in your country?**
`EXPLAIN`

해외여행이 당신의 나라에서 왜 그렇게 중요해졌나요? `설명하기`

`모범답안`

Without international tourism, our economy would not be as strong as it is today.

해외여행 없이 우리의 경제력은 오늘날처럼 강할 수 없을 것입니다.

+ **How can countries do more to boost global tourism in the face of a global recession?**
`SUGGEST`

세계적 불황에 직면한 상황에서 국가들은 해외여행을 증진시키기 위해 무엇을 더 할 수 있을까요? `제안하기`

`모범답안`

They have to provide an experience that you cannot get anywhere else. These days a lot of destinations are pretty similar.

다른 어느 곳에서도 얻을 수 없는 경험을 제공해야만 합니다. 요즘은 많은 곳들이 거의 비슷합니다.

+ **Do you think that travelling to foreign countries is useful for us?** `JUDGE`

외국으로 여행하는 것이 우리에게 유익하다고 생각하나요? `판단하기`

It is always useful to see another culture and step outside of your own culture for a while, so that you can appreciate the world around you.
얼마 동안 다른 문화를 보고 자신의 문화에서 벗어나는 것은 항상 유익해서 자신 주변의 나라에 감사할 수 있습니다.

+ **Has the growth in foreign tourism done much to change the lives of the people who live in poorer countries?** EVALUATE

해외여행의 성장이 더 가난한 나라 사람들의 삶을 변화하는데 많은 기여를 했나요? 평가하기

Well tourism is a way that those in poorer communities can find work, but many resorts take the best areas of a country away from the people who actually live there.
관광은 가난한 사람들이 일자리를 찾을 수 있는 방법이지만, 많은 리조트는 실제 그곳 주민들과 멀리 떨어진 최고의 장소에 자리잡고 있습니다.

+ **What kind of travel will people make in the future?** PREDICT

미래에는 사람들이 어떤 형태의 여행을 할까요? 예상하기

I think space travel is going to be popular once the prices decrease.
일단 가격이 낮아지면 우주여행이 유행할 것이라고 생각합니다.

★ WORKING LIFE 직업

+ **How have our working conditions changed from the past until now?** COMPARE

과거와 현재의 우리 근무조건은 어떻게 변화했나요? 비교하기

We are working longer hours but we aren't getting paid any more for it!
우리는 더 오랜 시간 일하지만 더 이상 그것에 대한 급여를 받지 못하고 있습니다.

+ **Why have we moved to a 24-hour society these days?** EXPLAIN

우리는 왜 요즘 24시간 내내 깨어있는 사회로 변했나요? 설명하기

I think to be competitive we have to stop living 9-5, as those in other countries are working longer and harder than we do.
경쟁력을 갖추기 위해 9시부터 5시까지만 일하는 것은 불가능한데, 이는 다른 나라 사람들이 우리보다 더 오래, 더 열심히 일하고 있기 때문입니다.

+ **What can be done to make working conditions better for people?** `SUGGEST`

사람들의 근무 조건을 향상시키기 위해 무엇을 할 수 있을까요? `제안하기`

`모범답안`

I think we need more time off and I think that we need regular breaks from sitting a desk all day.

우리는 더 많은 휴가가 필요하고 하루 종일 책상에 앉아 있는 것에서 벗어나 규칙적인 휴식을 취할 필요가 있다고 생각합니다.

+ **Do you think that we should be paid more to work on Sundays?** `JUDGE`

일요일 근무에 대해 추가 지급을 받아야 한다고 생각하나요? `판단하기`

`모범답안`

It depends. If you are religious and working Sunday interrupts your church service, then yes. If you are not religious perhaps you should not be paid more.

경우에 따라 다릅니다. 만약 종교인인데 일요일에 일을 해야 해서 예배에 피해가 된다면 그렇습니다. 만약 종교인이 아니라면 아마 돈을 더 받지 않아도 될 것입니다.

+ **Has the move to flexible working hours had any benefit to those who want to spend more time with their families?** `EVALUATE`

탄력근무제가 가족들과 더 많을 시간 보내기를 원하는 사람들에게 혜택이 있나요? `평가하기`

`모범답안`

Yes certainly. Working long 48-hour shifts was terrible for my family, as I was never around.

물론 그렇습니다. 긴 48시간 교대근무는 가족들에게 끔찍한 일이었는데, 전혀 그들과 시간을 보낼 수 없었기 때문입니다.

+ **How might the nature of the work we do change in the future?** `PREDICT`

미래에는 우리가 하는 일의 성격이 어떻게 변할까요? `예상하기`

`모범답안`

I think that we will use our bodies less and less and sit staring at computer screens for a lot longer every day in the future.

저는 우리가 미래에 몸을 더욱 더 적게 사용하고 훨씬 더 많은 시간을 매일 컴퓨터 스크린을 보며 앉아 있을 것이라 생각합니다.

+ What is the biggest difference in the way we shop now and the way we used to shop? **COMPARE**

물건을 사는 방법에 있어 현재와 과거에 가장 큰 차이점은 무엇인가요? **비교하기**

모범답안

We do most of our shopping for big items exclusively online these days. I very rarely go into town anymore.

요즘은 사야 할 큰 물건의 대부분은 거의 온라인에서 구매합니다. 저는 거의 시내에 더 이상 가지 않습니다.

+ Why are some of these big shopping centres so successful? **EXPLAIN**

대형쇼핑센터 중 일부가 아주 성공적인 이유는 무엇인가요? **설명하기**

모범답안

They offer an experience that you cannot get in a town or at home. They are places to be seen and to enjoy going out with your friends.

동네나 집에서 경험할 수 없는 것을 제공합니다. 그곳은 보여지는 곳이고, 친구들과 함께 외출을 즐길 수 있는 곳입니다.

+ What can be done to protect smaller shopkeepers in the face of ever-increasing mega-malls? **SUGGEST**

대형쇼핑센터가 늘어가는 상황에서 소매상을 보호하기 위해 무엇을 할 수 있을까요? **제안하기**

모범답안

Smaller shopkeepers have to offer something that the mega-malls cannot. However, I find that the service at smaller places is generally worse than it is at the mega-malls.

소매상들은 대형쇼핑센터가 할 수 없는 무언가를 제공해야만 합니다. 그러나, 일반적으로 소형점포에서의 서비스는 대형쇼핑센터보다 나쁩니다.

+ Do you think that large shopping malls are a threat to the local community? **JUDGE**

대형쇼핑센터가 지역 사회에 위협이 된다고 생각하나요? **판단하기**

모범답안

I think that a lot of local communities are in need of updating. If the large shopping malls are offering something better, then the local community needs to find a way to stay relevant.

저는 여러 지역사회에 혁신이 필요하다고 생각합니다. 만약 대형쇼핑센터가 더 나은 것들을 제공한다면 지역사회는 중요성을 유지할 방법을 찾을 필요가 있습니다.

+ Has the growth of a materialistic culture had any harmful effects? **EVALUATE**

물질주의의 성장이 해로운 영향을 미치나요? **평가하기**

모범답안

Children these days will not wear clothes if they do not have the right label, which puts enormous pressure on low-income families.
요즘 아이들은 만약 옷에 원하는 상표가 없다면 입지 않는데, 이는 저소득 가정에 엄청난 부담이 됩니다.

+ How might we conduct our shopping in the future? **PREDICT**

우리는 미래에 어떻게 쇼핑을 할까요? **예상하기**

모범답안

Almost all shopping will be done online, and department stores may cease to exist.
쇼핑의 대부분은 온라인에서 이루어질 것이며 백화점은 없어질지도 모릅니다.

★ THE MEDIA 미디어

+ What is the difference between the kind of news you get on TV and the news you read in the newspaper? **COMPARE**

TV에서 보는 뉴스와 신문에서 읽는 뉴스는 어떤 차이가 있나요? **비교하기**

모범답안

The news you see on TV feels a lot more real than the news you read in the newspaper. You can't really get a feel for a story unless you see it with your own eyes.
TV에서 보는 뉴스는 신문에서 읽는 뉴스보다 훨씬 더 현실로 느껴집니다. 직접 눈으로 그것을 보지 않는 한 이야기를 실감할 수 없습니다.

+ Why has the Internet changed the way we receive our news? **EXPLAIN**

왜 인터넷은 우리가 뉴스를 접하는 방법을 바꾸었나요? **설명하기**

모범답안

The Internet is instantly updated in real time, and tweets and instant messaging mean that it is a lot harder for the government to control the information that is out there.
인터넷은 실시간으로 즉시 업데이트되고 트위터와 인스턴트 메신저는 정부가 정보를 통제하기 훨씬 더 힘들다는 것을 의미합니다.

+ How can the media be better controlled to protect the privacy of individuals? **SUGGEST**

개인의 사생활 보호를 위해 미디어가 어떻게 더 잘 통제될 수 있나요? **제안하기**

모범답안

I think it is important for the press to be regulated so that there are serious consequences for those who print stories that are either untrue or not in the public interest to print.

저는 사실이 아니거나 대중이 관심 없어하는 기사를 보도하는 이들에게 심각한 결과가 미치도록 언론을 규제하는 것이 중요하다고 생각합니다.

+ Do you think that a free press is always a good thing? **JUDGE**

언론의 자유가 항상 좋은 것이라 생각하나요? **판단하기**

모범답안

Absolutely. If you take a look at countries that do not have a free press, the people there have no idea what is really going on.

물론입니다. 언론의 자유가 없는 나라들을 보면 그곳의 사람들은 실제 무슨 일이 일어나고 있는지 전혀 모릅니다.

+ Would you say that the rise of Internet news has changed the way people think of newspapers? **EVALUATE**

인터넷 뉴스의 증가가 사람들이 신문을 평가하는 방법에 변화를 가져왔다고 말할 수 있나요? **평가하기**

모범답안

As the Internet is updated in real time, by the time you have read the news in a newspaper, the information is already out of date.

인터넷은 실시간으로 업데이트되기 때문에 신문에서 뉴스를 읽을 때는 그 정보는 이미 지난 것이 됩니다.

+ What is the future of newspapers in the face of an ever-changing technological world? **PREDICT**

계속 변화하는 과학기술 시대에 신문의 미래는 무엇인가요? **예상하기**

모범답안

Newspapers do not really have a part to play in the technical age. While I think that the work of reporters will continue, we will cease to see things printed on paper, I imagine.

과학기술 시대에 신문은 더 이상 할 역할이 없습니다. 저는 기자의 일은 계속되겠지만 종이에 인쇄되는 것은 중단될 것이라고 생각합니다.

★ SPORTS AND SPORTS STARS 스포츠와 스포츠 스타

+ How are the lives of sports stars different to other kinds of celebrity? **COMPARE**

스포츠 스타의 삶은 다른 유명인들과 어떻게 다른가요? **비교하기**

모범답안

Sports stars not only have celebrity lives, with all of the complications that those bring, but they also have to perform well in their chosen sport every day.

스포츠 스타들은 유명인의 삶이 동반하는 모든 문제점을 가질 뿐만 아니라, 그들은 매일 그들이 선택한 경기를 잘 해야만 합니다.

+ **Why are sports stars paid so much money?** `EXPLAIN`

왜 스포츠 스타들을 그렇게 많은 돈을 받나요? `설명하기`

`모범답안`

Sports stars are paid so much because their careers are generally shorter than other types of stars. A lot of money goes to their agents as well.

스포츠 스타들은 아주 많은 돈을 받는데, 그 이유는 일반적으로 다른 종류의 스타들보다 활동 기간이 짧기 때문입니다. 또한 많은 돈은 그들의 에이전트에게 지불됩니다.

+ **How can we develop sports in schools?** `SUGGEST`

학교에서의 운동을 어떻게 향상시킬 수 있을까요? `제안하기`

`모범답안`

We need to make sure that children do well in sports by pushing them to take a more active lifestyle, and ensure that children try many different kinds of sports so that they might see which sport they enjoy.

우리는 아이들이 더 활동적인 생활을 하도록 독려하여 운동을 잘 하도록 해야 하며, 아이들이 즐기는 운동을 찾을 수 있도록 다양한 종류의 운동을 시도하도록 해야 합니다.

+ **Do you think that sports stars are paid too much money?** `JUDGE`

스포츠 스타들이 너무 많은 돈을 받는다고 생각하나요? `판단하기`

`모범답안`

Well some of the football wages are ridiculous but to be honest it's a case of supply and demand. If the demand for top level players is so high, of course the price is going be high too.

일부 축구선수들의 임금은 터무니 없지만 솔직히 말해 그것은 수요와 공급의 문제입니다. 최고 수준의 선수들에 대한 수요가 그렇게 높으면 당연히 몸값은 높아질 것입니다.

+ **Has corporate sponsorship damaged the fairness of sports?** `EVALUATE`

기업 스폰서십은 스포츠의 공정성에 해가 되나요? `평가하기`

`모범답안`

Not necessarily. Some sports would have died long ago if corporate sponsorship wasn't keeping them going.

꼭 그렇지는 않습니다. 만약 기업 스폰서가 그들이 존속하도록 돕지 않았다면 일부 스포츠는 오래 전에 없어졌을 것입니다.

+ **Do you think that the huge salaries paid to sports stars will continue into the future?** `PREDICT`

스포츠 스타들에게 엄청난 급여가 지급되는 것은 미래에도 계속될 것이라고 생각하나요? `예상하기`

I think we have reached saturation point to be honest, but perhaps stars from other kinds of sports might start to be paid better in the future.
솔직히 말해 포화단계에 이르렀다고 생각하지만 아마 다른 종류의 스포츠 스타들은 미래에 더 나은 급여를 받기 시작할지도 모릅니다.

★ ENVIRONMENTAL CONCERNS 환경 관련

+ Has there been any change in the environment in your country over the past ten years? **COMPARE**

지난 10년간 당신 나라의 환경에는 어떤 변화가 있었나요? **비교하기**

I think we have seen a lot more severe weather as time has gone by. Flooding is starting to be an annual occurrence now.
시간이 지날수록 날씨가 훨씬 더 혹독해 지는 것 같습니다. 이제 매년 홍수가 발생하고 있습니다.

+ Why are scientists so worried about global warming? **EXPLAIN**

과학자들은 지구온난화에 대해 왜 그렇게 걱정하나요? **설명하기**

Scientists think that if global warming continues, it could disrupt the flow of warm water in the oceans and lead to a new ice age.
과학자들은 만약 지구온난화가 계속되면 바다의 난류의 흐름을 방해하고, 새로운 빙하기로 이어질 수도 있다고 생각합니다.

+ How can we as individuals do anything to stop global pollution? **SUGGEST**

세계적인 공해를 멈추기 위해 개개인이 어떻게 할 수 있나요? **제안하기**

I do not think we can really do that much, but we should try to recycle what we can and stop driving short distances.
저는 우리가 그렇게 많은 것을 할 수 있다고 생각하지 않지만, 할 수 있는 재활용을 하고 짧은 거리는 운전하지 않도록 노력해야 합니다.

+ Do you agree that governments should spend more money fixing environmental issues? **JUDGE**

정부가 환경 문제들을 해결하기 위해 더 많은 돈을 써야 한다는 것에 동의하나요? **판단하기**

> 모범답안

Well they already spend a lot but the money could be put to better use. We waste too much on wind farms that have been proven to be ineffective.

그들은 이미 많이 쓰지만 그 돈이 더 나은 용도로 사용될 수 있습니다. 우리는 효과가 없다고 증명된 풍력발전에 너무 많은 돈을 씁니다.

+ Would you say that the money spent on helping the environment has been money well spent? **EVALUATE**

환경을 돕기 위해 사용된 돈이 잘 쓰여졌다고 말할 수 있나요? **평가하기**

> 모범답안

I do not think so. Other countries have successful nuclear programs providing clean energy, but we are wasting it on wind farms that are ugly and are not good value for money.

그렇게 생각하지 않습니다. 다른 나라들은 청정에너지를 제공하면서 성공적인 핵 프로그램을 보유하고 있지만, 우리는 그 돈을 보기 흉하고 돈만큼의 가치를 못하는 풍력발전에 낭비하고 있습니다.

+ If certain steps to protect the environment are not taken, what will happen in the future? **PREDICT**

환경을 보호하기 위한 일정한 수단이 취해지지 않는다면 미래에 무슨 일이 일어날까요? **예상하기**

> 모범답안

I think that our children might struggle to live well in the future and might have to live with dirty air and extreme weather.

저는 우리 아이들이 미래에 잘 살기 위해 힘겹게 노력하고, 더러운 공기와 열악한 기후에서 살아야 할지도 모른다고 생각합니다.

★ PRESERVATION OF HISTORY AND CULTURE 역사와 문화의 보존

+ How do we view historical places now compared with how we did in the past? **COMPARE**

과거와 비교해 우리는 역사적 장소를 어떻게 보나요? **비교하기**

> 모범답안

I think we are a lot more hands-off now than we were in the past. You can't get close to a lot of historical monuments these days as security is so tight.

과거보다 훨씬 더 가까이 다가가기 어렵다고 생각합니다. 요즘은 보안이 매우 철저해서 많은 유적들에 가까이 갈 수 없습니다.

+ Why does the government want to protect cultural artefacts? **EXPLAIN**

정부는 왜 문화제를 보호하려 하나요? **설명하기**

Cultural artefacts are the symbols of a country's history. If we do not protect them, then our country will have nothing special to call its own.

문화제는 한 나라 역사의 상징입니다. 우리가 그것을 보호하지 않는다면 우리나라는 우리 것이라 말할 특별한 것이 아무것도 없을 것입니다.

+ **How can we preserve a country's culture in the face of globalisation?** `SUGGEST`

세계화에 직면하여 어떻게 한 나라의 문화를 보존할 수 있을까요? `제안하기`

I think we have to avoid building new buildings next to historical places, and to have laws that prevent too many foreign businesses opening in our towns and cities.

역사적 장소 옆에 새로운 건물 건설을 피하고, 소도시와 도시에 너무 많은 해외 기업들이 사업을 시작하는 것을 방지하는 법안이 있어야 한다고 생각합니다.

+ **Do you think that it is important to protect a country's culture?** `JUDGE`

한 나라의 문화를 보호하는 것이 중요하다고 생각하나요? `판단하기`

I strongly believe that if one does not protect their culture, then you as a people cease to be. This will have important implications for when your children want to know more about you and where you and them come from.

저는 만약 문화를 보호하지 않는다면 인간으로서 소멸할 것이라고 강력히 믿습니다. 이는 당신의 아이들이 당신에 대해, 그리고 당신과 그들이 어디서 왔는지 더 알기 원할 때 아주 중요한 영향을 미칠 것입니다.

+ **Has the government done enough to protect the culture of your country?** `EVALUATE`

정부는 당신 나라의 문화를 보호하기 위해 충분히 노력했나요? `평가하기`

I do not think so, but the government is not only to blame. We care too much about new foreign things but have forgotten our traditional ways.

그렇다고 생각하지 않지만 정부만 비난할 일은 아닙니다. 우리는 새로운 외국 문물에 대해 너무 많은 관심을 가지지만 우리의 전통적인 방법들은 잊어가고 있습니다.

+ **Do you think that your culture will continue to be important in the future?** `PREDICT`

당신의 문화는 미래에 그 중요성을 계속 유지할 것이라고 생각하나요? `예상하기`

I really don't know to be honest. I think that our cultural history might continue to be sidelined in the future until it has been forgotten entirely.

솔직히 정말 잘 모르겠습니다. 우리 문화적 역사는 미래에 완전히 잊혀질 때까지 계속해서 등한시 될지도 모른다고 생각합니다.

+ **What is the difference between the way subjects are taught in schools now and in the past?** `COMPARE`

현재와 과거에 교과목을 가르치는 방법에 어떤 차이가 있나요? `비교하기`

`모범답안`

Technology is such an important feature of modern education that lessons revolve around that technology now, whereas in the past we would have had more traditional lesson about technology.

과학기술은 현대 교육의 매우 중요한 특징이며, 수업은 현재의 기술을 축으로 움직이는 반면 과거에는 기술에 관한 전통적은 수업을 했습니다.

+ **Why do we insist that children should go to university?** `EXPLAIN`

왜 우리는 아이들이 대학교에 가야 한다고 주장하나요? `설명하기`

`모범답안`

To be honest I don't know, but I think that it is mostly parents who didn't go to university who want their children to go and have access to the education that they didn't have.

솔직히 잘 모르지만, 주로 대학교를 다니지 않은 부모들이 자녀가 대학교에 가서 그들이 받지 못했던 교육을 받기를 원한다고 생각합니다.

+ **How can we improve university education to better prepare students for the world of work?** `SUGGEST`

학생들이 사회생활에 더 잘 준비할 수 있도록 대학교육을 어떻게 향상시킬 수 있나요? `제안하기`

`모범답안`

We have to stop teaching useless subjects that are not suitable for employment in the modern world.

현대 사회에서의 취업에 적합하지 않은 쓸모 없는 과목 교육을 그만해야 합니다.

+ **Do you think that a university education is always necessary?** `JUDGE`

대학교육이 항상 필요하다고 생각하나요? `판단하기`

`모범답안`

Definitely not. For most people, it would be better to learn a trade like plumbing or building that does not require a degree to learn.

물론 그렇지 않습니다. 대부분의 사람에게 배관이나 집 짓기 등 학위가 필요하지 않은 일을 배우는 것이 더 나을 수도 있습니다.

+ **Has the education system been helpful in preparing students to work?** `EVALUATE`

교육시스템은 학생들이 취업 준비를 하는데 도움이 되었나요? `평가하기`

I do not think so, as the proportion of young people who are unemployed now continues to rise.
그렇게 생각하지 않는데, 이는 현재 청년실업률이 증가하고 있기 때문입니다.

+ **How do you think that universities will continue to be important in the future?**
PREDICT

미래에 대학은 어떻게 그 중요성을 유지할 수 있을까요? 예상하기

모범답안

Universities will have to prove that what they offer is necessary for a successful life. I think in many cases they just expect that people will come to them, but they cannot do this forever.
대학교는 그들이 제공하는 것이 성공적인 삶을 위해 필요하다는 것을 증명해야만 할 것입니다. 많은 경우 대학 측은 단지 사람들이 대학에 올 것이라 기대하지만 영원히 그럴 수는 없다고 생각합니다.

★ TRANSPORTATION 교통

+ **What is the difference in the way we get around now compared with in the past?**
COMPARE

현재와 과거를 비교하여 우리의 이동수단은 어떤 차이가 있나요? 비교하기

모범답안

Everything is much more convenient than it was before, although things are a lot more expensive than they used to be.
비록 이전보다 훨씬 더 비싸지만 모든 것이 전보다 훨씬 더 편리합니다.

+ **Why is transport so important to a country's economy?** EXPLAIN

왜 운송수단이 나라의 경제에 매우 중요한가요? 설명하기

모범답안

If we cannot get from place to place, the area where we can do business ends up being very very small, and we cannot make much money as a result.
만약 이곳 저곳을 다닐 수 없다면 비즈니스를 할 수 있는 지역이 굉장히 작을 것이며, 그 결과로 많은 돈을 벌 수 없습니다.

+ **How can the public transport system be improved?** SUGGEST

어떻게 대중교통 시스템이 향상될 수 있나요? 제안하기

모범답안

We really need timetables that the buses stick to. Buses in my country just show up when they feel like it.
버스에 부치는 시간표가 정말 필요합니다. 우리나라 버스는 오고 싶을 때 옵니다.

+ Do you think that it is right that the government heavily taxes fuel? `JUDGE`

정부가 연료에 많은 세금을 부과하는 것이 옳다고 생각하나요? `판단하기`

`모범답안`

No. If you look at other countries who tax fuel only a little, they are much more mobile and able to do business better than countries that tax fuel heavily.

아닙니다. 연료에 적은 세금을 부과하는 다른 나라들을 보면, 연료에 세금을 많이 부과하는 나라들보다 훨씬 더 이동성이 있게 비즈니스를 할 수 있습니다.

+ Would you say that your country's transport system has been effective? `EVALUATE`

당신 나라의 교통시스템은 효과적이라고 말할 수 있나요? `평가하기`

`모범답안`

I think so, we can get pretty much anywhere in my country within a few hours and the price is still reasonable.

그렇다고 생각합니다. 우리 나라에서는 몇 시간 안에 비교적 어디든 갈 수 있고 가격도 여전히 적당합니다.

+ How might we travel in the future? `PREDICT`

미래에는 어떻게 여행하게 될 것 같은가요? `예상하기`

`모범답안`

I think we will definitely see more short-distance flights in the future as the cost of building planes decreases through advancements in technology.

분명히 미래에 단거리 비행기가 더 많이 생길 것입니다. 이는 기술의 발전으로 비행기 제조 비용이 줄어들기 때문입니다.

★ FRIENDSHIPS AND RELATIONSHIPS 친구와 인간관계

+ What is the difference in the way that young and old people make friends? `COMPARE`

젊은 사람들과 나이 든 사람들이 친구를 만드는 방법에는 어떤 차이가 있나요? `비교하기`

`모범답안`

Young people use technology to make friends with people they have never seen before. I do not think old people would be willing to do this.

젊은 사람들은 전에 만난 적 없는 사람들과 과학기술을 이용해 친구가 됩니다. 저는 나이 든 사람들이 이렇게 하기를 원할 것이라고 생각하지 않습니다.

+ Why do children make friends much more easily than adults? `EXPLAIN`

왜 아이들은 어른들보다 훨씬 더 쉽게 친구를 만드나요? `설명하기`

`모범답안`

Children are just so much more innocent than adults, who generally only make friends when it suits their business needs.

아이들은 보통 사업 상 필요에 부합될 때 친구를 만드는 어른들보다 훨씬 더 순수합니다.

+ **How can we use technology to make more friends?** SUGGEST

더 많은 친구를 만들기 위해 과학기술을 어떻게 이용할 수 있나요? 제안하기

모범답안

There are so many social networking sites these days that you can make friends from around the world with the click of a button.

요즘은 버튼만 클릭하면 세계 어디에서도 친구를 만들 수 있는 소셜 네트워킹 사이트가 많이 있습니다.

+ **Do you think that having many friends is always a good thing?** JUDGE

친구가 많은 것이 항상 좋다고 생각하나요? 판단하기

모범답안

You have to be careful that what you say to some friends doesn't spread around your circle of friends unintentionally. This makes having a smaller group of friends better in my opinion.

일부 친구들에게 말한 것이 의도치 않게 모든 친구들에게 퍼지지 않도록 주의해야 합니다. 저는 이 때문에 소수 무리의 친구들이 더 낫다는 의견입니다.

+ **Would you say that the development of the internet has changed the way we think of our friends?** EVALUATE

인터넷의 발전이 친구를 생각하는 방법을 바꾸었다고 말할 수 있나요? 평가하기

모범답안

Yes, I think that we can just ignore or delete our friends in a few seconds now. I think it's very superficial. Also, we think of our friends in terms of numbers rather than quality now too.

그렇습니다. 요즘 우리는 친구를 그냥 무시하거나 몇 초 만에 지울 수도 있다고 생각합니다. 이는 아주 피상적이라고 생각합니다. 또한 요즘은 친구를 질보다는 양으로 생각합니다.

+ **Do you think that virtual friends might replace real friends in the future?** PREDICT

미래에 가상의 친구가 진짜 친구를 대신할 수 있다고 생각하나요? 예상하기

모범답안

I think they already are to some extent. A lot of people don't even go out anymore, and spend their entire lives online.

어느 정도는 이미 그렇다고 생각합니다. 심지어 많은 사람은 더 이상 외출하지 않고 그들의 전체 삶을 온라인 상에서 보냅니다.

★ SKILLS 기술

+ **What is the difference in the kind of skills we need now and in the past?** COMPARE

현재와 과거에 필요로 하는 기술의 종류에는 어떤 차이가 있나요? 비교하기

모범답안

In the past we needed to be able to use our hands and bodies to find work, these days all we need to do is to be able to type to get a job.

과거에는 일자리를 찾기 위해 손과 몸을 이용할 수 있어야 했고, 요즘은 일자리를 얻기 위해 우리가 할 필요 있는 모든 것은 타이핑 기술입니다.

+ **Why are some skills no longer needed in today's society?** EXPLAIN

왜 어떤 기술은 오늘날 사회에서 더 이상 필요하지 않은가요? 설명하기

모범답안

Our society has developed from a manufacturing-based society to a service-led economy. We have no need for people who can make cars anymore, only people who can sell them.

우리 사회는 제조업에서 서비스산업 주도의 경제로 발전하고 있습니다. 우리는 차를 만들 수 있는 사람은 더 이상 필요하지 않고, 오직 차를 팔 수 있는 사람만이 필요합니다.

+ **How can cultural skills unique to a particular country be protected?** SUGGEST

특정 나라의 독특한 문화적 기술들은 어떻게 보호될 수 있을까요? 제안하기

모범답안

We have to make sure that those skills are updated to be more in line with what is going on in the modern world, so that young people continue to be interested in learning them.

그 기술들이 현대 사회의 흐름과 더 긴밀하게 연결되도록 혁신해서 젊은이들이 지속적으로 그 기술을 배우는데 관심을 갖도록 해야 합니다.

+ **Do you think that schools need to teach more skills rather than subjects?** JUDGE

학교는 교과목보다 기술을 더 가르칠 필요가 있다고 생각하나요? 판단하기

모범답안

I think in many cases yes. There is too much emphasis on teaching useless subjects like literature which do not prepare you for the world of work.

많은 점에서 그렇다고 생각합니다. 취업 대비에 도움되지 않는 문학 같은 쓸모 없는 과목들을 너무 많이 강조하고 있습니다.

+ **Have we lost many basic skills that we used to have a long time ago?** EVALUATE

우리는 오래 전에 보유했던 기본적 기술들을 많이 잃었나요? 평가하기

Definitely, most of us wouldn't even be able to start a fire to cook our own food anymore. I wonder what would happen if we had to live in the jungle for a week.

물론입니다. 심지어 우리 대부분은 음식을 하기 위해 불 피우기를 더 이상 할 수 없습니다. 만약 일주일 간 정글에서 살아야 한다면 무슨 일이 벌어질지 궁금합니다.

+ **What kind of skills will we need to survive in the future?** PREDICT

미래에 살아남기 위해 어떤 기술이 필요할까요? 예상하기

I believe that it will be necessary to learn some kind of coding script so that we can make all this technology work for us, instead of us working for technology.

우리가 과학기술을 위해 일하는 대신 과학기술이 우리를 위해 일하도록 해줄 문서 코딩 방법을 배워야 한다고 믿습니다.

★ EATING HABITS 식습관

+ **Is there any difference in the way we eat these days and in the past?** COMPARE

요즘과 과거에 우리가 먹는 방법에는 차이가 있나요? 비교하기

We really don't take the time to sit and eat together anymore. People are always doing their own thing and eat in their own rooms.

우리는 더 이상 함께 앉아서 식사하는데 시간을 보내지 않습니다. 사람들은 항상 자신의 일을 하고 자신들의 방에서 식사를 합니다.

+ **Why are fast-food restaurants so popular among young people?** EXPLAIN

왜 패스트푸드 레스토랑이 젊은 사람들 사이에서 인기가 있나요? 설명하기

Often these are the only restaurants that young people can afford to eat at, where else can you buy a hot meal for a couple of dollars?

젊은 사람들에겐 패스트푸드 레스토랑만이 비용적으로 자주 먹을 수 있는 곳입니다. 어디서 몇 달러에 따뜻한 음식을 살 수 있을까요?

+ **How can we maintain a healthy lifestyle when we are so busy?** SUGGEST

매우 바쁠 때 어떻게 건강한 생활방식을 유지할 수 있을까요? 제안하기

I think that people have to stop making excuses and get out there to do at least some exercise for even just 30 minutes a day.

저는 사람들이 변명은 그만하고 적어도 하루에 30분이라도 나가서 운동을 해야 한다고 생각합니다.

+ Do you think that home cooking is dying out? JUDGE

가정에서 만드는 요리가 죽어가고 있다고 생각하나요? 판단하기

모범답안

I think so. It's so much easier for people to pop something into the microwave than having to spend time chopping vegetables and boiling water.

그렇다고 생각합니다. 사람들에게는 야채를 썰고 물을 끓이는 데 시간을 보내는 것보다 무언가를 전자레인지에 넣는 것이 훨씬 쉽습니다.

+ Would you say that the growth of fast food has been harmful for children? EVALUATE

패스트푸드의 성장은 왜 아이들에게 유해하다고 말할 수 있나요? 평가하기

모범답안

The growth of fast food has had a terrible impact on the young, with many children now clinically obese as a result.

패스트푸드의 성장은 많은 아이들이 임상적 비만이라는 결과를 맞게 된 끔찍한 영향을 미쳤습니다.

+ How do you think our eating habits will change in the future? PREDICT

미래에 우리의 식습관은 어떻게 변할 것이라고 생각하나요? 예상하기

모범답안

I think that we might start to see a reverse trend in food to go back to eating healthily. We are all aware of the risks of a poor diet now.

건강하게 먹는 것으로 다시 돌아가는 반대의 경향이 생길지도 모릅니다. 우리는 모두 빈약한 식사의 위험성을 알고 있습니다.

★ SPACE TRAVEL 우주여행

+ How has the importance of space travel changed? COMPARE

우주여행의 중요성은 어떻게 변했나요? 비교하기

모범답안

Space travel used to be useful propaganda for the countries that tried to do it. These days it is becoming increasingly necessary for other reasons.

우주여행은 이를 시도하는 나라들에게 유용한 선전용으로 사용되었습니다. 요즘 이것은 다른 이유로 점점 더 필요해지고 있습니다.

+ Why is space travel important to mankind's future? EXPLAIN

왜 우주여행이 인간의 미래에 중요한가요? 설명하기

모범답안

If we are not able to visit other planets, we will quickly exhaust our own resources until there is nothing left.

만약 우리가 다른 행성들을 방문할 수 없다면 아무것도 남지 않을 때까지 자원을 빠르게 고갈시킬 것입니다.

+ **How can space travel be made affordable to the public?** `SUGGEST`

어떻게 일반인의 우주여행이 가능하도록 할 수 있을까요? `제안하기`

`모범답안`

In time, advances in technology will reduce the cost of space flight to the general public, and increased privatisation will also help.

시간이 지나면 과학기술은 우주여행선의 비용을 일반시민들이 이용 가능할 정도로 낮출 것이며, 늘어난 민영화도 이를 도울 것입니다.

+ **Do you think that it is necessary to spend so much on space travel when people are starving in the world?** `JUDGE`

세계의 사람들이 굶주리고 있는데 많은 돈을 우주여행에 쓰는 것이 필요하다고 생각하나요? `판단하기`

`모범답안`

Perhaps if we discover new planets that can sustain life, we can also solve our hunger problems at the same time.

아마도 만약 우리가 생명을 유지할 수 있는 새로운 행성을 발견한다면, 동시에 기아문제를 해결할 수 있을 것입니다.

+ **Has space travel brought any positive changes to our lives?** `EVALUATE`

우주여행이 우리의 삶에 어떤 긍정적인 변화를 가져왔나요? `평가하기`

`모범답안`

The technology developed for space travel has eventually made its way into our homes, so it has definitely been useful in that regard.

우주여행을 위해 개발된 기술은 결과적으로 우리의 일상생활에 활용되므로 그 점에 있어서 분명히 유용했습니다.

+ **Do you think we will ever live on another planet one day?** `PREDICT`

인간이 언젠가 다른 행성에 살 것이라고 생각하나요? `예상하기`

`모범답안`

I would like to think so. The chances of there being another planet that can sustain human life are high, so it's a definite possibility.

그렇다고 생각하고 싶습니다. 생명을 유지할 수 있는 다른 행성이 있을 가능성이 높아서 이것은 분명 가능합니다.

★ RULES AND THE LAW 규칙과 법규

+ **Are rules more strict now than they were in the past?** `COMPARE`

규칙들은 과거보다 현재에 더 엄격한가요? `비교하기`

`모범답안`

I do not think so! In the past we used capital punishment to punish those who committed crimes, I'm glad we don't do that anymore!

나는 그렇게 생각하지 않습니다! 과거에는 범죄자를 처벌하기 위해 사형제도를 이용했고 이제 더 이상 사형제도를 시행하지 않아 기쁩니다!

+ **Why do we need rules in a society?** `EXPLAIN`

왜 사회에는 규칙이 필요한가요? `설명하기`

`모범답안`

If we do not have rules in a society, it leads to chaos. People cannot be trusted to be fair to others.

만약 사회에 규칙이 없다면 혼란이 생깁니다. 사람들은 타인으로부터 공평하다는 신뢰를 얻을 수 없습니다.

+ **How can rules be more fair to the population as a whole?** `SUGGEST`

규칙은 어떻게 모든 사람 전체에게 더 공평해질 수 있을까요? `제안하기`

`모범답안`

I think sentencing has a part to play in this. Why should the poor be sentenced less harshly than the rich? Sentencing needs to be fairer across the wealth divide.

형을 선고하는 것이 이와 관련이 있습니다. 왜 가난한 사람들은 부자보다 약하게 형을 선고 받아야 하나요? 형의 선고는 빈부의 차이를 넘어 공평할 필요가 있습니다.

+ **Do you think that there are too many rules today?** `JUDGE`

오늘날 너무 많은 규칙이 있다고 생각하나요? `판단하기`

`모범답안`

Perhaps. I think that we should use common sense a bit more and not legislate against everything we don't like.

아마 그런 것 같습니다. 우리는 상식을 좀 더 이용하고 좋아하지 않는 모든 것을 금지하는 법 제정을 하지 말아야 합니다.

+ **Has sending criminals to prison been an effective strategy?** `EVALUATE`

범죄자를 감옥에 보내는 것이 효과적인 전략이었나요? `평가하기`

`모범답안`

Certainly for very serious crimes, but there is ineffective supervision for those who are released, who go on to cause more crimes.

아주 심각한 범죄에는 분명히 그렇지만, 석방된 사람들에 대한 관리가 비효과적 입니다. 그들은 더 많은 범죄를 계속 저지릅니다.

+ **How will we deal with those who break the law in the future?** `PREDICT`

미래에는 범법자를 어떻게 다루게 될까요? `예상하기`

`모범답안`

In the future I would like to see more house arrests, where people cannot leave their house if they commit crime, and have their access to TV and Internet removed.

저는 미래에 더 많은 가택연금이 생겼으면 합니다. 이는 범죄를 저지르면 집을 떠날 수 없고, TV와 인터넷 사용이 불가능 합니다.

★ RICH VS. POOR 부와 가난

+ Has the general wealth of the population changed over the last ten years? **COMPARE**

지난 10년 간 사람들의 일반적인 부가 변화했나요? **비교하기**

모범답안

I think that the gap between rich and poor has definitely increased. I do not see how those who are poor can ever catch the rich now.

저는 빈부 격차가 확연히 커졌다고 생각합니다. 이제 가난한 사람들이 부자들을 어떻게 따라잡을 수 있을지 알 수가 없습니다.

+ Why do the rich seem to get richer while the poor stay poor? **EXPLAIN**

가난한 사람들이 계속 가난한 동안 부자들은 왜 더 부자가 되나요? **설명하기**

모범답안

The poor simply do not have the same opportunities in life that the rich enjoy. From birth, the rich have many more opportunities available to them.

가난한 사람들은 단순히 부자들이 즐기는 같은 기회를 얻지 못합니다. 태어날 때부터 부자들은 그들에게 주어진 더 많은 기회를 가집니다.

+ How can we more evenly distribute a society's wealth? **SUGGEST**

어떻게 사회의 부를 더 공평하게 분배할 수 있을까요? **제안하기**

모범답안

I think that we could establish a standard of living that everyone should be able to achieve, and make sure that no-one falls beneath that standard.

저는 모든 사람이 누릴 수 있는 생활수준을 정립하고, 반드시 아무도 그 수준 이하로 내려가지 않도록 할 수 있다고 생각합니다.

+ Do you think that wealth is unevenly distributed? **JUDGE**

부가 고르지 않게 분배된다고 생각하나요? **판단하기**

모범답안

It's hard to say. While the rich often do very little for their money, the poor often believe that they deserve more than they really deserve to be honest.

그건 말하기 어렵습니다. 부자들은 돈을 벌기 위해 거의 아무것도 하지 않는 반면, 솔직히 가난한 사람들은 종종 자신들이 실제로 받아야 하는 것보다 많이 받을 자격이 있다고 믿습니다.

+ Have the poor in society had any chance to change their situation? **EVALUATE**

가난한 사람들은 사회적으로 그들의 상황을 바꿀 수 있는 기회를 얻나요? **평가하기**

I believe that in our society everyone has the chance to make something of themselves. It's about how much you want it, and about how much you expect others to do everything for you.

저는 우리 사회 모든 사람은 스스로를 이용할 수 있는 기회를 가진다고 믿습니다. 이는 당신이 얼마나 그것을 원하고, 다른 사람들이 얼마나 당신을 위해 모든 것을 해주기 기대하는지에 달려있습니다.

+ **Will the gap between rich and poor continue to widen in the future?** `PREDICT`

미래에 빈부의 격차가 더 심해질까요? `예상하기`

It's impossible to avoid the gap widening in the future. With poor people more likely to have more children than richer families, it is difficult for poorer families to save enough money to get themselves out of poverty.

미래에 빈부격차를 줄이는 것은 불가능합니다. 가난한 사람들이 부자들보다 더 많은 아이를 낳는 경향이 있어서, 가난한 가족들은 가난에서 벗어날 충분한 돈을 모으는 것이 어렵습니다.

지금부터 앞에 제시된 PART 3 주제별 질문으로 이루어진 실전문제를 살펴보겠습니다. 각 답변의 유창성, 주제 발전, 그리고 적절성에 유의하며 잘 들어보세요.

Model Answer 03-13

Examiner - Is there any difference in the way we eat these days and in the past?

Test taker - I would say that we as a society rely on home cooking a lot less now than we did in the past. We eat a lot more ready-meals these days and this is because the cooking skills that we usually handed down from generation to generation have been lost. There are so many parents out there these days that don't even know how to peel a potato or boil an egg, so they rely on convenience foods to do everything for them. What they don't realise however is that their children grow up eating that stuff, and it's filled with salt and all kinds of preservatives that is harmful to your health. People say it's because 'I'm so busy' or something to that effect, but if they actually knew how to cook properly they would be able to make healthy meals in half the time.

해석

시험관 – 요즘과 과거에 우리가 먹는 방식에는 차이점이 있나요?

응시자 – 저는 과거보다 현재에 사회 전체가 집에서 요리하는 것이 훨씬 적은 것 같습니다. 요즘은 이미 만들어진 음식을 많이 먹고, 이는 대대로 전해져 오는 요리 기술을 잃어가고 있기 때문입니다. 요즘은 심지어 감자를 어떻게 깎고 계란을 어떻게 삶는지도 모르는 부모들이 아주 많아서 그들을 위해 모든 것을 해결해주는 즉석식품에 의존합니다. 그러나 그들은 자녀가 소금과 모든 종류의 방부제로 가득 찬 건강에 해로운 음식을 먹고 자란다는 것을 인식하지 못합니다. 사람들은 '나는 너무 바빠.' 또는 그런 식의 말을 하지만 그들이 실제로 적절한 요리를 어떻게 하는지 안다면 훨씬 빨리 몸에 좋은 음식을 만들 수 있을 것입니다.

(to) rely on ~에 의존하다　　**ready-meals** 이미 조리된 음식

X is handed down X가 전해져 내려오다　　**from generation to generation** 대대로

peel a potato 감자를 깎다　　**convenience foods** 즉석 식품　　**preservatives** 방부제

harmful to your health 건강에 해로운　　**something to that effect** 그런 것(식의)

(to do) something in half the time 훨씬 빠른 시간에 (무언가를) 하다

Model Answer　🎧 03-14

Examiner - Why are fast-food restaurants so popular among young people?

Test taker - I think it is because of the way they are marketed. If you see the adverts on television, it's always models with great teeth and slim figures who hang out at these places, or celebrities holding a burger. They are advertised as 'cool' and 'trendy' places to meet your friends. Not only that, but often they are the only restaurants in town that young people can actually afford to eat at, as other restaurants are quite expensive compared to fast-food ones. Teenagers in particular don't have 20 dollars to spend on a meal, as they only have pocket money from their parents and they have to stretch that out over the week. Young people really don't have many safe places they can go to meet their friends, so I suppose these fast-food restaurants are fulfilling a basic need.

시험관 – 패스트푸드 식당은 젊은이들 사이에 왜 그렇게 인기가 많은가요?

응시자 – 저는 식당들이 광고하는 방법 때문이라고 생각합니다. TV에 나오는 광고를 보면 그런 장소에서 친구들과 어울리는 예쁜 치아와 날씬한 몸매의 모델들이나 햄버거를 들고 있는 유명인들이 항상 나옵니다. 그곳은 친구들을 만나기에 '멋지고', '최신 유행의' 장소로 광고됩니다. 뿐만 아니라 패스트푸드 식당과 비교했을 때 다른 식당들은 꽤 비싸서 패스트푸드 식당이 시내에서 젊은이들이 실제로 먹을 수 있는 단 하나의 식당인 경우가 많습니다. 특히 십대들은 오직 부모님으로부터 용돈을 받아 일주일에 걸쳐 나누어 써야만 하기 때문에 한끼 식사에 20달러를 지불할 수 없습니다. 젊은이들은 실제 친구들을 만날 수 있는 안전한 곳이 많지 않아서 이러한 패스트푸드 식당이 기본적인 필요조건을 충족시켜 준다고 생각됩니다.

the way X is Y X가 하는 방법은 Y이다　　**marketed** 광고되는

slim figures 날씬한 몸매　　**hang out** 친구들과 어울리다

trendy 유행을 따르는　　**afford** 여유가 되다　　**pocket money** 용돈

(to) stretch X out X를 늘리다　　**basic need** 기본적인 필요조건

Examiner - How can we maintain a healthy lifestyle when we are so busy?

Test taker - Our lunch breaks are so short and the queues to get food are so long that often fast food is the only way to go if you want to eat anything at all. If you only get an hour for lunch and it takes you half-an-hour to queue up to get something, then you just have to wolf it down, and eating in this way is no good for your digestion. I would suggest that people spend a little bit of time the night before and bring their own food for lunch. That way, they can be sure of exactly what they are going to eat, they don't have to wait in line for ages, and they might even have time to go for a run or something before they start to eat. A lot of offices these days have gyms nearby, so there is really no excuse anymore!

해석

시험관 – 우리가 매우 바쁠 때 어떻게 건강한 생활방식을 유지할 수 있을까요?

응시자 – 우리의 점심 시간은 너무 짧고 음식을 사기 위한 줄은 너무 길어서 무엇이라도 먹기 원한다면 패스트푸드가 유일한 방법인 경우가 많습니다. 만약 점심시간이 단 1시간이고 무언가 사려면 30분 줄을 서야 한다면, 그 음식을 빨리 먹어야만 하고 이렇게 음식을 먹는 것은 소화에 전혀 좋지 않습니다. 저는 전날 밤에 조금 시간을 내서 본인의 점심을 싸올 것을 제안합니다. 그렇게 하면 무엇을 먹을 것인지 정확하게 알 수 있고 오래 줄을 서서 기다릴 필요도 없으며, 심지어 먹기 전에 달리기 등을 할 시간이 있을지도 모릅니다. 요즘은 많은 사무실 근처에 체육관이 있어서 더 이상의 변명의 여지는 없습니다!

어휘

lunch break 점심시간　　**queue** 줄　　**X is the only way to go** X가 유일한 방법이다

queue up 줄을 서다　　**wolf it down** 많은 양을 빠른 시간에 먹다　　**digestion** 소화

wait in line 줄을 서서 기다리다　　**there's no excuse for X** X를 위한 변명의 여지가 없다

Examiner - Do you think that having many friends is always a good thing?

Test taker - Well, I would definitely disagree with that! If one has too many friends it inevitably leads to trouble, often through no fault of your own. I guess people are just naturally jealous and bitchy when you devote time to someone else rather than them, and everything you do gets reported back to your circle of friends, so if you make a mistake one time and say the wrong thing, pretty soon everyone knows about it and you become a social pariah. I mean, it's nice to be popular, but there's a lot of added pressure that comes with it, as you have to be really careful to balance the time you spend with others. In addition, sometimes you just need time for yourself, to get your own life sorted out, before you get called on to deal with everyone else's problems. I think it's a lot better to have three or four really close friends you can call upon when you get lonely or need some advice.

해석

시험관 – 친구가 많은 것이 항상 좋은 것일까요?

응시자 – 저는 절대 그것에 동의하지 않습니다! 만약 친구가 너무 많으면 종종 전혀 자신의 잘못이 아닌데도 불가피한 문제로 이어집니다. 제 생각에 사람들은 자신보다 타인에게 시간을 들일 때 자연적으로 질투하고 흉을 보고 당신이 하는 모든 일이 친구들 사이에 알려지게 되어서, 만약 한번 실수하거나 말을 잘못 하면 곧 모든 사람이 알고 당신은 따돌림 받게 됩니다. 제가 말하는 건 인기가 있는 것은 좋지만, 그에 따르는 많은 추가적인 부담감이 있어서 다른 사람들과 보내는 시간을 정말 신중하게 균형을 맞추어야만 합니다. 게다가 타인의 문제점 처리를 부탁 받기 전에 스스로의 삶을 정리할 혼자만의 시간도 가끔 필요합니다. 저는 당신이 외롭거나 조언이 필요할 때 도움을 청할 수 있는 정말 가까운 3~4명의 친구를 가지는 게 훨씬 더 낫다고 생각합니다.

어휘

inevitably 불가피하게   **X leads to Y** X는 Y로 이어진다

through no fault of your own 전혀 자신의 잘못이 아닌데도   **bitchy** 흉을 보는

(to) devote time 시간을 들이다   **report back** 보고하다   **circle of friends** 친구들 사이

social pariah 왕따   **pressure** 압박   **it's nice to be X** X인 것은 좋다

to balance X with Y X와 Y의 균형을 맞추는   **to get X sorted out** X를 해결하는

deal with X X를 처리하는

Examiner - Would you say that the development of the Internet has changed the way we think of our friends?

Test taker - Most certainly! I think we have seen a real shift in the focus of what makes a friend, and how friendships are maintained. With the growth of sites like MySpace and Facebook, it's no longer about the quality of friends you have, but about the quantity. People equate the number of Facebook friends they have with their popularity, so very often they are adding people that they have no real relationship with, and sharing all their personal details with them. This can often backfire when you say something that offends someone, and you can lose all of your friends in an instant by saying the wrong thing. People have even lost jobs and marriages over it. In addition, now all people have to do to show they care is to 'like' something on your page. I think it marks quite a shallow trend in people these days, because you don't really have to talk to people anymore to stay connected. Many people say they don't even want to see their friends in real life, they are more than happy just to chat to them on Facebook. Well, if that's the way things are heading, then I'd rather delete the lot.

해석

시험관 – 인터넷의 발전이 우리가 친구를 생각하는 방식에 변화를 주었다고 생각하나요?

응시자 – 확실히 그렇습니다! 저는 무엇이 친구를 만들고 어떻게 우정을 유지하는지에 대한 초점이 정말 변했다고 생각합니다. 마이스페이스와 페이스북 같은 사이트의 성장과 함께 더 이상 당신이 가진 친구의 질이 아니라 양이 중요하게 되었습니다. 사람들은 페이스북 친구의 수를 그들의 인기와 동일시해서 아주 흔히 아무런 관계도 없는 사람을 친구로 추가하고, 그들과 모든 개인정보를 공유하고 있습니다. 이는 당신이 누군가를 불쾌하게 하는 이야기를 했을 때 자주 역효과를 내기도 하는데, 말을 잘못 함으로써 모든 친구를 잃게 될 수도 있습니다. 심지어 사람들은 그것 때문에 직장과 결혼생활까지 잃기도 합니다. 게다가 요즘 사람들이 신경 쓰는 것은 자신의 페이지에 '좋아요' 입니다. 이는 요즘 사람들의 얄팍한 추세를 나타내는데, 그 이유는 연락을 유지하기 위해 더 이상 사람들과 이야기할 필요가 정말 없기 때문입니다. 많은 사람은 심지어 현실에서 친구들 만나기를 원치 않는다고 말하며 페이스북에서 이야기하는 것에 더 기뻐합니다. 만약 이런 상황이 벌어진다면 저는 친구를 전부 삭제할 것입니다.

어휘

a shift in X X의 변화　　**focus** 초점　　**maintain** 유지하다　　**with the growth of X** X의 성장과 함께
quantity vs. quality 양 대 질　　**equate** 동일시하다　　**X can backfire** X는 역효과를 낳을 수 있다
offend 불쾌하게 하다　　**in an instant** 즉시　　**X marks Y** X는 Y를 표시한다
stay connected 연결을 유지하는　　**in real life** 현실에서
the way things are heading 일이 벌어지는 상황　　**the lot** 전부

Examiner - Do you think that virtual friends might replace real friends in the future?

Test taker - It's hard to say really. On the one hand, the Internet is really good for keeping in touch with people who live really far away, and it's so much cheaper than using a phone, especially when you factor in international call charges. If you want to talk to someone in Australia, you can just get them on Skype and talk to them face-to-face, as long as the time difference isn't too bad! On the other hand, as people go out less and spend more time at home on the PC, it means that you might not get the opportunity to go out, like to a pub or club, and meet someone that you wouldn't have met otherwise. You won't really expand your circle of friends if you don't go out much. Also, there's so much experience with your real friends, like going clubbing or getting drunk, and you can't really get drunk over the Internet! Therefore, I don't really think that virtual friends are going to replace real friends as the kind of interaction you can have is limited by the media you are using.

해석

시험관 – 미래에는 가상의 친구가 진짜 친구를 대신할 수 있다고 생각하나요?

응시자 – 그것은 정말 말하기가 어렵습니다. 한편으로는 멀리 사는 친구와 연락을 유지하기에 인터넷은 정말 유용하고, 특히 국제전화요금을 고려할 때 전화를 이용하는 것보다 훨씬 더 쌉니다. 만약 호주에 있는 누군가와 이야기하고 싶다면 시차가 너무 심하지 않는 한 스카이프에서 만나 얼굴을 보면서 이야기할 수 있습니다. 반면 사람들이 외출을 적게 하고 집에서 컴퓨터를 하며 더 많은 시간을 보내기 때문에 술집이나 클럽 등에 외출해서 누군가를 만날 기회를 잃는 것을 의미합니다. 만약 외출을 많이 하지 않는다면 실제로 친구 그룹을 넓힐 수 없을 것입니다. 또한, 클럽에 가거나 술을 마시는 것처럼 진짜 친구와 경험할 수 있는 일이 너무나 많고 인터넷상에서는 진짜 술에 취할 수는 없습니다! 따라서 그러한 종류의 상호작용은 사용하고 있는 매체에 의해 제한될 수 있기 때문에 저는 가상의 친구가 진짜 친구를 대신할 것이라 생각하지 않습니다.

어휘

keeping in touch 계속 연락하다　　**(to) factor in X** X를 고려하다　　**call charges** 전화요금
face to face 서로 얼굴을 보며　　**circle of friends** 친구의 무리
you can't do X over Y X를 Y 상에서 할 수 없다　　**interaction** 상호작용
X is limited by Y X는 Y에 의해 제한된다

자, 이제 여러분 차례입니다. 질문을 듣고, 다음 질문이 나올 때까지 시간 안에 답변해보세요. 각 질문의 답변에 주어진 시간은 45초입니다. Good luck!

Examiner - Is there any difference in the way we eat these days and in the past?

Examiner - Why are fast-food restaurants so popular among young people?

Examiner - How can we maintain a healthy lifestyle when we are so busy?

Examiner - Do you think that having many friends is always a good thing?

Examiner - Would you say that the development of the Internet has changed the way we think of our friends?

Examiner - Do you think that virtual friends might replace real friends in the future?

WEEK
04

ACTUAL TEST 1

04-01

Examiner - Ok, let's talk now about travel. Which foreign countries have you been to?

Examiner - Is there any foreign country that you would like to visit?

Examiner - Who do you usually travel with?

Examiner - Why do you like to travel?

Examiner - OK, now let's move on to talk about reading now. Do you enjoy reading for pleasure?

Examiner - What books have you read recently?

Examiner - What kind of books did you read as a child?

Examiner - Do you think that children should read more books?

Examiner - Now I'm going to give you a topic and I want you talk about the topic for 2 minutes. You have one minute to think about what you want to say and you can make some notes with the paper and pencil here. Here is your topic. I'd like you to describe a newspaper or magazine you often read:

Describe a newspaper or magazine you often read.

You should say:
What the newspaper/magazine is
What kind of stories are in there
Who else reads this kind of publication

And explain why you enjoy reading it.

Examiner - OK, I will tell you when the time is up. Can you start speaking now please?

Examiner - OK, and do other family members also read this publication?

Examiner - Right. We've talked about a newspaper or magazine you often read, and I want to ask you one or two more general questions related to that topic. Let's talk first about the news. What is the difference between the kind of news you get on TV and the news you read in the newspaper?

Examiner - Why has the Internet changed the way we receive our news?

Examiner - How can the media be better controlled to protect the privacy of individuals?

Examiner - Do you think that a free press is always a good thing?

Examiner - Would you say that the rise of Internet news has changed the way people think of newspapers?

Examiner - What is the future of newspapers in the face of an ever-changing technological world?

Examiner - Thank you very much, that is the end of the test.

시험관 - Ok, let's talk now about travel. Which foreign countries have you been to?
자, 이제 여행에 대해 이야기해 봅시다. 어떤 나라들을 가보았나요?

응시자 - I've been to every continent with the exception of Africa as I'm a bit short of cash at the moment for a trip out there. Apart from Africa then, I've been to the States, to Brazil, Europe, Russia, Japan and New Zealand so far, and I would say that Japan is probably the best place I have visited in terms of cleanliness, culture and a foreigner-friendly attitude, even though their English ability isn't the best in the world.
저는 아프리카를 제외한 모든 대륙을 가보았는데, 여행 당시에 돈이 조금 부족했습니다. 아프리카를 제외하고 미국, 브라질, 유럽, 러시아, 일본 그리고 뉴질랜드를 지금까지 가보았으며, 비록 영어실력은 세계 최고가 아니었지만 청결, 문화 그리고 외국인들에게 우호적인 태도는 제가 지금까지 가 본 곳 중 일본이 아마도 최고일 것입니다.

시험관 - Is there any foreign country that you would like to visit?
방문하고 싶은 다른 외국이 있나요?

응시자 - As I said, I haven't been to Africa, so I'm saving up for a safari in Kenya with money I am making from a part time gig I have in a restaurant, so hopefully I'll be able to make it in the next 50 years or so!
말한 것처럼 아프리카를 가보지 못해서 식당에서 하는 파트타임 공연으로 번 돈을 케냐 사파리 여행을 위해 모으고 있습니다. 바라건대 50년 후쯤 그 여행을 할 수 있기를 바랍니다!

시험관 - Who do you usually travel with?
보통 누구와 함께 여행하나요?

응시자 - Travelling with my friends is alright, but it really depends on the place I'm going to. I find that for city breaks, it usually best to have someone tag along with you, as it is easy to get lost and big cities can be dangerous places if you are by yourself in the wrong place at the wrong time. I usually bring a family member along or a close friend on those vacations. On the other hand, if I know I am going to some remote or tropical location, particularly a place with lots of churches or temples I much prefer to go by myself.
친구와 여행하는 것은 괜찮지만, 절대적으로 가는 장소에 달려 있습니다. 도시로 가는 짧은 여행은 보통 같이 할 누군가가 있는 것이 좋은데, 그 이유는 길을 잃기 쉽고, 만약 부적절한 시간과 장소에 있게 되면 대도시에서는 위험할 수가 있습니다. 저는 그러한 휴가에 보통 가족이나 친한 친구를 데리고 갑니다. 반면, 외진 곳이나 열대지방, 특히 교회나 절이 많은 곳으로 휴가를 간다면 혼자 가는 것을 더 선호합니다.

시험관 - Why do you like to travel?
왜 여행을 하고 싶은가요?

응시자 - Well, as you know, the weather in England doesn't leave much to be desired, so like geese we like to migrate to warmer climates in the winter.
음, 아시는 것처럼 영국 날씨는 별로 좋지 않아서 우리는 겨울에 거위처럼 따뜻한 기후로 옮겨가는 것을 좋아합니다.

시험관 - OK, now let's move on to talk about reading now. Do you enjoy reading for pleasure?

자, 이제 책 읽기로 넘어가보죠. 당신은 즐거움을 위해 책 읽기를 좋아하나요?

응시자 - Reading for pleasure is one of my personal favourite things to do! It's the only way that I can relax after a long day at work; I just settle into the sofa, open a bottle of wine and get on with the latest novel.

즐거움을 위한 책 읽기는 제가 개인적으로 가장 좋아하는 일 중 하나입니다! 이는 직장에서 긴 하루를 보낸 후 휴식을 취할 수 있는 유일한 방법입니다. 저는 그냥 소파에 앉아, 와인을 따고 최신 소설을 읽습니다.

시험관 - What books have you read recently?

최근에 읽은 책은 무엇인가요?

응시자 - Recently I've been reading a book called Life of Pi, it's about a boy who ended up on a lifeboat with a Bengal tiger. It sounds pretty crazy, but he ended up making friends with the tiger, and they eventually got rescued. It's kind of a metaphor for religion.

최근에 '파이의 인생'이라는 책을 읽고 있습니다. 뱅갈 호랑이와 구명보트를 타게 된 한 소년에 관한 이야기입니다. 말도 안 되는 것 같지만 그는 그 호랑이와 친구가 되었고, 마침내 그들은 구조되었습니다. 이는 종교에 관한 일종의 은유입니다.

시험관 - What kind of books did you read as a child?

어렸을 때 어떤 책을 읽었나요?

응시자 - When I was little I used to read a lot of choose-your-own-adventure stories, the ones where you follow the story and then when you make a choice you can turn to the appropriate page. I had about twenty different books and I've played them all through on numerous occasions. You need a dice to play the game, and if you lose you have to restart the book over again.

저는 어렸을 때 '당신의 모험을 골라봐요.' 이야기를 많이 읽었는데, 그것은 이야기를 따라가다가 선택하면 그에 맞는 페이지로 넘기는 것입니다. 저는 약 20개의 다른 책이 있었고 책 전부로 수 차례나 게임을 했습니다. 게임을 하기 위해서는 주사위가 필요하고 만약 지면 책을 처음부터 다시 시작해야 합니다.

시험관 - Do you think that children should read more books?

아이들은 책을 더 많이 읽어야 한다고 생각하나요?

응시자 - Part of what makes childhood fun is a sense of adventure, and books are the best source of inspiration for a child's imagination. The imagination is much stronger than anything that a movie or TV show can provide, and children can learn a lot of lessons about life through reading books. There are morals and characters that children should learn, and books can also teach children about their culture as well, which is very important.

유년기를 재미있게 하는 것 중 일부는 모험심이며 책이 아이들의 상상력을 자극할 수 있는 최고의 자료입니다. 상상력은 영화나 TV쇼가 줄 수 있는 어떤 것보다 훨씬 강하며 아이들은 책을 읽으면서 삶에 관한 많은 것들을 배울 수 있습니다. 아이들이 배워야만 하는 도덕과 성격이 책에 있고, 책은 또한 그들의 문화를 아이들에게 가르칠 수 있기 때문에 매우 중요합니다.

시험관 - Now I'm going to give you a topic and I want you talk about the topic for 2 minutes. You have one minute to think about what you want to say and you can make some notes with the paper and pencil here. Here is your topic. I'd like you to describe a newspaper or magazine you often read:

이제 나는 당신에게 토픽을 줄 것이고 당신이 이 토픽에 관해 2분 동안 이야기하기를 바랍니다. 1분 동안 말하고 싶은 것을 생각할 수 있고 원한다면 메모를 해도 좋습니다. 여기 토픽이 있습니다. 당신이 자주 읽는 신문이나 잡지에 대해 설명해주세요.

시험관 - OK, I will tell you when the time is up. Can you start speaking now please?

시간이 다 되면 내가 멈추라고 말을 할 겁니다. 이제 시작해주세요.

응시자 - Well to be honest I very rarely read the newspaper or a magazine these days as I read almost everything on the Internet now. The market for newspapers and magazines has shrunk considerably. However when I was younger I used to buy music magazines, as these were the only way you could get news about your favourite bands. Some of them had CDs on the covers, with one track each from a number of different bands included on there, and it was a great way to introduce these bands to new listeners… I discovered some of my favourite bands that way. They also had gig guides that told you what bands were coming and when they were going to come, as before the Internet it was hard to get that kind of information. You could write letters to the editor about a certain review or about a band that the magazine should cover and if you were lucky they would print them and you could get a gift voucher towards the cost of a CD or even a free concert ticket. I remember that one person from our group would buy the magazine each week and we would all take it in turns to read it, so it was pretty damaged by the time the original owner got it back. The best thing about these books was that they contained posters of your favourite bands that you could take out and hang up on your wall. I remember my bedroom was full of posters from magazines, but my mother made me take them all down one day. You can still buy these magazines now, but they don't cover the bands I like anymore, so everyone I know uses the Internet to find that information now.

솔직히 말해 저는 요즘 거의 신문이나 잡지를 읽지 않는데, 그 이유는 거의 모든 것을 인터넷에서 보기 때문입니다. 신문과 잡지 시장이 상당히 줄었습니다. 그러나 제가 어렸을 때 음악잡지를 사곤 했는데, 제가 좋아하는 밴드 소식을 접할 수 있는 유일한 방법이 잡지였기 때문입니다. 잡지들 중 일부는 표지에 많은 다른 밴드의 음악 한 곡씩 수록한 CD가 붙어 있었고, 이런 밴드를 새로운 청취자에게 소개하는 아주 좋은 방법이었습니다. 제가 가장 좋아하는 밴드들 중 일부를 이렇게 발견했습니다. 잡지는 어떤 밴드가 오고 언제 오는지 등 공연 가이드도 포함했는데, 인터넷이 있기 전에는 이런 정보를 알기 어려웠기 때문입니다. 잡지가 수록해야만 하는 특정한 리뷰나 밴드에 관한 내용을 편지로 편집자에게 보내면, 운이 좋으면 그 편지가 수록되며 CD 가격에 해당하는 선물교환권이나 심지어 무료콘서트 티켓을 받기도 했습니다. 친구들 중 한 명이 잡지를 매주 사고 우리 모두 돌아가며 읽어서 잡지가 원래 주인에게 돌아갈 때는 많이 망가져 있었습니다. 이 잡지들의 가장 좋은 점은 좋아하는 밴드의 포스터가 있어서 때어내 벽에 걸 수 있었습니다. 제 방은 잡지에서 나온 포스터들로 가득 차 있었지만 어느 날 엄마가 다 때어내라고 했던 것을 기억합니다. 지금도 이 잡지들을 살 수 있지만 더 이상 좋아하는 밴드를 다루지 않아서 제가 아는 모든 이들은 정보를 찾기 위해 인터넷을 이용합니다.

시험관 - OK, and do other family members also read this publication?

가족 중 다른 사람들도 이 잡지를 읽나요?

응시자 - No chance! My family have very different tastes to mine, and so they wouldn't be caught reading that kind of thing. My mother reads gossip magazines while Dad reads gardening magazines, so I guess we all have our own special interests.

그럴 리가 없습니다! 우리 가족들은 저와 취향이 아주 달라서 그런 것을 읽다 들키는 일은 없습니다. 아버지는 정원관리 잡지를 읽으시는 반면 어머니는 가십 잡지를 읽으셔서 우리 모두는 각자만의 특별한 관심사가 있습니다.

• •

시험관 - Right. We've talked about a newspaper or magazine you often read, and I want to ask you one or two more general questions related to that topic. Let's talk first about the news. What is the difference between the kind of news you get on TV and the news you read in the newspaper?

우리는 당신이 자주 읽는 신문이나 잡지에 대해 이야기했고 그와 관련된 한 두 개의 일반적인 질문을 하려 합니다. 먼저 뉴스에 관해 이야기해봅시다. TV에서 보는 뉴스와 신문에서 읽는 뉴스는 어떤 차이점이 있나요?

응시자 - The news you see on TV feels a lot more real than the news you read in the newspaper. You can't really get a feel for a story unless you see it with your own eyes. The TV brings sight and sound to stories that might not be so interesting otherwise, and the graphics on TV can help you understand some of the complex economic data that might be discussed.

TV에서 보는 뉴스는 신문에서 읽는 뉴스보다 훨씬 더 현실로 느껴집니다. 직접 눈으로 그것을 보지 않는 한 이야기를 정말 실감할 수 없습니다. TV는 그리 흥미롭지 않을 수도 있는 이야기에 시각자료와 소리를 더해주며, TV의 그래픽은 복잡한 경제 자료를 이해하는데 도움이 될 수 있습니다.

시험관 - Why has the Internet changed the way we receive our news?

왜 인터넷은 우리가 뉴스를 접하는 방법을 바꾸었나요?

응시자 - The Internet is instantly updated in real time, and tweets and instant messaging mean that it is a lot harder for the government to control the information that is out there. This means that you can see a lot of things that might be edited by the media, such as scenes of war or combat where things get up close and personal. They wouldn't normally show that kind of thing on TV or in the newspapers, as they aren't allowed to show anything too graphic. Also, the Internet allows for a lot of user-generated content, so these days anyone can be a reporter thanks to the Internet.

인터넷은 실시간으로 즉시 업데이트되고 트위터와 인스턴트 메신저는 정부가 정보를 통제하기 훨씬 더 힘들다는 것을 의미합니다. 이는 아주 가까이 접근하는 전쟁이나 전투 장면 등의 미디어에 의해 편집되었을 수도 있는 많은 것을 본다는 의미입니다. 일반적으로 TV나 신문에는 그런 것을 보여주지 않는데, 너무 생생히 다 보여주는 것은 허락되지 않기 때문입니다. 또한 인터넷은 많은 사용자 생성 컨텐츠를 허용해서 요즘은 누구나 인터넷 덕분에 기자가 될 수 있습니다.

시험관 - How can the media be better controlled to protect the privacy of individuals?

개인의 사생활 보호를 위해 어떻게 미디어가 더 잘 통제될 수 있나요?

응시자 - I think it is important for the press to be regulated so that there are serious consequences for those who print stories that are either untrue or not in the public interest to print. It is too easy for news stories to spread that aren't true, but by the time the newspaper gets around to making an apology, the reputation of the individual involved might already be ruined. This kind of thing should be avoided at all costs, especially with the speed that news spreads now.

저는 사실이 아니거나 대중의 관심이 없는 이야기를 보도하는 사람들에게 심각한 결과가 미치도록 언론이 규제되는 것은 중요하다고 생각합니다. 사실이 아닌 뉴스가 퍼지는 것은 너무 쉽지만, 신문이 사과할 쯤에는 관련된 개인의 평판이 이미 망쳐졌을 수 있습니다. 무슨 수를 써서라도 이런 일은 방지되어야 하며, 특히 오늘날 뉴스가 퍼지는 속도로는 더욱 그렇습니다.

시험관 - Do you think that a free press is always a good thing?

언론의 자유가 항상 좋은 것이라고 생각하나요?

응시자 - Absolutely. If you take a look at countries that do not have a free press, the people there have no idea what is really going on. They are clueless to the world around them, and that means that their governments can control everything they read or see. Having a free press ensures that people hear the truth about what is happening both in their own country and around the world, and nothing is more important than the truth.

물론입니다. 언론의 자유가 없는 나라들을 보면 사람들이 실제 무슨 일이 일어나고 있는지 모릅니다. 그들은 주변 세상에 대해 전혀 모르고, 이는 정부가 그들이 읽거나 보는 모든 것을 통제할 수 있다는 의미입니다. 자유언론은 자국과 세계에 어떤 일이 일어나고 있는지에 대한 사실을 알 수 있다는 것을 보장하며, 진실보다 더 중요한 것은 아무것도 없습니다.

시험관 - Would you say that the rise of Internet news has changed the way people think of newspapers?

인터넷 뉴스의 증가가 사람들의 신문에 대한 평가에 변화를 가져왔다고 말할 수 있나요?

응시자 - As the Internet is updated in real time, by the time you have read the news in a newspaper, the information is already out of date. I think people read the newspapers just to confirm what they have read online, and to see it presented in a digestible format. These days newspapers are just advertising boards, they don't contain much real news anymore anyway. Most young people have never even picked up a newspaper.

인터넷은 실시간으로 업데이트되기 때문에, 신문에서 뉴스를 읽을 때는 그 정보가 이미 지난 것이 됩니다. 사람들은 온라인에서 읽은 것을 단지 확인하고 이해하기 쉬운 형식으로 표현된 것을 보기 위해 신문을 읽는다고 생각합니다. 요즘 신문은 단지 광고판이며 진짜 뉴스를 더 이상 다루지 않습니다. 심지어 대부분 젊은이들은 신문을 집어 들지도 않습니다.

시험관 - What is the future of newspapers in the face of an ever-changing technological world?

계속 변화하는 과학기술 세상에서 신문의 미래는 어떤가요?

응시자 - Newspapers do not really have a part to play in the technical age. While I think that the work of reporters will continue, we will cease to see things printed on paper for much longer. It's bad for the environment and the ink gets everywhere anyway. I always have to wash my hands after reading the newspaper. I don't see anyone reading the newspaper on the bus or train anymore either; everyone is getting their news from their smartphones or tablet PCs.

과학기술 시대에 신문은 더 이상 할 역할이 없습니다. 저는 기자들은 계속 일하는 반면, 종이에 인쇄되는 것은 그리 오래 지 않아 중단될 것이라고 생각합니다. 인쇄는 환경에 좋지 않고 잉크는 어디에나 묻습니다. 저는 신문을 읽은 후 항상 손을 씻어야만 합니다. 저는 더 이상 버스나 기차에서 신문을 읽는 사람을 보지 못합니다. 모든 사람이 스마트폰이나 태블릿 PC를 이용해 뉴스를 보고 있습니다.

시험관 - Thank you very much, that is the end of the test.

감사합니다. 이제 시험이 끝났습니다.

Day 23

ACTUAL TEST 2

🎧 04-03

Examiner - Ok, let's talk now about mobile phones. What was your first mobile phone?

Examiner - How often do you use your mobile phone?

Examiner - Why is your phone so important to you?

Examiner - Will you use your phone more or less in the future?

Examiner - OK, now let's move on to talk about the seasons. When is your favourite time of the year?

Examiner - Which season don't you like?

Examiner - When is the best time of year to visit your country?

Examiner - Is the weather changing in your country?

Examiner - Now I'm going to give you a topic and I want you talk about the topic for 2 minutes. You have one minute to think about what you want to say and you can make some notes with the paper and pencil here. Here is your topic. I'd like you to talk about a children's game that is not a sport:

Describe a children's game (not a sport).

You should say:
What the game is
How it is played
How to win the game

And explain why children might like that game

Examiner - OK, I will tell you when the time is up. Can you start speaking now please?

Examiner - OK, and did you play this game when you were a child?

Examiner - Right. We've talked about a children's game, and I want to ask you one or two more general questions related to that topic. Let's talk first about sports stars. How are the lives of sports stars different to other kinds of celebrity?

Examiner - Why are sports stars paid so much money?

Examiner - How can we develop sports in schools?

Examiner - Do you think that sports stars are paid too much money?

Examiner - Has corporate sponsorship damaged the fairness of sports?

Examiner - Do you think that the huge salaries paid to sports stars will continue into the future?

Examiner - Thank you very much, that is the end of the test.

시험관 - Ok, let's talk now about mobile phones. What was your first mobile phone?

자, 이제 휴대폰에 관해서 얘기해봅시다. 당신의 첫 번째 휴대폰은 무엇이었나요?

응시자 - My first mobile phone was a Nokia with a tiny green screen. It was so big that it would hardly fit inside my pocket.

제 첫 번째 휴대폰은 작은 초록색 스크린의 노키아였습니다. 그것은 너무 커서 거의 제 주머니에 들어가지 않았습니다.

시험관 - How often do you use your mobile phone?

얼마나 자주 휴대폰을 이용했나요?

응시자 - I use my mobile phone quite often, usually when I am waiting for something or on the bus, I will surf the Internet and check my e-mails.

저는 휴대폰을 꽤 자주 이용하는데, 보통 뭔가 기다리거나 버스에서 인터넷을 검색하고 이메일을 확인합니다.

시험관 - Why is your phone so important to you?

왜 휴대폰이 당신에게 중요한가요?

응시자 - My mobile phone is important because all of my contacts are on there and if I lost them I wouldn't be able to do my job.

저의 모든 연락처가 여기에 있고 만약 그것들을 잃으면 일을 할 수가 없기 때문에 제 휴대폰은 중요합니다.

시험관 - Will you use your phone more or less in the future?

미래에 당신은 휴대폰을 어느 정도 이용할 것인가요?

응시자 - I think I will use my mobile phone less in the future as people are starting to move onto to tablet PCs now, which don't rack up charges like a mobile phone does.

저는 미래에 휴대폰을 덜 사용할 것이라 생각하는데, 그 이유는 사람들이 이제 태블릿 PC의 사용으로 옮겨가고 있고, 이것은 휴대폰처럼 사용료를 부과하지 않기 때문입니다.

시험관 - OK, now let's move on to talk about the seasons. When is your favourite time of the year?

자, 이제 계절에 관한 이야기로 넘어가죠. 1년 중 언제가 가장 좋아하는 시기인가요?

응시자 - My favourite time of the year is the spring, because it's great after coming out of a long, cold winter to see the sky get brighter and the flowers start to bloom. You get the feeling that a real change is coming, like you have just left your cocoon, and are ready to turn into a butterfly. No other season motivates me like spring does.

제가 1년 중 가장 좋아하는 시기는 봄이고, 그 이유는 길고 추운 봄을 지나 더 밝아진 하늘을 보는 것은 아주 멋지며 꽃들이 피기 시작하기 때문입니다. 이제 막 고치에서 나와 나비로 변할 준비를 하는 것처럼 진짜 변화가 오고 있다는 것을 느낄 수 있습니다. 어떤 계절도 봄만큼 제게 동기부여를 하지 않습니다.

시험관 - Which season don't you like?

어떤 계절을 좋아하지 않나요?

응시자 - I dislike winter as it gets freezing cold in my country, so you don't feel like going out much. Staying in all day gets very dull after a while. Plus, when it snows, it's hard to drive, and when you do, you have to warm up your engine, defrost your windows, change to winter tires… It's a real pain and you have to do it day after day.

저는 겨울을 싫어하는데, 그 이유는 우리나라의 겨울은 얼어붙을 만큼 추워서 밖에 나가고 싶지 않기 때문입니다. 하루 종일 집에 있으면 얼마 지나면 아주 지루합니다. 게다가, 눈이 내리면 운전하기가 힘들고, 운전할 때 엔진을 가열하고, 창문을 녹이고, 겨울 타이어로 바꾸어야 합니다. 이는 정말 고통이며 이것을 매일같이 해야 합니다.

시험관 - When is the best time of year to visit your country?

당신의 나라를 방문할 최고의 시기는 언제인가요?

응시자 - The best time of the year to visit my country is the summer as that is when all of the festivals and sporting events take place. If you visit at any other time, nothing much is going on. In the summer though, everyone is out partying and there is always something to do. The highlight of the summer festival season is in August, when they have the international film festival, which is famous throughout the world. I definitely recommend coming to see that at least once if you can.

1년 중 우리나라를 방문하기 가장 좋은 시기는 여름인데, 그 이유는 모든 축제와 스포츠 이벤트가 열리는 시기이기 때문입니다. 다른 시기에 방문하면 별로 흥미로운 것이 없습니다. 여름에는 모든 사람이 밖에서 파티를 하고 항상 무엇인가가 벌어집니다. 여름 축제기간의 하이라이트는 8월이며 국제영화제가 열리는 시기인데, 이는 세계적으로 유명합니다. 가능하면 최소 한번은 영화제를 보러 올 것을 강력히 추천합니다.

시험관 - Is the weather changing in your country?

당신 나라의 기후는 변하고 있나요?

응시자 - The weather is changing in my country I think, due to the effect of global warming. We seem to be having more severe weather like tornadoes and floods. We didn't have such a big problem years ago, but it seems now that every year we have to spend more and more money protecting buildings from damage, and I worry for the safety of our children on their way to school when all this is going on.

우리나라 날씨는 변하고 있는데 저는 지구온난화 때문이라고 생각합니다. 토네이도, 홍수와 같은 더 혹독해진 날씨가 되는 것 같습니다. 그렇게 심각한 문제는 몇 년 전에는 없었지만 지금은 매년 점점 더 많은 돈을 훼손된 건물들을 보호하기 위해 쓰려 하고, 이러한 문제가 있을 때 아이들이 학교 가는 길의 안전에 대해 염려합니다.

시험관 - Now I'm going to give you a topic and I want you talk about the topic for 2 minutes. You have one minute to think about what you want to say and you can make some notes with the paper and pencil here. Here is your topic. I'd like you to talk about a children's game that is not a sport:

이제, 저는 당신에게 토픽을 줄 것이며, 이 토픽에 대해 1~2분 동안 이야기하기를 바랍니다. 1분 동안 말하고 싶은 것을 생각할 수 있고 원한다면 메모를 해도 좋습니다. 여기 토픽이 있습니다. 저는 당신이 스포츠가 아닌 아이들의 놀이에 대해 이야기하기를 원합니다.

시험관 - OK, I will tell you when the time is up. Can you start speaking now please?
시간이 다 되면 제가 멈추라고 말을 할 겁니다. 이제 시작해주세요.

응시자 - We played hide and seek. One person should close their eyes and count to a specified limit, usually 10. The other players of the game run away from the seeker and find a hiding place. Common hiding places include inside cupboards, under tables, around corners and in bushes. When the time limit is up, the person who was closing their eyes must find those hiding. When they find one of those hiding, they may continue to find the others, or the found person may have to be the new seeker. It is good physical exercise. The running aspect is good for our health. Also, it allows us to train survival techniques that might be useful in a real life dangerous situation, such as a terrorist attack, or being caught in the jungle chased by gorillas. It also allows bonding between friends as it is quite a touchy-feely activity. Children need to play games socially. It helps them to form relationships with others, which is crucial to human's social development. It allows them to make new friends more easily than through just conversation. Children need fun in their lives: it is what makes childhood one of the best stages of a person's life.
우리는 숨바꼭질을 하고 놀았습니다. 한 명은 눈을 감고 보통 10으로 정해진 숫자까지 셉니다. 그 게임의 다른 한 명은 찾는 사람으로부터 달아나서 숨을 곳을 찾습니다. 보통 숨는 곳은 벽장 안, 탁자 밑, 모퉁이 근처 그리고 수풀입니다. 숫자 세기가 끝나면 눈을 감고 있던 사람은 숨은 사람들을 찾아야만 합니다. 숨어 있는 사람들 중 한 명을 찾으면 다른 사람들을 계속 찾거나 잡힌 사람이 새로운 술래가 되어야 합니다. 이 놀이는 좋은 신체운동입니다. 달리는 부분이 우리의 몸에 좋습니다. 또한, 이 게임은 테러리스트의 공격이나 정글에 갇혀 고릴라에게 쫓기는 현실의 위험한 상황에서 유용할 지도 모르는 생존기술을 연습하게 해줍니다. 이것은 또한 비교적 감정표현을 동반하는 활동이라 친구들 사이의 유대감을 형성하게 합니다. 아이들은 사교적으로 게임을 할 필요가 있습니다. 이것은 아이들이 타인과의 관계 형성을 돕고, 이는 인간의 사회적 발달에 아주 중요합니다. 이것은 아이들이 대화만을 통한 것보다 더 쉽게 새로운 친구들을 만들도록 해줍니다. 아이들은 그들의 삶에 재미가 필요합니다. 이것이 어린 시절을 사람의 인생에서 최고의 시기 중 하나로 만들어줍니다.

시험관 - OK, and did you play this game when you were a child?
네, 당신이 어렸을 때 이 놀이를 했나요?

응시자 - Sure, everyone I know used to play this game. We would get the entire school in on one big game at the end of the year, and even the teachers would get involved. I was never picked to be the seeker though, but I was pretty good at hiding. I had a special place that I would go to where no-one would even guess I was there.
물론입니다. 모든 사람이 이 놀이를 했습니다. 우리는 한 해의 마지막에 학교 전체 학생들이 한꺼번에 이 놀이를 했는데, 심지어 선생님들도 참여했습니다. 저는 절대 술래로 뽑히지 않았지만 숨기를 아주 잘했습니다. 제게는 거기 있을 것이라고 아무도 추측할 수 없는 특별한 장소가 있었습니다.

시험관 - Right. We've talked about a children's game, and I want to ask you one or two more general questions related to that topic. Let's talk first about sports stars. How are the lives of sports stars different to other kinds of celebrity?

우리는 아이들의 놀이에 관해 이야기를 했고 그와 관련된 한 두 개의 일반적인 질문을 하려고 합니다. 먼저 스포츠 스타에 대해 이야기해봅시다. 스포츠 스타의 삶은 다른 종류의 유명인들과 어떻게 다른가요?

응시자 - Sports stars not only have celebrity lives, with all of the complications that those bring, but they also have to perform well in their chosen sport every day. If they don't do well on the field, they can be ruined, but they have the added pressure of always having to look good and to conduct themselves well in public. It must be pretty hard to balance the two, and to keep a private life as well.

스포츠 스타들은 유명인의 삶이 동반하는 모든 문제들을 가질 뿐만 아니라 그들이 선택한 스포츠에서 매일 경기를 잘 해야만 합니다. 만약 필드에서 잘 하지 못하면 엉망이 될 수 있지만 항상 멋지게 보여야 하고 대중 앞에서 훌륭하게 처신해야 하는 부가적인 압박이 있습니다. 이 둘의 균형을 잡는 것과 사생활을 지키는 것 또한 꽤 어려울 것이 분명합니다.

시험관 - Why are sports stars paid so much money?

왜 스포츠 스타들을 그렇게 많은 돈을 받을까요?

응시자 - Sports stars are paid so much because their careers are generally shorter than other types of stars. A lot of money goes to their agents as well. Most of the money that sports stars make comes from corporate sponsorship, and as all of the companies out there want the best sports stars to represent their products, obviously there will be a bit of a bidding war which ramps up prices considerably.

스포츠 스타들은 아주 많은 돈을 받는데, 그 이유는 그들의 일은 일반적으로 다른 종류의 스타들보다 그 기간이 짧기 때문입니다. 또한 많은 돈은 그들의 에이전트에게 지불됩니다. 스포츠 스타들이 버는 대부분의 돈은 기업 스폰서십에서 나오며 모든 기업들이 최고의 스포츠 스타가 그들의 상품을 대표하길 원하기 때문에 명백히 가격을 상당히 올리는 입찰 전쟁이 있을 것입니다.

시험관 - How can we develop sports in schools?

학교에서 스포츠를 어떻게 발전시킬 수 있을까요?

응시자 - We need to make sure that children do well in sports by pushing them to take a more active lifestyle, and ensure that children try many different kinds of sports so that they might see which sport they enjoy. We mostly just play football, basketball and athletics in school, but there are so many other sports that children can try, and they might discover a talent for a particular sport that they would not have got the chance to play under normal circumstances. Variety is what is important; playing the same sport day-in-day-out can be pretty boring for anyone.

우리는 아이들이 더 활동적인 생활방식을 가지도록 독려하여 운동을 잘 하도록 해야 하며, 그들이 즐기는 운동을 찾을 수 있도록 많은 다른 종류의 운동을 시도하도록 해야 합니다. 주로 학교에서는 단지 축구, 야구, 육상을 하지만 아이들이 시도해볼 수 있는 아주 많은 다른 스포츠가 있고, 평범한 상황에서는 할 기회가 없는 특정 스포츠에서 재능을 발견하게 될 수도 있습니다. 다양성이 중요한 것입니다. 같은 스포츠를 허구한 날 하는 것은 누구에게나 지겨울 수 있습니다.

시험관 - Do you think that sports stars are paid too much money?
스포츠 스타들이 돈을 너무 많이 받는다고 생각하나요?

응시자 - Well some of the football wages are ridiculous but to be honest it's a case of supply and demand. If the demand for top level players is so high, of course the price is going be high too. Very often there are so many third parties involved that the player has no responsibility over how much they are paid and how much they ask to be paid, as many people get a cut of that money, including their trainer, support staff, administrative staff and so on. One famous star can provide jobs for many other people, so the money is spread around quite a bit.
일부 축구선수들이 받는 돈은 정말 터무니 없지만 솔직히 그것은 수요와 공급의 문제입니다. 최고 수준의 선수들에 대한 수요가 그렇게 높으면 당연히 가격은 높아질 것입니다. 빈번하게 너무 많은 3자들이 개입되어 있어 선수는 그들이 얼마를 받는지 그리고 얼마를 받기를 원하는지에 대한 책임이 없는데, 그들의 트레이너, 보조 직원, 행정 직원 등을 포함한 많은 사람이 그 돈의 일부를 가져가기 때문입니다. 한 명의 유명한 스타는 많은 다른 사람에게 일자리를 제공할 수 있어서 꽤 많은 돈이 주변으로 흩어집니다.

시험관 - Has corporate sponsorship damaged the fairness of sports?
기업 스폰서십은 스포츠의 공정성에 악영향을 미치나요?

응시자 - Not necessarily. Some sports would have died long ago if corporate sponsorship wasn't keeping them going. Look at Olympic wrestling for example. It's one of the original Olympic sports, but it has been removed from the Olympics in 2020 because poor viewing figures mean that no-one is willing to sponsor the event. Other sports that maybe shouldn't be in the Olympics, like synchronised swimming or rhythmic gymnastics, attract corporate sponsorship, and so they get to stay in the Olympics. Money is a big reason why.
꼭 그렇지는 않습니다. 만약 기업 스폰서십이 그들이 존속하도록 돕지 않았다면, 일부 스포츠는 오래 전에 없어졌을 것입니다. 그 예로 올림픽의 레슬링을 보세요. 레슬링은 원조 올림픽 스포츠 중 하나이지만 2020년 올림픽에서 제외되었는데, 낮은 시청률은 아무도 그 경기의 스폰서를 원치 않는다는 의미입니다. 수중발레 또는 리듬체조처럼 올림픽에 포함되어선 안 되는 다른 스포츠들은 기업스폰서십을 끌어들여 올림픽에서 계속 유지되고 있습니다. 돈이 가장 큰 이유입니다.

시험관 - Do you think that the huge salaries paid to sports stars will continue into the future?
스포츠 스타들에게 엄청난 급여가 지급되는 것이 미래에도 계속될 것이라 생각하나요?

응시자 - I think we have reached saturation point to be honest, but perhaps stars from other kinds of sports might start to be paid better in the future. There are stars of certain sports like marathons for example that train harder than any professional football player but receive very little money in comparison. Countries like China pay their sports stars very well if they become successful and that's why they do so well at the Olympic Games these days. Perhaps other nations will follow suit.

솔직히 말해 포화단계에 이르렀다고 생각하지만 아마 다른 종류의 스포츠 스타들은 미래에 더 나은 급여를 받기 시작할지도 모릅니다. 예를 들어 마라톤처럼 어느 프로페셔널 축구선수보다 더 열심히 훈련하지만 그에 비해 돈은 거의 받지 못하는 특정 스포츠 스타들이 있습니다. 중국 같은 나라들은 그들이 성공하기를 원한다면 스포츠 스타들에게 많은 돈을 지급하고, 이것이 중국이 요즘 올림픽에서 좋은 성과를 거두는 이유입니다. 아마 다른 나라들도 이를 따라갈 것입니다.

시험관 - Thank you very much, that is the end of the test.
감사합니다. 이제 시험이 끝났습니다.

Day 24

ACTUAL TEST 3

🎧 04-05

Examiner - Ok, let's talk now about cartoons. What is your favourite cartoon?

Examiner - Are there any famous cartoons in your country?

Examiner - Do you think cartoons are good for our children?

Examiner - Why do cartoons continue to be popular?

Examiner - OK, now let's move on to talk about cooking. Who usually does the cooking in your family?

Examiner - Do you like fast food?

Examiner - What food is famous in your country?

Examiner - Why should we eat less fast food?

Examiner - Now I'm going to give you a topic and I want you talk about the topic for 2 minutes. You have one minute to think about what you want to say and you can make some notes with the paper and pencil here. Here is your topic. I'd like you to talk about your favourite animal:

Describe your favourite animal.

You should say:
What the animal is
Where it can be found
What the animal can do

And explain why it is your favourite animal

Examiner - OK, I will tell you when the time is up. Can you start speaking now please?

Examiner - OK, and do your friends also like this animal?

Examiner - Right. We've talked about your favourite animal, and I want to ask you one or two more general questions related to that topic. Let's talk first about protecting the natural world. Has there been any change in attitudes towards the natural world in your country?

Examiner - Why has the protection of the environment become such an important topic?

Examiner - How can we as individuals do our best to protect the environment?

Examiner - Do you think that we as individuals can do anything to stop global warming?

Examiner - Have our efforts to clean up the environment had any success?

Examiner - What will happen if the water levels continue to rise at the rate they are now?

Examiner - Thank you very much, that is the end of the test.

시험관 - Ok, let's talk now about cartoons. What is your favourite cartoon?

자. 이제 만화에 대해 이야기해봅시다. 가장 좋아하는 만화는 무엇인가요?

응시자 - Well I don't really watch cartoons very much these days, but when I was little I used to watch a show called 'Road Runner'. It's about a bird that is being chased by a coyote, and the coyote uses a variety of tricks to try to catch the bird, but he never succeeds. It's actually quite a violent cartoon, but when you are a child you just think it's amusing.

요즘은 만화를 그리 많이 보지 않지만 제가 어렸을 때 '로드 러너'라는 쇼를 보곤 했습니다. 그것은 코요테에게 쫓기는 새에 관한 것이었고, 그 코요테는 그 새를 잡기 위해 다양한 속임수를 사용하지만 절대 성공하지 못합니다. 이것은 실제로 꽤나 폭력적인 만화이지만 어렸을 때는 그것이 단지 재미있다고만 생각합니다.

시험관 - Are there any famous cartoons in your country?

당신의 나라에서 유명한 만화가 있나요?

응시자 - One cartoon that is famous is 'JJangu', I think we all watched that when we were growing up. Most animations come from Japan or the United States, but they are translated for Korean audiences or dubbed with Korean voices.

유명한 만화는 '짱구'입니다. 저는 우리 모두 자라면서 그것을 보았다고 생각합니다. 대부분의 만화영화는 일본이나 미국에서 오지만, 그것들은 한국 시청자를 위해 번역되거나 한국어 음성으로 재녹음됩니다.

시험관 - Do you think cartoons are good for our children?

만화가 아이들에게 좋다고 생각하나요?

응시자 - I think it is hard for children to follow live action shows and they prefer the bright colours and cute voices of the cartoons. They can concentrate on cartoons much easier than they can on regular TV shows. Of course, you wouldn't want your child to watch only cartoons for days on end; they should also go out and play.

아이들에게 라이브액션쇼는 어렵고 그들은 만화의 밝은 색채와 귀여운 목소리를 더 좋아한다고 생각합니다. 아이들은 정규 TV쇼보다 만화에 훨씬 더 쉽게 집중할 수 있습니다. 물론 당신의 아이가 계속 쉬지 않고 만화만을 보는 것을 원하지는 않을 것입니다. 아이들은 나가서 놀기도 해야 합니다.

시험관 - Why do cartoons continue to be popular?

왜 만화는 계속 인기가 있나요?

응시자 - The good thing about animation is that the only limit is your imagination. If you want to present a fantasy world it would cost millions to do it live, but cartoon artists are able to create stunning visual images for a fraction of the cost. This means that cartoons are more creative and fantastic than anything that we might be able to shoot live.

만화영화의 좋은 점은 유일한 한계가 당신의 상상력이라는 것입니다. 만약 당신이 환상의 세계를 보여주기 원한다면 실제 그것을 만들려면 많은 돈이 들겠지만 만화가들은 그 비용의 일부로 아주 멋진 시각 영상들을 만들어 낼 수 있습니다. 이것은 우리가 실제로 찍을 수 있는 어느 것보다 만화가 더 창조적이고 환상적이라는 의미입니다.

시험관 - OK, now let's move on to talk about cooking. Who usually does the cooking in your family?

자, 이제 요리에 대한 이야기로 넘어갑시다. 당신의 가족 중 보통 누가 요리를 하나요?

응시자 - My mother does all the cooking in my family. Without her I think we might all starve, as Dad has never picked up a pan in his life! Her mother taught her how to cook, and her mother before that, and her mother before that. Certain recipes have been handed down from generation to generation.

우리 가족 중 어머니가 모든 요리를 합니다. 그녀 없이는 제 생각에 우리는 모두 굶주릴 수도 있는데, 아버지는 그의 인생에서 한번도 후라이팬을 들어본 적이 없기 때문입니다. 어머니의 어머니가 그녀에게 요리하는 법을 가르쳤고, 이는 어머니의 어머니로 이어집니다. 특별한 요리법은 대대로 이어져왔습니다.

시험관 - Do you like fast food?

패스트푸드를 좋아하나요?

응시자 - I like fast food but only occasionally. Sometimes it's just easier to drive out and get a takeaway than have to deal with waiting for ages or doing lots of washing up. I wouldn't eat it every day though; it does nothing for your figure.

저는 패스트푸드를 좋아하지만 가끔만 먹습니다. 때때로 아주 오래 기다려야 하거나 많은 설거지를 하는 것보다 운전해 가서 패스트푸드를 사오는 것이 쉬울 뿐입니다. 저는 그것을 매일 먹지 않을 것이지만 그것은 몸매에 전혀 도움이 되지 않습니다.

시험관 - What food is famous in your country?

당신의 나라에서는 어떤 음식이 유명한가요?

응시자 - There are many famous foods in my country but I suppose that Kimchi is the most popular as that is the one that most foreign tourists are told to try. To be honest I think we have much better foods for foreigners to try, so I am not surprised when tourists complain that Korean food is too spicy or that they don't like Kimchi. It's an acquired taste that is not for everyone. Our BBQ is much better for tourists to eat, but for some reason we hardly promote that.

우리 나라에는 많은 유명한 음식이 있지만 '김치'가 가장 유명하다고 생각하는데, 대부분의 관광객이 먹어보고 싶어하는 음식이기 때문입니다. 솔직히 말해 우리는 외국인들이 먹어볼 만한 훨씬 더 나은 음식들이 있어서 외국인들이 한국 음식은 너무 맵고, 김치를 좋아하지 않는다고 말하는 것이 놀랍지 않습니다. 이것은 자주 접하면서 좋아하게 된 것이지 모든 사람들이 좋아할 만한 것은 아닙니다. 우리의 바비큐는 관광객들이 먹기에 훨씬 낫지만 어떤 이유에서인지 바비큐를 거의 홍보하지 않습니다.

시험관 - Why should we eat less fast food?

왜 우리는 패스트푸드를 적게 먹어야 하나요?

응시자 - We should eat healthy food because our children are heavily influenced by what we eat, and if we want them to become healthy, then we too should eat healthily with them. I think we like to believe that fast food is just burgers and pizza but to be honest there is a lot of Korean fast food as well like ramen noodles which are just as bad for you. We really need to eat more fresh food rather than processed ingredients.

우리는 몸에 좋은 음식을 먹어야 하는데, 그 이유는 우리 아이들이 우리가 먹는 것에 굉장히 많은 영향을 받기 때문이며, 그들이 건강해 주기를 바란다면 몸에 좋은 건강한 음식을 먹어야 합니다. 햄버거와 피자만 패스트푸드라고 믿고 싶어하지만, 솔직히 라면처럼 몸에 좋지 않은 패스트푸드가 한국에도 많이 있습니다. 우리는 가공된 재료들보다 신선한 음식들을 더 많이 먹어야 합니다.

•••

시험관 - Now I'm going to give you a topic and I want you to talk about the topic for 2 minutes. You have one minute to think about what you want to say and you can make some notes with the paper and pencil here. Here is your topic. I'd like you to talk about your favourite animal:

이제 당신에게 토픽을 줄 것이며 당신이 이 토픽에 관해 1~2분 동안 이야기하기를 바랍니다. 1분 동안 말하고 싶은 것을 생각할 수 있고 원한다면 메모를 해도 좋습니다. 여기 토픽이 있습니다. 당신이 좋아하는 동물에 관해서 이야기하길 바랍니다:

시험관 - OK, I will tell you when the time is up. Can you start speaking now please?

시간이 다 되면 제가 멈추라고 말을 할 겁니다. 이제 시작해주세요.

응시자 - I really love rabbits. I love the fluffy feel of their fur. Rabbits are silent creatures, not noisy like cats or dogs. They live in a hutch in the garden, which is convenient as it is easy to clean. My rabbit lives on a diet of carrots, lettuce and other vegetables, usually leftovers of salads that I can't finish. It has long whiskers, and a cute nose that is always moving around. Its ears are long and flop down most of the time, but if it sees a new person or animal, its ears prick up straight. The rabbit is very fast and hard to catch if it is released from its hutch, so we have to be very careful in case it gets loose. Rabbits are common pets for humans, even though they are considered to be pests in the wild where they are hunted by farmers, as they can destroy crops. I love rabbits as they are one of the cutest and easiest pets to care for. We must clean the hutch regularly, and ensure the animal is kept warm and away from damp. We must check for the presence of bugs or insects in the hutch, and regularly take the animal to vets for external and internal inspections. The rabbit must be fed twice or three times a day and we must check it has sufficient water once a day. Sawdust should be put on the floor of the hutch in order to collect the rabbit's droppings and urine. Finally the rabbit's teeth must be cleaned occasionally, so as to prevent rotting or decay.

저는 토끼를 아주 좋아합니다. 토끼털의 솜털 같은 느낌을 아주 좋아합니다. 토끼는 조용한 생물이며 고양이나 개처럼 시끄럽지 않습니다. 그들은 정원에 있는 토끼장에 사는데 청소하기가 쉬워서 편리합니다. 우리 토끼는 당근, 상추, 그리고 다른 야채들, 보통 제가 다 먹지 못하고 남긴 샐러드를 먹고 삽니다. 토끼는 긴 수염과 항상 움직이는 귀여운 코를 가지고 있습니다. 귀는 길고 대부분 접혀있지만, 만약 새로운 사람이나 동물을 보면 귀가 쫑긋 섭니다. 토끼는 아주 빠르며 토끼장에서 풀려나면 잡기가 힘들어서 토끼장이 느슨해지는 것을 대비해 주의를 기울어야 합니다. 작물들을 망치는 것 때문에 농부에게 사냥 당하는 야생에서는 토끼가 유해동물로 여겨지지만, 토끼는 사람들에게 흔한 애완동물입니다. 저는 토끼가 가장 귀엽고 돌보기 쉬운 애완동물 중 하나이기 때문에 아주 좋아합니다. 우리는 토끼장을 정기적으로 청소

해야만 하고 토끼가 따뜻함을 유지하고 습한 곳에 있지 않도록 해야 합니다. 토끼장에 벌레나 곤충이 있는지 확인해야만 하며 정기적으로 모습과 몸 안팎의 검사를 위해 수의사에게 데려가야 합니다. 토끼는 하루에 두 번에서 세 번 먹이를 줘야 하고 하루에 한번 충분한 물이 있는지 확인해야만 합니다. 토끼의 똥과 오줌을 치우기 위해 토끼장 바닥에는 톱밥을 깔아야 합니다. 마지막으로 토끼의 이빨이 약해지거나 썩는 것을 방지하기 위해 가끔 닦아야 합니다.

시험관 - OK, and do your friends also like this animal?
당신의 친구들도 그 동물을 좋아하나요?

응시자 - To be honest, not really. Every time my friends come over, they complain that the rabbit is hiding or not doing anything interesting. They don't realise that rabbits are very timid creatures and don't like strangers, but it's hard to convince my friends otherwise.
솔직히 말해, 별로 그렇지 않습니다. 매번 놀러 올 때마다 친구들은 토끼가 숨거나 흥미로운 행동을 하지 않는다고 불평합니다. 그들은 토끼가 굉장히 소심한 동물이고 낯선 사람을 좋아하지 않는다는 것을 모르지만 달리 제 친구들을 납득시키기가 힘듭니다.

- -

시험관 - Right. We've talked about your favourite animal, and I want to ask you one or two more general questions related to that topic. Let's talk first about protecting the natural world. Has there been any change in attitudes towards the natural world in your country?
우리는 당신이 좋아하는 동물에 대해 이야기를 했고 그와 관련된 한 두 개의 일반적인 질문을 하려고 합니다. 먼저 자연을 보호하는 것에 대해 이야기해봅시다. 당신의 나라에서 자연에 대한 태도의 변화가 있나요?

응시자 - I think people these days are much more aware of the need to protect the environment. We have it drummed into us in school about the hole in the ozone layer or about the build-up of pollution and greenhouse gases. Many young people care deeply about the environment, and might join demonstrations against factories or the government if they are seen to be damaging the environment in some way.
저는 요즘 사람들이 환경보호의 필요성을 더 많이 알고 있다고 생각합니다. 우리는 학교에서 오존층의 구멍이나 공해의 증가와 온실 가스에 대해 배웠습니다. 많은 젊은 사람들은 환경에 관해 깊은 관심을 가지고 있으며 만약 공장이나 정부가 어떤 방법으로 환경을 파괴한다고 여겨지면 시위에 참여할지도 모릅니다.

시험관 - Why has the protection of the environment become such an important topic?
환경 보호가 왜 그렇게 중요한 토픽이 되었나요?

응시자 - Well this is because what happens in the environment has an impact on our lives too, in terms of global warming and pollution.What happens in the Arctic affects us all, through changes in weather or rising sea levels. Korea is a peninsular surrounded by water. If sea levels rise too much, the whole of the country might one day be submerged. When you think of it like that, it's obvious that something has to be done before it is too late.
왜냐하면 지구온난화나 공해처럼 환경에 일어나는 일이 우리 삶에도 영향을 미치기 때문입니다. 북극에서 발생하는 일들은 날씨의 변화나 해수면의 상승을 통해 우리 모두에게 영향을 미칩니다. 한국은 바다로 둘러싸여 있는 반도국가입니다. 만약 해수면이 너무 많이 높아지면 나라 전체가 어느 날 물에 잠길 수도 있습니다. 그런 식으로 생각하면 너무 늦기 전에 무슨 일을 해야 하는 것은 분명합니다.

시험관 - How can we as individuals do our best to protect the environment?

우리는 개인으로서 환경을 보호하기 위해 어떻게 최선을 다할 수 있을까요?

응시자 - We can try to recycle as much household waste as we can, and we can drive our cars less often too. I think here in Korea we have a good recycling system compared to other countries like the U.K., I think we recycle a much higher percentage of our household waste, which is good. However, here in Korea we drive everywhere, even very short distances, rather than taking the time to walk to the supermarket, for example. If we could use our cars less, we would not use as many fossil fuels, and we would reduce our carbon emissions.

할 수 있는 한 생활폐기물을 재활용하기 위해 노력할 수 있고, 또한 자동차를 운전하는 것도 줄일 수 있습니다. 이곳 한국에는 영국 같은 다른 나라와 비교해 우수한 재활용 시스템이 있다고 생각하며 우리는 훨씬 높은 비율의 생활폐기물을 재활용하고 있습니다. 이는 좋은 일입니다. 그러나 우리는 예를 들어 슈퍼마켓에 시간을 내 걸어가는 것보다 아주 짧은 거리일지라도 운전을 합니다. 우리가 차를 적게 사용할 수 있다면 화석연료를 그리 많이 사용하지 않을 것이며 이산화탄소 배출을 줄일 것입니다.

시험관 - Do you think that we as individuals can do anything to stop global warming?

우리 개개인이 지구온난화를 막기 위해 무언가 할 수 있다고 생각하나요?

응시자 - Not really. I do not see how an individual recycling can do anything when factories and power plants cause millions of tons of damage every year. I think the problem is largely out of our hands. Korea is a small country compared to, say, China, which is one of the biggest polluters out there right now. If, tomorrow, Korea became an entirely green country, it wouldn't make much difference, as China would be polluting enough for everybody.

꼭 그렇지는 않습니다. 공장과 발전소가 매년 수 백만 톤의 피해를 줄 때 개인의 재활용이 무언가 할 수 있다고 생각하지 않습니다. 그 문제는 우리가 할 수 있는 것이 거의 없습니다. 한국은 중국과 비교해 작은 나라이며 중국은 현재 가장 심각한 공해 유발 국가 중 하나입니다. 만약 내일 한국이 완전히 친환경 국가가 되어도 별 차이가 없을 것인데, 이는 중국이 모든 사람만큼 충분히 오염시킬 것이기 때문입니다.

시험관 - Have our efforts to clean up the environment had any success?

환경을 정화하기 위한 우리의 노력이 성공적이었나요?

응시자 - In part yes, but other countries like China don't seem to mind whether they pollute the planet or not, so I feel like we are alone in this. However, thinking about the local environment in our towns and cities, I think progress has been made. One example is the Cheongyecheon River that runs through Seoul. Recently it was modernised, and now is very clean. It has even become a tourist attraction. Other cities are starting to follow suit as well.

부분적으로 그렇지만 중국 같은 다른 나라는 그들이 지구를 오염시키든 그렇지 않든 신경 쓰지 않는 것 같아서 저는 우리가 혼자라고 느낍니다. 그러나 소도시와 도시의 지역공동체들을 생각해보면 발전이 있었다고 생각합니다. 한 예는 서울을 흐르는 청계천입니다. 최근 청계천은 현대화되었고 이제는 아주 깨끗합니다. 심지어 관광명소가 되었습니다. 다른 도시들도 이를 따라가고 있습니다.

시험관 - What will happen if the water levels continue to rise at the rate they are now?

만약 해수면이 지금과 같은 속도로 계속 상승한다면 어떤 일이 발생할까요?

응시자 - Certain communities in low-lying areas will cease to exist, and many of our cities built next to water will experience terrible flooding. As I mentioned, Korea is on a peninsular, but most of our major cities are also near rivers or lakes, so these are also prone to flooding. We have to pay out billions in flood damages every year, and it's only going to get worse if the water levels continue to rise.

지대가 낮은 지역들은 없어질 것이고, 물 근처에 지어진 도시 중 많은 곳이 심각한 홍수를 겪게 될 것입니다. 앞서 얘기한 것처럼 한국은 반도이지만 대부분의 주요 도시들이 강이나 호수 근처에 있어서 홍수가 나기 쉽습니다. 우리는 매년 홍수 피해에 수십억을 들여야만 하고 만약 수면이 계속 상승한다면 상황은 더 나빠지기만 할 것입니다.

시험관 - Thank you very much, that is the end of the test.

감사합니다. 이제 시험이 끝났습니다.

Day 25

ACTUAL TEST 4

🎧 04-07

Examiner - Ok, let's talk now about relaxing. What do you find relaxing?

Examiner - Is it important to have time to relax?

Examiner - How do people relax in your country?

Examiner - What happens when you can't relax?

Examiner - OK, now let's move on to talk about collecting things. What did you collect when you were little?

Examiner - Why is collecting things considered fun?

Examiner - What do people in your country usually collect?

Examiner - What would you collect if you had the money?

Examiner - Now I'm going to give you a topic and I want you talk about the topic for 2 minutes. You have one minute to think about what you want to say and you can make some notes with the paper and pencil here. Here is your topic. I'd like you to talk about a historical place in your country:

Describe a historical place in your country.

You should say:
What the place is
Where is it located
What makes it so historical

And explain what this place means to you

Examiner - OK, I will tell you when the time is up. Can you start speaking now please?

Examiner - OK, and would you recommend this place to a friend?

Examiner - Right. We've talked about a historical place in your country, and I want to ask you one or two more general questions related to that topic. Let's talk first about historical places now and in the past. How do we view historical places now compared with how we did in the past?

Examiner - Why does the government want to protect cultural artefacts?

Examiner - How can we preserve a country's culture in the face of globalisation?

Examiner - Do you think that it is important to protect a country's culture?

Examiner - Has the government done enough to protect the culture of your country?

Examiner - Do you think that your culture will continue to be important in the future?

Examiner - Thank you very much, that is the end of the test.

시험관 - Ok, let's talk now about relaxing. What do you find relaxing?

자, 이제 휴식을 취하는 것에 대해 이야기해봅시다. 무엇이 당신을 편히 쉬게 만들어주나요?

응시자 - I find classical music incredibly relaxing. I can put on some Beethoven and drift off to another world every time. There's something timeless about it that modern music cannot capture. I often listen to classical music in the bath, which is even more relaxing.

클래식 음악은 제 마음을 아주 느긋하게 해줍니다. 저는 항상 베토벤 음악을 틀어놓고 다른 세상으로 표류해갑니다. 클래식 음악에는 현대 음악이 담을 수 없는 세월이 흘러도 변하지 않는 무언가가 있습니다. 저는 종종 목욕하면서 클래식 음악을 듣는데 이것은 저를 훨씬 더 편하게 해줍니다.

시험관 - Is it important to have time to relax?

휴식을 취할 시간을 갖는 것은 중요한가요?

응시자 - It's important to have time to relax so that when you return to work, you can be sure that the work you do will be of a high standard. If you work too hard and get burned out, any work you produce will end up being pretty poor. It's much better to take 5 every now and again and refresh your mind a little bit.

휴식을 취할 시간을 갖는 것은 중요하며 다시 일로 돌아갔을 때 당신이 하는 일의 수준이 높을 것이라고 확신하도록 해줍니다. 일을 너무 열심히 하고 모든 에너지를 소진하면 당신이 하는 일의 결과는 좋지 않을 것입니다. 가끔 5분간 휴식을 취하고 정신을 맑게 하는 것이 훨씬 좋습니다.

시험관 - How do people relax in your country?

당신 나라에서 사람들은 어떻게 휴식을 취하나요?

응시자 - People in my country relax by going fishing. On the weekend you can see hundreds of fishermen by the river, from all walks of life, just going about their business trying to catch a few fish. Other people like to go hiking, although I don't find that particularly relaxing - it's far too much effort!

우리나라에서 사람들은 낚시를 하면서 여유를 즐깁니다. 주말에는 강가에서 수백 명의 낚시꾼들을 볼 수 있는데, 모든 계층의 사람들이 단지 몇 마리의 물고기를 잡으러 옵니다. 다른 사람들은 하이킹 가는 것을 좋아합니다. 비록 저는 너무 많은 노력이 필요해서 하이킹이 특별히 휴식을 취하는 것이라고 생각하지 않지만 말입니다.

시험관 - What happens when you can't relax?

당신이 휴식을 취하지 못하면 무슨 일이 생기나요?

응시자 - When I can't relax I get pretty irritable and can't really concentrate on anything for very long. I'm not a fun person to be around. I find it hard to sleep which will impact my work the next day, and I will keep tossing and turning in bed until I get frustrated and wake up at about 4 a.m. or something.

저는 휴식을 취하지 못하면 쉽게 짜증을 내고 어떤 일에도 오랫동안 집중을 못합니다. 저는 같이 있기에 재미있는 사람이 아닙니다. 저는 다음날 일에 영향을 미치므로 잠자는 것이 힘들다고 느끼며, 좌절하여 새벽 4시쯤에 깰 때까지 침대에서 계속 뒤척일 것입니다.

시험관 - OK, now let's move on to talk about collecting things. What did you collect when you were little?

자, 이제 물건 수집에 대한 이야기로 넘어갑시다. 어렸을 때 무엇을 수집했나요?

응시자 - When I was little I collected pebbles from the beach. I loved the way that they felt in my hand, and there were some amazing colours to look at. I still like to pick up one wherever I go these days, although I don't really keep them for very long, as I have nowhere to put them.

제가 어렸을 때 바닷가에서 조약돌을 모으곤 했습니다. 저는 그것들이 제 손에 닿는 느낌이 좋았고, 보기에 아주 멋진 몇 가지 색이 있었습니다. 넣어둘 곳이 없어서 그리 오래 보관하지 않지만 저는 요즘도 여전히 바다에 갈 때 마다 조약돌 줍는 것을 좋아합니다.

시험관 - Why is collecting things considered fun?

왜 수집하는 것이 재미있는 일로 여겨지나요?

응시자 - Collecting things is fun because it gives you a virtual record of the places that you have been. Whenever I look at my collection, it always brings back memories of people and places. I think people have a variety of reasons for collecting things, for some people it brings a sense of order to their lives, for others it helps them forget things that have been bothering them.

수집은 재미가 있는데 다녀 온 곳들의 가상 기록이 되기 때문입니다. 제 수집품을 볼 때마다 항상 기억들이 되살아납니다. 사람들이 물건을 모으는 데는 다양한 이유가 있는데 어떤 사람들에게 그것은 삶에 대한 질서의식을 주고, 어떤 사람들에게 그것은 신경 쓰이는 것들을 잊는데 도움을 줍니다.

시험관 - What do people in your country usually collect?

당신 나라에서 사람들은 보통 무엇을 수집하나요?

응시자 - People in my country collect postage stamps. Some of them go for many hundreds of dollars, which is crazy for a tiny piece of paper. I had a go at collecting them once, and while they are pretty, they are also prone to damage from tearing or water, so you have to be able to store them in a very safe and dry place. It's also too expensive these days to start a new collection.

우리나라에서 사람들은 우표를 수집합니다. 그들 중 일부는 수백 달러를 지불하기도 하는데, 이는 작은 종이조각 하나에 열광하는 것입니다. 저도 한 때는 우표수집을 했었는데 우표는 예쁜 반면 쉽게 찢어지거나 물에 젖어서 매우 안전하고 건조한 곳에 보관할 수 있어야만 합니다. 또한 이들은 요즘 너무 비싸서 새로운 수집을 시작했습니다.

시험관 - What would you collect if you had the money?

돈이 있다면 무엇을 수집하겠습니까?

응시자 - If I had the money I would like to collect sports cars. Who wouldn't want to have a collection of racing cars in their garage? You see these football stars that have about ten sports cars, some SUVs, even limousines…I think it would be nice to be able to drive a different car every morning.

제가 돈이 있다면 스포츠카를 수집할 것입니다. 누가 자신의 차고에 레이싱카 수집을 원하지 않겠습니까? 10개의 스포츠카와 SUV와 심지어는 리무진까지 가지고 있는 축구스타들을 보세요. 매일 아침 다른 차를 운전할 수 있는 것은 멋질 거라 생각합니다.

* * *

시험관 - Now I'm going to give you a topic and I want you talk about the topic for 2 minutes. You have one minute to think about what you want to say and you can make some notes with the paper and pencil here. Here is your topic. I'd like you to talk about a historical place in your country:

이제 저는 당신에게 토픽을 줄 것이며 당신이 이 토픽에 대해 1~2분 동안 이야기하기를 바랍니다. 1분 동안 말하고 싶은 것을 생각할 수 있고 원한다면 메모를 해도 좋습니다. 여기 토픽이 있습니다. 저는 당신이 당신 나라의 역사적인 장소에 대해 이야기하기를 바랍니다:

시험관 - OK, I will tell you when the time is up. Can you start speaking now please?

시간이 다 되면 제가 멈추라고 말을 할 겁니다. 이제 시작해주세요.

응시자 - Gyeongju is one of the most historical places remaining in Korea. It is located about 70km from Busan. The whole city is filled with history, and it is the only city in Korea that has strict building and development laws in place to keep the historical charm of the city intact. Any building there must be built with a traditional han-ok design. Han-ok is the name given to the old shape of Korean buildings, particularly their angular tiled roofs that are popular with foreign visitors. If you go there you can see the famous huge round grassy tombs of former kings who are buried there. The tombs can reach 10-15 meters in height and width and can be seen from far away. Under the grassy mounds are the resting places of kings and queens from days of old. They are an unusual sight, unique to Geyongju. Geyongju used to be the capital city of Korea a long time ago, during the Shilla dynasty period. Geyongju is also famous for Geyongju 'Bbang' which is a kind of traditional cake made with sweet bread containing red bean paste. It has been made that way for many years and is popular with Koreans around the world.

경주는 한국에 남아있는 가장 역사적인 곳 중 하나입니다. 그곳은 부산에서 70km떨어진 곳에 위치해 있습니다. 도시 전체가 역사로 가득 차 있으며, 도시의 역사적인 매력을 온전히 지키기 위해 엄격한 건물개발법을 적용하는 한국에서 유일한 도시입니다. 어떠한 건물도 전통적인 한옥 디자인으로 지어져야만 합니다. 한옥은 한국건물의 전통적인 형태, 특히 외국 방문객들에게 인기 있는 각이 진 기와를 올린 지붕에 붙여진 이름입니다. 그곳에 가면 유명한 거대하고 둥글며 수풀이 무성한 과거 왕들의 무덤을 볼 수 있습니다. 무덤은 높이와 넓이가 10~15 미터에 달하고 멀리서도 볼 수 있습니다. 수풀 진 봉분 아래는 옛날 왕과 왕비가 쉬고 있는 곳입니다. 이 무덤들은 특이한 볼거리이며 경주에서만 볼 수 있습니다. 경주는 오래 전 신라왕조시대에 한국의 수도였습니다. 또한 경주는 붉은 팥 반죽이 들어있는 달콤한 빵으로 만든 전통케이크 형태의 경주'빵'으로 유명합니다. 그 빵은 오랫동안 그러한 형태로 만들어져 왔으며 세계에 있는 한국인들 사이에서 인기가 있습니다.

시험관 - OK, and would you recommend this place to a friend?

그럼, 이 곳을 친구에게 추천할 건가요?

응시자 - Certainly! I have even taken many tourists there myself! It's a great place to spend the weekend as there is so much to do, and you come back feeling really refreshed.

물론입니다! 저는 심지어 많은 관광객들을 직접 그곳으로 데리고 갔습니다. 할 것이 아주 많고, 매우 새로운 기분으로 돌아올 수 있어서 주말을 보내기에 훌륭한 장소입니다.

시험관 - Right. We've talked about a historical place in your country, and I want to ask you one or two more general questions related to that topic. Let's talk first about historical places now and in the past. How do we view historical places now compared with how we did in the past?

우리는 당신이 좋아하는 동물에 대해 이야기했고 그와 관련된 한 두 개의 일반적인 질문을 하려고 합니다. 먼저 현재와 과거의 역사적인 장소에 대해 이야기해봅시다. 과거에 우리가 역사적인 장소들을 보았던 것과 비교해 현재 우리는 그것들을 어떻게 보나요?

응시자 - I think we are a lot more hands-off now than we were in the past. You can't get close to a lot of historical monuments these days as security is so tight. I understand it, I suppose. You don't want a group of schoolchildren all running around some ancient burial site and knocking things over. Once something is broken, it cannot easily be replaced.

저는 우리가 과거보다 훨씬 더 손으로 만지기 어렵다고 생각합니다. 보안이 매우 철저해서 요즘은 많은 유적들에 가까이 갈 수 없습니다. 저는 이것을 이해합니다. 한 무리의 어린 학생들이 모두 고대 유적 주변을 뛰어다니고 물건들을 넘어뜨리는 것을 원하지 않습니다. 한번 무언가 깨지면 쉽게 교체될 수 없습니다.

시험관 - Why does the government want to protect cultural artefacts?

정부는 왜 문화재를 보호하려고 할까요?

응시자 - Cultural artefacts are the symbols of a country's history. If we do not protect them, then our country will have nothing special to call its own. If someone asks you 'what is special about your country?', and you don't have any cultural artefacts to show them, then you don't really have an answer to their question. Other countries do a great job of looking after their history, so I can understand why our government might want to do that as well.

문화재는 한 나라 역사의 상징들입니다. 그것들을 보호하지 않는다면 우리 나라는 우리의 것이라고 할 수 있는 특별한 것이 아무것도 없을 것입니다. 만약 누군가 '당신 나라에서 특별한 것은 무엇인가요?'라고 물었을 때 그들에게 보여줄 문화재가 하나도 없다면 그들의 질문에 답할 수가 없습니다. 다른 나라들은 그들의 역사를 아주 훌륭하게 보살피고 있어서 저는 우리 정부가 왜 이를 원하는지를 이해할 수 있습니다.

시험관 - How can we preserve a country's culture in the face of globalisation?

세계화에 직면하여 한 나라의 문화를 어떻게 보존할 수 있을까요?

응시자 - I think we have to avoid building new buildings next to historical places, and to have laws that prevent too many foreign businesses opening in our towns and cities. It's no use having a really beautiful historical building like a temple surrounded by twenty Starbucks or

McDonald's restaurants, as it would really cheapen the whole experience. It's also no good building some 40-story high-rise apartments nearby, as it is going to ruin the skyline for anyone taking photos.

역사적 장소 옆에 새로운 건물 건축을 피하고 소도시와 도시에 너무 많은 해외 기업들이 사업을 시작하는 것을 방지하는 법이 있어야 한다고 생각합니다. 사찰 등의 아름다운 역사적 건물 주변에 20개의 스타벅스나 맥도날드 등의 식당이 둘러싸고 있다면 아무 소용이 없을 것입니다. 이는 전체 경험의 격을 떨어뜨리기 때문입니다. 또한 근처에 40층짜리 고층 아파트를 짓는 것도 좋지 않은데, 이는 사진을 찍는 사람의 시선을 망치기 때문입니다.

시험관 - Do you think that it is important to protect a country's culture?

한 나라의 문화를 보호하는 것이 중요하다고 생각하나요?

응시자 - I strongly believe that if one does not protect their culture, then you as a people cease to be. This will have important implications for when your children want to know more about you and where you and they come from. What would we put in the history books if we didn't have a culture of our own? In addition, our history would be determined by what others think about us, rather than what we really did. This would be a sorry state of affairs.

만약 문화를 보호하지 않는다면 사람으로서 소멸할 것이라고 저는 강력히 믿습니다. 이는 당신의 아이들이 당신에 대해, 그리고 당신과 그들이 어디서 왔는지 더 알기를 원할 때 아주 중요한 영향을 미칠 것입니다. 우리 문화가 없다면 역사책에는 무엇을 쓸 수 있을까요? 게다가 우리의 역사는 실제로 우리가 한 것보다 다른 사람들이 우리에 대해 어떻게 생각하는지에 달릴 것입니다. 이것은 유감스러운 상황일 것입니다.

시험관 - Has the government done enough to protect the culture of your country?

정부는 당신 나라의 문화를 보호하기 위해 충분히 일을 했나요?

응시자 - I do not think so, but the government is not only to blame. We care too much about new foreign things but have forgotten our traditional ways. I do not see many people in my country going to temples or visiting important historical sites as they are too busy going to Starbucks or driving their sports cars around. If we don't care, why should the government?

저는 그렇다고 생각하지 않지만 정부만 비난할 수는 없습니다. 우리는 새로운 외국 문물에 대해 너무 많은 관심을 가지지만 우리 전통적인 방법들은 잊어가고 있습니다. 우리나라의 많은 사람은 절이나 중요한 유적지를 방문하지 않는데, 이는 스타벅스를 가거나 스포츠카를 운전하고 다니기에 너무 바쁘기 때문입니다. 우리가 관심을 갖지 않는다면 정부가 왜 관심을 가져야 할까요?

시험관 - Do you think that your culture will continue to be important in the future?

당신의 문화는 미래에도 그 중요성을 계속 유지할 것이라 생각하나요?

응시자 - I really don't know to be honest. I think that our cultural history might continue to be sidelined in the future until it has been forgotten entirely. We are under pressure from other countries that might make claims to things that were ours up to now. In addition, so many of the old ways are dying out. In some cases, this is a good thing, as our culture was in need of modernisation, but in other ways, it is sad to see certain cultural practices die out.

솔직히 잘 모르겠습니다. 우리의 문화적 역사는 미래에 완전히 잊혀질 때까지 계속해서 등한시 될지도 모른다고 생각합니다. 우리는 지금까지 우리 것이었던 것들을 다른 나라가 자기들 것이라고 주장할 수도 있는 압박을 받고 있습니다. 게다가 많은 옛날 양식들이 사라지고 있습니다. 어떤 경우에는, 이것이 좋을 수도 있는데, 이는 우리 문화가 현대화될 필요가 있었기 때문이지만 다르게 보면 특정한 문화적 관습들이 없어지는 걸 보면 슬픈 일입니다.

시험관 - Thank you very much, that is the end of the test.
감사합니다. 이제 시험이 끝났습니다.

Day 26

ACTUAL TEST 5

04-09

Examiner - Ok, let's talk now about sounds. What do you like the sound of?

Examiner - Are there any sounds you don't like?

Examiner - What kind of sound can you often hear in your country?

Examiner - What can you hear where you live now?

Examiner - OK, now let's move on to talk about student life. What do you study?

Examiner - How long have you been a student?

Examiner - Why do you study this subject?

Examiner - What do you want to do when you graduate?

Examiner - Now I'm going to give you a topic and I want you talk about the topic for 2 minutes. You have one minute to think about what you want to say and you can make some notes with the paper and pencil here. Here is your topic. I'd like you to talk about an advertisement you have seen recently that you thought worked well.

Describe an advertisement you have seen recently that you thought worked well.

You should say:
What the advert is
What it sells
Where you can see it

And explain why you think it works well

Examiner - OK, I will tell you when the time is up. Can you start speaking now please?

Examiner - OK, and did you go and buy the product after seeing the advertisement?

Examiner - Right. We've talked about an advertisement you have seen recently, and I want to ask you one or two more general questions related to that topic. Let's talk first about shopping and consumerism. What is the biggest difference in the way we shop now and the way we used to shop?

Examiner - Why are some of these big shopping centres so successful?

Examiner - What can be done to protect smaller shopkeepers in the face of ever-increasing mega-malls?

Examiner - Do you think that large shopping malls are a threat to the local community?

Examiner - Has the growth of a materialistic culture had any harmful effects?

Examiner - How might we conduct our shopping in the future?

Examiner - Thank you very much, that is the end of the test.

시험관 - Ok, let's talk now about sounds. What do you like the sound of?

자, 이제 소리에 대해 이야기해봅시다. 어떤 소리를 좋아하나요?

응시자 - I really like the sound of the sea. The ebb and flow of the tide are some of the most relaxing sounds that you can hear, and whenever I go on holiday I can spend hours on the beach just lying there listening to that sound. I don't feel like I am on holiday without it!

저는 바다의 소리를 정말 좋아합니다. 조수의 변화는 들을 수 있는 가장 편안한 소리 중 하나이며, 휴가를 갈 때마다 그냥 해변가에 누워 몇 시간이고 그 소리를 들으며 누워있을 수 있습니다. 그 소리 없이는 휴가를 온 것처럼 느껴지지 않습니다.

시험관 - Are there any sounds you don't like?

당신이 좋아하지 않는 소리가 있나요?

응시자 - I hate the sound of road works outside of my house in the morning. I can't get a lie-in at all these days, and these road works show no sign of finishing any time soon. They seem to come at the same time every year as well, I wish that they would fix the problem permanently. No-one wants to be woken up by a pneumatic drill at 8:00 every day.

저는 아침에 우리 집 밖에서 도로 공사하는 소리를 정말 싫어합니다. 저는 요즘 전혀 늦잠을 잘 수 없고 이 도로 공사는 곧 끝날 기미가 보이지 않습니다. 또한 그들은 매년 같은 시기에 공사하러 오는 것 같은데, 영구적으로 그 문제를 고쳤으면 좋겠습니다. 어느 누구도 매일 아침 8시에 드릴 소리에 깨는 것을 원하지 않습니다.

시험관 - What kind of sound can you often hear in your country?

당신 나라에서는 어떤 소리를 자주 들을 수 있나요?

응시자 - In my country you can often hear the traffic horn in the street. People abuse that horn so much, it's a wonder that anyone can sleep at all. They even beep at 1 or 2 a.m… Some people have no consideration for others. People are in so much of a hurry that they have forgotten how to be polite.

우리 나라에서는 도로의 경적소리를 자주 들을 수 있습니다. 사람들은 경적을 너무 많이 남용해서 누가 잠이라도 잘 수 있을지 의문입니다. 그들은 심지어 새벽 1시나 2시에도 경적을 울립니다… 어떤 사람들은 다른 사람을 위한 배려가 전혀 없습니다. 너무 바쁜 사람들은 예의를 지키는 법을 잊어버렸습니다.

시험관 - What can you hear where you live now?

지금 사는 곳에서는 어떤 소리를 듣나요?

응시자 - Well, it is pretty much the opposite from my country, in that I can barely hear a thing out here, as everything is so quiet. I can sometimes hear some cows mooing or sheep bleating, and the occasional crow squawking, but most of the time you can hear a pin drop.

모든 것이 너무 조용해서, 저는 이곳에서 거의 아무것도 듣지 못한다는 점에서 우리 나라에서 듣던 소리와는 거의 반대입니다. 때때로 소가 울거나 양들이 우는 소리를 들을 수 있고, 가끔 까마귀가 캭캭 울지만 대부분의 시간은 아주 조용합니다.

시험관 - OK, now let's move on to talk about student life. What do you study?

자, 이제 학창 생활 이야기로 넘어가 봅시다. 무엇을 공부하나요?

응시자 - I study mechanical engineering in college at the moment. It's pretty complicated but it should be useful when I graduate. These days, with our country being so reliant on manufacturing, a degree in some sort of engineering is almost mandatory.

저는 현재 대학교에서 기계공학을 공부하고 있습니다. 그것은 꽤 복잡하지만 졸업하면 유용할 것입니다. 요즘 우리 나라는 제조업에 굉장히 의존하고 있기 때문에 공학계통의 학위는 거의 필수입니다.

시험관 - How long have you been a student?

얼마 동안 학생이었나요?

응시자 - I have been a student since I was 5 years old, starting at elementary school then through to middle and high school before attending university. If I go on to graduate school, then I suppose that I will be a student for a while longer, although no-one wants to be a student into their thirties or forties!

저는 5살 때부터 초등학교를 시작으로 중. 고등학교를 거쳐서 대학교를 다니기 전까지 학생입니다. 비록 아무도 30~40대에 학생인 것을 원치 않지만, 제가 대학원에 간다면 좀 더 오랫동안 학생일 것입니다.

시험관 - Why do you study this subject?

왜 이 전공을 공부하나요?

응시자 - I study engineering because it's necessary to land a job at a big company in my country. As I said previously, our country is a heavy exporter of manufactured goods, and so there is always a steady demand for engineers of all types. By studying this subject, I can guarantee a little job security, at least for the foreseeable future.

저는 공학을 공부하는데 그 이유는 우리 나라에서 대기업에 취직하기 위해 필수적이기 때문입니다. 앞서 말한 것처럼 우리 나라는 제품의 수출에 의존하고 있고, 모든 종류의 기술자에 대한 지속적인 수요가 항상 있습니다. 이 전공을 공부함으로써 최소한 가까운 장래에 다소나마 고용 안정을 보장받을 수 있습니다.

시험관 - What do you want to do when you graduate?

졸업하면 무엇을 하고 싶은가요?

응시자 - When I graduate I am thinking of taking up a research position somewhere in the USA, so that I can develop my engineering skills further. It would make me more attractive to potential employers both at home and abroad, and I like to keep my options open.

저는 졸업하면 미국 어딘가에서 연구직을 잡을 생각인데, 그러면 제 공학적인 기술들을 더 발전시킬 수 있습니다. 이는 국내와 국외 모두의 잠재 고용주에게 더 괜찮게 보이도록 해줄 것이며, 저는 선택 가능성을 열어두고 싶습니다.

* *

시험관 - Now I'm going to give you a topic and I want you talk about the topic for 2 minutes. You have one minute to think about what you want to say and you can make some notes with the paper and pencil here. Here is your topic. I'd like you to talk about an advertisement you have seen recently that you thought worked well.

이제 저는 당신에게 토픽을 줄 것이며 당신이 이 토픽에 관해 2분 동안 이야기하기를 바랍니다. 1분 동안 말하고 싶은 것을 생각할 수 있고 원한다면 메모를 해도 좋습니다. 여기 토픽이 있습니다. 당신이 잘 만들어졌다고 생각하는 최근에 본 광고에 대해 이야기하기를 바랍니다.

시험관 - OK, I will tell you when the time is up. Can you start speaking now please?

시간이 다 되면 제가 멈추라고 말할 겁니다. 이제 시작해주세요.

응시자 - I thought the purpose of advertisements was to sell products, but these days many advertisements do not even have a product to sell. What is important in modern times is not the product itself, but the image of the company that is selling the product, and the lifestyle of those for whom the product is for. Recently I saw an advertisement for Samsung, but I didn't even realize it was meant to advertise Samsung! I saw it on the Internet, and it was an advertisement showing the poor situation of the economy. As a result of the poor global economy, some stars decided to cheer people up, so they sang a song titled 'hahaha', which is a feel-good song. There wasn't any product on display and it took me a couple of weeks to realize that the advertisement came from Samsung, as the brand name was not even clearly defined. The effect of these kinds of advertisements is to build trust in brands. In Korea, many companies make similar products of similar quality, so similar that it is impossible to tell them apart. In this situation, customers will buy the product based on an idea of trust in a brand. This trust is a false sense of security, as one brand is no more loyal to their customers than the other. Brands use powerful images and emotions in their advertising to instill this sense of trust and image into customer's minds. This is also done with corporate sponsorship of social events and programs that have nothing to do with the companies themselves, but if the company can be perceived as an agent for change in the community, then people will trust the company more, and buy their products in the supermarkets.

저는 광고의 목적은 물건을 파는 것이라고 생각했지만 요즘 많은 광고에는 심지어 팔려고 하는 물건조차 없습니다. 현대 사회에서 중요한 것은 상품 자체가 아니라 그 물건을 파는 회사의 이미지이고, 그 상품이 대상으로 하는 사람들의 라이프스타일입니다. 최근 저는 삼성의 광고를 보았는데 심지어 그것이 삼성을 광고하는 것인지조차 몰랐습니다. 저는 그 광고를 인터넷에서 보았는데, 그것은 어려운 경제상황을 보여주고 있었습니다. 어려운 세계경제의 결과로 몇몇 스타들이 사람들의 기운을 북돋기 위해 '하하하'라는 노래를 불렀는데, 이는 기분을 좋게 하는 노래입니다. 진열된 상품이 전혀 없어서 그 광고를 삼성이 만들었다는 것을 알아차리는데 몇 주가 걸렸는데, 브랜드 이름 조차 명확하게 보여지지 않았습니다. 이런 종류의 광고효과는 브랜드의 신뢰를 쌓는 것입니다. 한국에는 많은 회사가 너무 유사해서 구별하기 힘든 유사한 품질을 가진 유사한 상품을 만듭니다. 이러한 상황에서 고객들은 브랜드에 대한 신뢰에 바탕을 두고 제품을 구매합니다. 이러한 신뢰는 안정성에 대한 잘못된 인식인데, 이는 한 브랜드가 다른 브랜드와 마찬가지로 그들의 고객에게 충실하지 않기 때문입니다. 브랜드들은 광고에 강한 이미지와 감정을 이용하는데 이는 고객의 마음에 신뢰와 이미지를 심어주기 위함입니다. 또한 회사와 전혀 상관 없는 사회 이벤트나 프로그램에 회사 스폰서십을 하는 방법으로 이루어지지만, 만약 회사가 사회의 변화를 위한 매개체로 여겨진다면 사람들은 그 회사를 더 신뢰하고 슈퍼마켓에서 그들의 상품을 구매할 것입니다.

시험관 - OK, and did you go and buy the product after seeing the advertisement?

그럼, 그 광고를 본 후 그 상품을 샀나요?

응시자 - Well the advert didn't make me any more inclined to buy any Samsung products… I mean, I would probably buy their products anyway, but I do not think that the advertisement would have anything to do with it.

그 광고는 제가 어떤 삼성 제품을 더 사고 싶도록 만들지 않았습니다… 제 말은, 아마 삼성 제품을 아무튼 사겠지만, 그 광고는 제가 물건을 사고 싶도록 하는 것과 상관 있다고 생각하지 않습니다.

* *

시험관 - Right. We've talked about an advertisement you have seen recently, and I want to ask you one or two more general questions related to that topic. Let's talk first about shopping and consumerism. What is the biggest difference in the way we shop now and the way we used to shop?

우리는 당신이 최근에 본 광고에 대해 이야기했고 그와 관련된 한 두 개의 일반적인 질문을 하려고 합니다. 먼저 쇼핑과 소비에 대해 이야기해봅시다. 현재와 과거에 우리가 물건을 사는 방법에 가장 큰 차이점은 무엇인가요?

응시자 - We do most of our shopping for big items exclusively online these days. I very rarely go into town anymore, because there isn't really anything there worth buying, except for clothes maybe. I also dislike buying large items like washing machines from the big electronic stores as I don't like the way that the salesman try to trick you into spending more than you would otherwise.

요즘 우리는 사야 할 큰 물건의 대부분을 전적으로 온라인에서 구매합니다. 저는 거의 시내에 더 이상 가지 않는데, 그 이유는 옷을 제외하고는 살 만한 것이 거의 없기 때문입니다. 또한 저는 세탁기처럼 큰 제품을 대형전자제품 매장에서 사는 것을 싫어하는데, 그 이유는 사려는 것보다 더 많은 돈을 쓰게 하려는 판매원들이 꼼수 부리는 것을 좋아하지 않기 때문입니다.

시험관 - Why are some of these big shopping centres so successful?

몇몇 대형쇼핑센터들이 아주 성공적인 이유가 무엇일까요?

응시자 - They offer an experience that you cannot get in a town or at home. They are places to be seen and to enjoy going out with your friends, and the shopping is only a secondary part of that experience. To be honest, you can often go to one of these mega-malls and end up not actually buying anything at all! A big plus with these kinds of places is that parking is either free or at least very cheap, whereas if you drive into town, parking is much more difficult and costly.

그곳은 시내나 집에서 경험할 수 없는 것을 제공합니다. 그곳은 보여지는 곳이고, 친구들과 함께 외출을 즐길 수 있는 곳이며 쇼핑은 단지 그 경험의 부차적인 부분입니다. 솔직히 이런 대형쇼핑센터에 가서 실제로 아무것도 사지 않는 경우가 자주 있습니다! 이런 곳의 큰 이점은 주차가 공짜이거나 최소한 매우 싼 반면, 운전을 해서 시내로 들어가면 주차가 훨씬 더 어렵고 비쌉니다.

시험관 - What can be done to protect smaller shopkeepers in the face of ever-increasing mega-malls?

대형쇼핑센터가 늘어가는 상황에서 소매상들을 보호하기 위해 무엇을 할 수 있을까요?

응시자 - Smaller shopkeepers have to offer something that the mega-malls cannot. However, I find that the service at smaller places is generally worse than it is at the mega-malls. They often don't have the product you need, don't do any special offers or discounts, and the attitude of the shopkeepers is generally poor as they don't have any manager to answer to. These days I shop exclusively at the bigger shopping centres and avoid the mom-and-pop stores as much as I can.

소매상들은 대형쇼핑센터가 할 수 없는 무언가를 제공해야만 합니다. 그러나 일반적으로 소형점포의 서비스는 대형쇼핑센터보다 나쁩니다. 소매상들은 필요로 하는 상품이 자주 없고 특별한 제안이나 할인도 없으며, 일반적으로 점원의 태도가 불친절한데, 이는 자신의 행동을 설명할 책임자가 없기 때문입니다. 저는 요즘은 전적으로 대형쇼핑센터에서 쇼핑을 하고 가능한 구멍가게들은 피합니다.

시험관 - Do you think that large shopping malls are a threat to the local community?

대형쇼핑센터가 지역 사회에 위협이 된다고 생각하나요?

응시자 - I think that a lot of local communities are in need of updating. If the large shopping malls are offering something better, then the local community needs to find a way to stay relevant. Most local communities suffer from complacency, in that they just assume that people will come to them, because of their central location. Well, I hope that they realise that large out-of-town malls are the way things are going, and try to offer something special that the big malls cannot. Free parking would be a first step towards that.

저는 많은 지역사회에 혁신이 필요하다고 생각합니다. 만약 대형쇼핑센터가 더 나은 것을 제공한다면 지역사회는 중요성을 유지할 수 있는 방법을 찾을 필요가 있습니다. 대부분 지역사회들은 그들이 중심가에 위치했다는 이유 때문에 사람들이 그곳에 올 것이라 생각하는 안일주의로 고통받습니다. 저는 그들이 도시 외곽 큰 쇼핑센터들이 대세라는 것을 인식하고 대형쇼핑센터가 할 수 없는 특별한 무언가를 제공하려 노력하기를 바랍니다. 무료주차가 그 첫걸음이 될 수 있습니다.

시험관 - Has the growth of a materialistic culture had any harmful effects?

물질주의적인 문화 성장이 해로운 영향을 미치나요?

응시자 - Children these days will not wear clothes if they do not have the right labels, and this puts enormous pressure on low-income families to spend money needlessly on these brands. These days you even see babies wearing Gucci or Prada, and if one child shows up wearing that kind of thing, then the other parents might feel pressured into buying similar things. It has a very negative effect on the relationship between parents and children, and might be one of the reasons behind the low birth rate in this country.

요즘 아이들은 만약 원하는 브랜드의 옷이 아니면 입지 않는데, 이러한 브랜드에 불필요하게 돈을 지출하면서 저소득 가정에 엄청난 부담이 됩니다. 요즘은 아기들 조차 구찌나 프라다를 입는 것을 볼 수 있으며, 만약 한 아이가 그런 옷을 입고 나타나면 다른 부모들은 비슷한 것을 사야 한다는 압박을 받을 수도 있습니다. 이는 부모 자녀 관계에 굉장히 부정적인 영향을 미치며 이 나라의 낮은 출산율의 이유 중 하나일 수 있습니다.

시험관 - How might we conduct our shopping in the future?

미래에는 우리가 어떻게 쇼핑을 할까요?

응시자 - Almost all shopping will be done online, and department stores may cease to exist. As parking charges increase, and stores cost more and more to maintain, the growth of online shopping might mean the death of the high street. I think we are seeing that already to be honest, a number of large chain stores have already closed down. Shopping from home is just much more convenient, cheaper and faster than scouring the town looking for bargains.

대부분 쇼핑이 온라인으로 이루어지고 백화점은 사라질 수도 있습니다. 주차요금이 증가하고 가게들을 유지하는데 점점 더 비용이 많이 들기 때문에 온라인쇼핑의 성장은 시내 중심가의 죽음을 의미할지도 모릅니다. 저는 솔직히 말해 이미 이렇게 되어가고 있다고 생각하며, 많은 대형 연쇄점들이 이미 문을 닫았습니다. 집에서 하는 쇼핑은 싼 물건을 찾아 샅샅이 뒤지고 다니는 것보다 훨씬 더 편리하고, 싸고, 빠릅니다.

시험관 - Thank you very much, that is the end of the test.

감사합니다. 이제 시험이 끝났습니다.

Day 27

ACTUAL TEST 6

04-11

Examiner - Ok, let's talk now about your working life. Where do you work?

Examiner - How long have you worked there?

Examiner - Do you enjoy your job?

Examiner - What kind of job would you like to have in the future?

Examiner - OK, now let's move on to talk about languages. How many languages do you speak?

Examiner - How long have you been learning English?

Examiner - Do you think that English is a difficult language to learn?

Examiner - What language would you study if you had the time?

Examiner - Now I'm going to give you a topic and I want you to talk about the topic for 2 minutes. You have one minute to think about what you want to say and you can make some notes with the paper and pencil here. Here is your topic. I'd like you to talk about your favourite movie:

Describe your favourite movie.

You should say:
What the movie is
When you saw it for the first time
How popular it is

And explain why this movie is your favourite

Examiner - OK, I will tell you when the time is up. Can you start speaking now please?

Examiner - OK, and have your friends also seen this movie?

Examiner - Right. We've talked about your favourite movie, and I want to ask you one or two more general questions related to that topic. Let's talk first about being famous. What kinds of people become famous these days?

Examiner - Why do you think that people are so obsessed with celebrity?

Examiner - How can famous people do more to help those around them?

Examiner - Do you think that being famous is always a good thing?

Examiner - Has the rise in celebrity gossip brought any positive social effects?

Examiner - How do you think people in the future might become famous?

Examiner - Thank you very much, that is the end of the test.

시험관 - Ok, let's talk now about your working life. Where do you work?

자, 이제 회사 생활에 대해 이야기해 봅시다. 당신은 어디서 일하나요?

응시자 - I work at IBM computer systems in Seoul, Korea. It's one of the biggest PC software manufacturers in the world, and their Korean office opened recently. I'm one of about 400 staff employed at this place.

저는 한국 서울에 있는 IBM 컴퓨터 시스템에서 일합니다. 이 회사는 세계에서 가장 큰 PC 소프트웨어 제조 회사 중 하나이며, 한국 지사가 최근에 열었습니다. 저는 그곳의 400명의 직원 중 한 명입니다.

시험관 - How long have you worked there?

당신은 그곳에서 얼마나 일했나요?

응시자 - I have worked at IBM since I graduated. The job market is very tough and there just don't seem to be any openings at the moment so I don't think I will be going anywhere anytime soon. In fact I would like to stay at this company for a while and I hope to get promoted soon.

저는 졸업 후 IBM에서 일해왔습니다. 취업시장이 아주 어렵고 현재 어떠한 구인자리도 없는 것 같아서 가까운 미래에 다른 곳으로 갈 것이라고는 생각하지 않습니다. 사실 당분간 저는 이 회사에 머물기 원하며 곧 승진되기를 바랍니다.

시험관 - Do you enjoy your job?

당신의 일을 좋아하나요?

응시자 - I love my job as I get on so well with all of my co-workers. They are like a second family to me and I couldn't imagine being without them. We often go out outside work to drink and eat together, and I know everyone's families and have a great time with them. The work itself is also interesting and challenging, and so I do look forward to going into work each day.

저는 제 일을 사랑하는데 그 이유는 직장 동료들과 아주 잘 지내기 때문입니다. 그들은 제게 두 번째 가족 같고 그들 없이 지내는 것을 상상할 수 없습니다. 우리는 업무 외적으로 함께 외출해 술을 마시고 식사를 하며, 저는 모든 이들의 가족을 알고 그들과 즐거운 시간을 보냅니다. 일 자체도 흥미롭고 도전의식을 갖게 해서 저는 정말 매일 직장에 가는 것을 기대합니다.

시험관 - What kind of job would you like to have in the future?

미래에 어떤 일을 하고 싶은가요?

응시자 - In the future I would like to be promoted to general manager. I think that I am ready to take the next step on the career ladder, and I feel that I have a lot to offer my team in terms of management and leadership skills.

미래에 저는 총지배인으로 승진하기를 원합니다. 저는 제 진로 단계에서 다음 단계로 올라갈 준비가 되어있다고 생각하며, 관리와 리더십 기술 면에서 우리 팀에 제시할 수 있는 것이 많다고 생각합니다.

시험관 - OK, now let's move on to talk about languages. How many languages do you speak?

자, 이제 언어에 관한 이야기로 넘어갑시다. 당신은 몇 개의 언어를 말하나요?

응시자 - I speak 4 languages, English, Korean, a little Spanish, and basic German. Most people in my country know a little Japanese as well, but I chose Spanish and German in high school as I found these languages more interesting.

저는 네 개의 언어를 말하는데 영어, 한국어, 스페인어 조금, 그리고 기초 독일어입니다. 우리 나라 대부분의 사람들은 약간의 일본어를 알지만, 저는 고등학교 때 스페인어와 독일어를 선택했는데 이 언어들이 더 흥미로웠기 때문입니다.

시험관 - How long have you been learning English?

영어를 얼마 동안 공부했나요?

응시자 - I have been learning English since elementary school, as English education is compulsory now in my country. Most people are in the same boat, although many end up overseas to study English as it is hard to concentrate only on English.

저는 초등학교 때부터 영어를 공부하고 있는데 우리 나라에서 이제 영어교육이 의무화되었기 때문입니다. 비록 많은 사람이 영어에만 집중하는 것이 어렵기 때문에 영어를 공부하기 위해 외국으로 나가지만, 대부분의 사람들이 같은 처지에 있습니다.

시험관 - Do you think that English is a difficult language to learn?

영어가 배우기 어려운 언어라고 생각하나요?

응시자 - English is difficult for me as I can't understand most of the phrasal verbs and idioms. They just don't make any sense! Things like grammar and morphology aren't too hard to pick up, but there are so many non-literal meanings in English that it's almost like English people never say what they really mean!

저는 영어가 어려운데 대부분의 숙어와 관용구를 이해하지 못하기 때문입니다. 그것들의 의미를 전혀 이해할 수가 없습니다. 문법과 형태론 같은 것들은 이해하기 그리 어렵지 않지만, 영어에는 문자 그대로 이해할 수 없는 의미가 너무 많아서 영국인들은 그들이 진짜 의미하는 것을 절대로 말하지 않는 것 같습니다.

시험관 - What language would you like to study if you had the time?

시간이 있다면 어떤 언어를 배우고 싶은가요?

응시자 - If I had the time I would like to learn Mandarin Chinese. It seems like more and more people are trying to do business with China these days, and the language is spoken by over one billion people and rising. I think in the next fifty years Mandarin might even replace English as the main language to be taught in our schools.

제가 시간이 있다면 만다린 중국어(북경어)를 배우고 싶습니다. 요즘 점점 더 많은 사람들이 중국과 사업을 하려 노력하는 것 같고 10억이 넘는 사람들이 그 언어를 말하며, 이 언어는 뜨고 있습니다. 50년 후에는 학교에서 가르치는 주요 언어로 북경어가 대체할지도 모른다고 생각합니다.

시험관 - Now I'm going to give you a topic and I want you to talk about the topic for 2 minutes.　You have one minute to think about what you want to say and you can make some notes with the paper and pencil here. Here is your topic. I'd like you to talk about your favourite movie:

이제 저는 당신에게 토픽을 줄 것이며 당신이 이 토픽에 관해 2분 동안 이야기하기를 바랍니다. 1분 동안 말하고 싶은 것을 생각할 수 있고, 원한다면 메모를 해도 좋습니다. 여기 토픽이 있습니다. 저는 당신이 좋아하는 영화에 대해 이야기 하기를 바랍니다.

시험관 - OK, I will tell you when the time is up. Can you start speaking now please?

시간이 다 되면 제가 멈추라고 말할 겁니다. 이제 시작해주세요.

응시자 - It's hard to choose a favourite movie from the many awesome movies that I have seen, but if I had to choose one, I would say that my favourite movie is probably 'Predator'. It's an action movie starring Arnold Schwarzenegger that is set somewhere in South America during the seventies, and it follows a team of trained soldiers who are given a mission to rescue some hostages from the jungle. However, they get more than they bargained for, as unbeknownst to them, a vicious creature from outer space had crash landed in the jungle and was killing people one by one, as a kind of hunter, collecting trophies.　So the movie is about them running away from this monster, and in the end there is a big showdown between this monster and the main character played by Arnold, and it's just a really exciting fight to the death.

I think I saw it when it came out, sometime in the 80's, but as its rated 18 I wasn't allowed to go to the cinema to watch it. Back then, we watched everything on VHS tape, so my old brother went to get it out from the video store for us using a fake ID. We turned off all the lights and put the movie on in our pyjamas.

It's one of Arnold's most popular movies, I mean, he's been in a lot of movies like the Terminator and Conan, but I think this movie is still popular because it has a great supporting cast of characters who make the movie fun to watch. You really feel like the team of soldiers are band of brothers who have been serving together for a while, so you feel sad for them when the monster finally catches up with them.

I think this movie is my favourite as I have seen it over 200 times and know every single word in the script off by heart. It never gets old for me though and if I know it's going to be on the telly then I'll make a point of staying up to watch it. They even made a couple of sequels, and Predator 2 was a good movie, even though the last sequel was kind of boring. I think it needed more Arnold!

제가 봤던 많은 굉장한 영화 중 가장 좋아하는 영화를 고르는 것은 어렵지만 하나를 골라야 한다면 아마 '프레데터'라고 말할 것입니다. 그것은 70년대 남미를 배경으로 한 아놀드 슈왈츠제네거가 주인공인 액션 영화이며, 정글에서 인질을 구하는 임무를 받은 훈련된 팀의 군인에 관한 것입니다. 그러나 그들은 대비한 것보다 어려운 상대를 만나게 되는데, 그들이 모르는 사이 우주에서 정글로 불시착한 잔인한 생명체가 사냥꾼이 트로피를 모으는 것처럼 사람들을 한 명씩 죽이고 있었습니다. 영화는 이들이 괴물로부터 도망치는 것을 다루고 있으며, 끝에는 이 괴물과 아놀드가 연기하는 주인공 사이에 마지막 결전이 벌어지는데, 이것은 죽음에 이르는 흥미진진한 싸움입니다.

저는 80년대 그 영화가 출시되었을 때 본 것 같은데, 18세 등급으로 정해져 있어서 영화관에서 관람할 수 없었습니다. 그때는 모든 것을 비디오 테이프로 보았고, 우리 형은 가짜 신분증을 이용해 비디오대여점에서 그 비디오를 빌려왔습니다. 우리는 모든 불을 끄고 잠옷을 입은 채 영화를 봤습니다.

그 영화는 아놀드가 출연한 가장 유명한 영화 중 하나인데, 그가 터미네이터나 코난 등 많은 영화에 출연했지만 영화의 재미를 더해주는 훌륭한 조연들 때문에 이 영화가 여전히 인기 있다고 생각합니다. 한동안 함께 일하는 군인 팀이 정말 형제들 같다고 느껴져 괴물이 마침내 그들을 잡았을 때 그들이 불쌍하다고 여겨집니다.

저는 이 영화를 200번 넘게 보았고 대본에 있는 모든 대사를 외우기 때문에 가장 좋아하는 영화라고 생각합니다. 영화는 제게 항상 새롭고, 만약 TV에 영화가 방송되면 반드시 봅니다. 그들은 몇 개의 후속작을 만들었는데 비록 마지막 편은 지겨웠지만 '프레데터 2'는 괜찮았습니다. 저는 아놀드가 더 나왔어야 한다고 생각합니다!

시험관 - OK, and have your friends also seen this movie?

당신의 친구들도 이 영화를 봤나요?

응시자 - Absolutely! I've even had friends come around to my house to watch it together and they are just as big fans of the movie as I am, so we role-play the characters, and have a drinking game where if one person messes-up the lines, we all have to take a shot of something.

물론이죠! 저는 심지어 친구들을 우리 집으로 불러 같이 영화를 보았고 그들도 그 영화의 열렬한 팬이라서 우리는 등장인물들 역할극을 하고, 만약 한 명이 대사를 엉망으로 하면 술 마시는 게임을 해서 우리 모두는 원샷을 해야만 합니다.

시험관 - Right. We've talked about your favourite movie, and I want to ask you one or two more general questions related to that topic. Let's talk first about being famous. What kinds of people become famous these days?

우리는 당신이 좋아하는 영화에 대해 이야기했고 그와 관련된 한 두 개의 일반적인 질문을 하려고 합니다. 먼저 유명해지는 것에 대해 이야기해봅시다. 요즘은 어떤 종류의 사람들이 유명해지나요?

응시자 - These days anyone who is on TV is famous, even if they don't have any talent. It's not about what you can do but how you look. My friends often point out some celebrity on the TV and I ask them 'so what do they do?' Often they can't even give me a straight answer. I reckon most of the time these talents are just rich kids who went to talent school or have friends in high places. I try to ignore most of them.

비록 어떠한 재능이 없더라도 요즘은 TV에 나오는 사람은 누구나 유명합니다. 이는 그들이 무엇을 할 수 있느냐가 아니라 어떻게 보이냐에 달려 있습니다. 제 친구들은 TV에 나오는 일부 유명인들을 자주 언급하고, 저는 '그래서 그들이 무엇을 하니?' 라고 물어봅니다. 그들은 자주 제게 명확한 답을 주지 못합니다. 많은 경우 이런 재능 있는 사람들은 단지 탤런트 학교를 다녔거나 높은 자리에 친구가 있는 부자 아이들이라고 생각합니다. 저는 그들 대부분을 무시하려고 노력합니다.

시험관 - Why do you think that people are so obsessed with celebrity?

왜 사람들이 유명인들에게 사로잡혀 있다고 생각하나요?

응시자 - People are obsessed with celebrity as they feel that they are a part of the celebrity life, it makes them feel wanted. I think most people would dearly love to be famous, but I do not think they understand what it takes to become famous and everything that comes with it. If there is nothing going on in an individual's life, it is easier for them to escape into the celebrity world, to live their lives through them for a while.

사람들은 자신이 유명인들 삶의 일부라고 느끼기 때문에 유명인들에게 사로잡혀 있고, 이는 그들이 필요하다고 느끼게 만듭니다. 대부분의 사람은 몹시 유명해지기 원한다고 생각하지만 그들이 유명해지는 조건과 그에 따르는 모든 것들을 이해한다고 생각하지 않습니다. 만약 '개인'의 삶에 아무 일도 일어나지 않는다면 잠시 유명인들을 통해 그들의 삶을 살기 위해 유명인들 세계로 달아나기가 더 쉬울 것입니다.

시험관 - How can famous people do more to help those around them?

유명인사들은 주변 사람들을 돕기 위해 어떻게 노력할 수 있을까요?

응시자 - They can donate to the various charities in their local community and pay the taxes that they are supposed to. I think a lot of celebrities have special arrangements so that they don't pay enough tax, and they are given special consideration if they are arrested for fraud or something. It's always one rule for them and one rule for us. If the celebrities donated even 10% of their earnings for good causes, people might appreciate what they do a bit more.

그들은 지역사회의 다양한 자선단체에 기부할 수 있고 그들이 내야 할 세금을 낼 수 있습니다. 저는 많은 유명인들이 특별한 협의에 의해 충분한 세금을 내지 않고, 만약 사기나 다른 일로 구속되면 특별한 배려를 받는다고 생각합니다. 그들에게는 항상 하나의 규칙이 있고, 우리에게 다른 하나의 규칙이 있습니다. 만약 유명인들이 대의명분으로 수입의 10%를 기부한다면 사람들은 그들이 하는 일을 조금 더 인정할 수도 있습니다.

시험관 - Do you think that being famous is always a good thing?

유명하다는 것이 항상 좋은 것이라고 생각하나요?

응시자 - I used to think it was but really I enjoy my freedom a lot more than I would being famous. If you are famous you really can't go anywhere or do anything without a crowd of people swarming on you, and you have to be so careful what you do and say as any mistake you make is likely to find its way into the newspapers.

저는 예전에는 그렇다고 생각했지만 진심으로 유명한 것보다 자유를 훨씬 더 즐깁니다. 만약 당신이 유명하다면 당신에게 몰려드는 군중 없이 어디를 가거나 무언가를 할 수 없을 것이며, 당신이 하는 어떠한 실수도 신문에 나올 것이기 때문에 행동이나 말에 굉장히 주의해야만 합니다.

시험관 - Has the rise in celebrity gossip brought any positive social effects?

유명인들에 대한 소문의 증가가 긍정적인 사회적 영향을 미치나요?

응시자 - Not really. If anything I think it has made people look up to these celebrities far too much, these people are of no real importance to us. Why should I care who this movie star is dating, or what movie they are going to be in next, or what company is sponsoring them to be in their next advert? It means nothing to me. Celebrity gossip may bring employment for those who work in the gossip industry, but perhaps that is one industry we can do without.

꼭 그렇지는 않습니다. 저는 오히려 소문이 유명인들을 너무 동경하도록 만들었다고 생각하며, 이들은 우리에게 진정으로 중요한 것은 아닙니다. 이 스타배우가 누구와 사귀는지, 다음에 어떤 영화를 하는지, 또는 어떤 회사가 다음 광고에 스폰서 하는지에 대해 왜 신경을 써야 하나요? 제겐 아무 의미가 없습니다. 유명인들의 가십은 그 가십 산업에서 일하는 사람들에게 일자리를 제공해줄지 모르지만, 아마 그것은 우리에게 필요치 않은 하나의 산업입니다.

시험관 - How do you think people in the future might become famous?

미래에 사람들은 어떻게 유명해질 것이라고 생각하나요?

응시자 - I would like to see a return to famous people actually having some skill or talent, such as an inventor or medical practitioner. However, I think we will see more and more people becoming famous over the Internet, which is great as you don't need an agent or have to have lots of plastic surgery to get a certain look. You can be famous just for being you, which is definitely a step in the right direction.

저는 발명가나 의사처럼 실제로 기술이나 재능을 가진 사람들이 다시 유명해졌으면 합니다. 그러나 더욱 많은 사람들이 인터넷을 통해 유명해질 것이라고 생각하는데, 이는 소속사가 필요치 않고 특정 외모를 갖기 위해 성형수술을 많이 할 필요가 없기 때문에 굉장한 일입니다. 그냥 있는 그대로 유명해질 수 있으며, 이는 분명 올바른 방향입니다.

시험관 - Thank you very much, that is the end of the test.

감사합니다. 이제 시험이 끝났습니다.

Day 28

ACTUAL TEST 7

🎧 04-13

Examiner - Ok, let's talk now about leisure time. What do you do in your free time?

Examiner - What do people like to do in their free time where you live?

Examiner - Is there much to do at night where you live?

Examiner - What do you want to be built for entertainment where you live?

Examiner - OK, now let's move on to talk about museums. Do you like museums?

Examiner - Are there any good museums in your country?

Examiner - Why do people like going to museums?

Examiner - Why should children visit museums?

Examiner - Now I'm going to give you a topic and I want you to talk about the topic for 2 minutes. You have one minute to think about what you want to say and you can make some notes with the paper and pencil here. Here is your topic. I'd like you to talk about a photograph that you think is special:

Describe a photograph you think is special.

You should say:
What the photograph is of
When it was taken
Who took it

And explain why this photograph is so special.

Examiner - OK, I will tell you when the time is up. Can you start speaking now please?

....

....

....

....

....

....

....

....

....

....

Examiner - OK, and do you usually take photographs of things?

....

....

....

....

Examiner - Right. We've talked about a photograph you think is special, and I want to ask you one or two more general questions related to that topic. Let's talk first about other kinds of skills that people have. What is the difference in the kind of skills we need now and in the past?

Examiner - Why are some skills no longer needed in today's society?

Examiner - How can cultural skills unique to a particular country be protected?

Examiner - Do you think that schools need to teach more skills rather than subjects?

Examiner - Have we lost many basic skills that we used to have a long time ago?

Examiner - What kind of skills will we need to survive in the future?

Examiner - Thank you very much, that is the end of the test.

시험관 - Ok, let's talk now about leisure time. What do you do in your free time?

자, 이제 여가시간에 대해 이야기해 봅시다. 시간이 있을 때 무엇을 하나요?

응시자 - When I have free time I like to go out with my friends to a club and get some drinks in. It beats sitting around at home playing video games. After a long week at work sitting looking at a screen, I can't imagine staying in at home and doing the same thing.

저는 여가시간이 있으면 친구들과 클럽에 가서 술을 마시고 싶습니다. 집에 앉아서 컴퓨터 게임을 하는 것보다 훨씬 낫습니다. 직장에서 컴퓨터를 보며 앉아서 지내는 긴 한 주를 보낸 후 집에 머물면서 같은 일을 하는 것을 상상할 수 없습니다.

시험관 - What do people like to do in their free time where you live?

당신이 사는 곳의 사람들은 여가시간에 무엇을 하는 것을 좋아하나요?

응시자 - People like to go to the cinema where I live as there really isn't anywhere else to go in this area if you don't like to drink or aren't old enough to do so. The cinema here is pretty good, there's a ten-screen one that has just been built, and it shows all the latest 3D movies as well.

제가 사는 곳의 사람들은 극장에 가는 것을 좋아하는데, 술 마시는 것을 좋아하지 않거나 그러기에 충분한 나이가 아니라면 이 지역에는 정말 다른 갈 곳이 없기 때문입니다. 이곳의 극장은 꽤 괜찮은데, 최근 지어진 10개의 스크린이 있는 극장이며 최신 3D영화도 모두 상영합니다.

시험관 - Is there much to do at night where you live?

당신이 사는 곳에는 밤에 할 것이 많이 있나요?

응시자 - There isn't so much to do. There are lots of clubs if you want to stay out later but not really much for families after 6 p.m. unless you want to go to the cinema. Most people tend to stay at home, or they might drive over to the next town where there is a bit more going on.

별로 할 게 없습니다. 밖에서 늦게까지 있고 싶다면 많은 클럽이 있지만 극장에 가길 원하지 않는 한 오후 6시 이후 가족들이 할 것은 많지 않습니다. 대부분의 사람들이 집에 머물거나 좀 더 많은 할 거리가 있는 옆의 소도시로 운전해 갈 수도 있습니다.

시험관 - What do you want to be built for entertainment where you live?

당신이 사는 곳에 오락을 위해 무엇이 지어지길 바라나요?

응시자 - I wish there could be a swimming pool where I live. No-one here knows how to swim as we live so far from the sea. If there was a pool we could stay more active and they are usually great places to meet other people and just hang out.

저는 제가 사는 곳에 수영장이 있었으면 좋겠습니다. 이곳 사람들은 아무도 수영하는 방법을 모르는데, 우리가 바다에서 너무 멀리 떨어져 살기 때문입니다. 만약 수영장이 있다면 더 활동적으로 지낼 수 있을 것이며 수영장은 보통 다른 사람을 만나거나 그냥 어울리기에 멋진 장소입니다.

시험관 - OK, now let's move on to talk about museums. Do you like museums?

자, 이제 박물관에 대한 이야기로 넘어갑시다. 박물관을 좋아하나요?

응시자 - I like museums because I think it is very important to learn about your past, so that you can understand your present. My favourite museum is the British Museum in London, the Egyptian mummies are some of the most interesting exhibits that I have ever seen, although there are many other museums like the Metropolitan in New York or the Smithsonian in Washington that I would like to visit.

저는 박물관에 가는 것을 좋아하는데, 제 생각에 과거에 대해 아는 것은 아주 중요하고 현재를 이해할 수 있도록 해줍니다. 뉴욕의 메트로폴리탄이나 워싱턴의 스미스소니언 같은 가고 싶은 많은 다른 박물관이 있지만, 제가 가장 좋아하는 박물관은 런던의 대영박물관이며, 이집트 미라는 제가 본 가장 흥미로운 전시품들 중 일부입니다.

시험관 - Are there any good museums in your country?

당신의 나라에 좋은 박물관이 있나요?

응시자 - There is a great museum in my country that is very popular with both domestic and foreign tourists. The exhibits are fantastic and change every season. It's up in the capital, Seoul, and probably gets about half a million tourists in every year. It's one of the only places that you can see things from the Silla dynasty.

우리 나라에는 아주 멋진 박물관이 있는데 국내와 외국 관광객들 모두에게 아주 인기가 높습니다. 전시품들은 아주 훌륭하며 매 시즌마다 바뀝니다. 그것은 수도 서울에 있으며 아마 매년 50만 정도의 관광객들을 맞이합니다. 그곳은 신라왕조의 유물을 볼 수 있는 유일한 곳 중 하나입니다.

시험관 - Why do people like going to museums?

사람들은 왜 박물관에 가기를 좋아하나요?

응시자 - People like to know more about where they came from and about what their ancestors liked to do before they were born. It gives them a sense of identity and a sense of culture, and I think that that is very important for people to have.

사람들은 그들이 어디에서 왔으며 그들이 태어나기 전 조상들이 뭘 하기를 좋아했는지에 대해 더 알고 싶어합니다. 이는 그들에게 정체성과 문화의식을 갖게 하며, 저는 문화의식이 우리가 가져야 할 아주 중요한 것이라고 생각합니다.

시험관 - Why should children visit museums?

왜 아이들은 박물관을 방문해야 하나요?

응시자 - Children should visit museums but I think they get bored quite easily unless there are lots of buttons to press. Museums should be more interactive for kids. Luckily, the best museums have areas designated for children these days, with lots of activities for them to do, supervised by someone who can keep the museum fun for them.

아이들은 박물관을 방문해야만 합니다. 그러나 누를 수 있는 많은 버튼이 있지 않는 한 아주 쉽게 지겨워한다고 생각합니다. 박물관은 아이들을 위해 좀 더 상호작용을 할 수 있는 곳이어야 합니다. 다행스럽게도 최고의 박물관들은 요즘 아이들이 할 수 있는 많은 활동과 아이들이 박물관에서 계속 재미있게 보낼 수 있도록 관리하는 사람이 있는 아이들만을 위한 공간이 있습니다.

시험관 - Now I'm going to give you a topic and I want you talk about the topic for 2 minutes. You have one minute to think about what you want to say and you can make some notes with the paper and pencil here. Here is your topic. I'd like you to talk about a photograph that you think is special:

이제 저는 당신에게 토픽을 줄 것이며 당신이 이 토픽에 관해 2분 동안 이야기하기를 바랍니다. 1분 동안 말하고 싶은 것을 생각할 수 있고 원한다면 메모를 해도 좋습니다. 여기 토픽이 있습니다. 당신이 특별하다고 생각하는 사진에 대해 이야기하길 바랍니다.

시험관 - OK, I will tell you when the time is up. Can you start speaking now please?

시간이 다 되면 제가 멈추라고 말할 겁니다. 이제 시작해주세요

응시자 - My favourite photograph is one of a butterfly that was taken at Hampyeong butterfly festival last year. I went to this festival with my family and we saw various kinds of butterflies ranging from very small to very large ones. As we watched them fly around, I took a group photograph of my family as well as shots of the butterflies in action. I took this photograph to add to my collection. I have many kinds of photographs at home and some of them are important study material for my children and others. I like to record my experiences in this way. Sometimes I convert paper photos to an electronic format so that they can be modified, retouched and added to my blog or home page. These photographs play a major role in my life. There's something about butterflies, however, that is particularly special. They start life as ugly caterpillars, and then they go into a cocoon for a few weeks, until they finally become a butterfly. It's an amazing transformation, and to be able to photograph each stage of the process is great as you feel like you are witnessing a new life being born, even though technically it is the same creature as before. You can't beat their colours either, although that is something that even the best cameras aren't able to capture properly in my opinion. As camera technology improves, maybe one day we will be able to get that perfect picture, but for now, I'm happy with the pictures that I have taken and one day I hope to get them into an exhibition.

내가 가장 좋아하는 사진은 작년 함평 나비축제에서 찍은 나비 사진입니다. 저는 가족들과 이 축제에 가서 아주 작은 것부터 아주 큰 것들까지 다양한 종류의 나비들을 보았습니다. 우리가 나비들이 날아다니는 것을 보는 동안, 가족 단체 사진뿐만 아니라 날고 있는 나비의 사진들도 찍었습니다. 저는 이 사진을 제 수집품에 더하기 위해 찍었습니다. 저는 집에 많은 종류의 사진이 있고 그 중 일부는 우리 아이들과 다른 이들을 위한 중요한 연구 자료입니다. 저는 경험을 이러한 방법으로 기록하는 것을 좋아합니다. 때때로 인화한 사진을 전자식으로 바꾸어 수정, 리터치하고 제 블로그나 홈페이지에 올릴 수 있습니다. 이러한 사진들은 제 삶에서 아주 중요한 역할을 합니다. 나비에게는 무언가 특별한 것이 있지만 그것은 유난히 특별합니다. 나비는 못생긴 애벌레로 삶을 시작하고 마침내 나비가 될 때까지 몇 주 동안 고치가 됩니다. 이것은 놀라운 변화이며 그 과정의 각각의 단계를 사진 찍을 수 있는 것은 멋진 일이고, 이는 비록 엄밀히 말하면 전과 같은 생명체이지만 새로운 생명이 태어나는 것을 목격할 수 있기 때문입니다. 제 생각에 최고의 카메라조차 제대로 그 색깔을 담을 수 없음에도 불구하고 나비의 색깔보다 더 멋진 것은 없습니다. 카메라 기술이 향상되면 아마 언젠가는 완벽한 사진을 찍을 수 있겠지만 지금으로서는 제가 찍은 사진으로 만족하며 언젠가 그 사진들을 전시하기를 희망합니다.

시험관 - OK, and do you usually take photographs of things?

네, 당신은 보통 사물 사진을 찍나요?

응시자 - Yes, I am quite the avid photographer and never leave home without my camera if I can help it. You never know when you are going to witness something that is just begging for a photo.

그렇습니다. 저는 꽤 열렬한 사진가이며 가능한 한 카메라 없이 집을 절대로 나가지 않습니다. 사진 찍히기를 간절히 바라는 어떤 것을 언제 목격하게 될지 절대 알 수 없는 일입니다.

· ·

시험관 - Right. We've talked about a photograph you think is special and I want to ask you one or two more general questions related to that topic. Let's talk first about other kinds of skills that people have. What is the difference in the kind of skills we need now and in the past?

우리는 당신이 특별하다고 생각하는 사진에 대해 이야기했고 그와 관련된 한 두 개의 일반적인 질문을 하려고 합니다. 먼저 사람들이 가진 다른 종류의 기술에 관해서 이야기해봅시다. 지금과 과거에 우리가 필요로 하는 기술의 종류에는 어떤 차이가 있나요?

응시자 - In the past we needed to be able to use our hands and bodies to find work, these days all we need to do is to be able to type to get a job. I suppose with the development of the computer, our working lives now revolve around using computers in some way, either using a database, coding, or designing something. I hear now that they want to teach coding as an essential skill in high school. I think that's a great idea.

과거에는 일자리를 찾기 위해 손과 몸을 이용할 수 있어야 했고, 요즘은 일자리를 얻기 위해 우리가 할 수 있어야 할 전부는 타이핑하는 것입니다. 컴퓨터의 발전과 함께 우리의 근무 생활은 어떤 면에서는 데이터베이스 이용, 코딩, 또는 디자인 등 컴퓨터를 이용하는 일 중심으로 돌고 있습니다. 고등학교에서 코딩을 기본적인 기술로 가르치기 원한다는 말을 들었습니다. 이는 좋은 아이디어라고 생각합니다.

시험관 - Why are some skills no longer needed in today's society?

오늘날 사회에서 몇몇 기술들은 왜 더 이상 필요하지 않은가요?

응시자 - Our society has developed from a manufacturing-based society to a service-led economy. We have no need for people who can make cars anymore, only people who can sell them. I think we didn't realise that when we made all of these machines and automatic call centres for example, that we wouldn't actually need human staff any longer. These people have had to go out and acquire new skills in order to stay relevant in the modern workplace.

우리 사회는 제조업에서 서비스업 경제 사회로 발전하고 있습니다. 차를 만들 수 있는 사람들이 더 이상 필요치 않고 오직 차를 팔 수 있는 사람만 필요합니다. 예를 들어 저는 우리가 모든 기계와 자동응답 콜센터를 만들었을 때 더 이상 사람을 직원으로 쓸 필요 없을 것이라는 인식을 못했다고 생각합니다. 이 사람들은 현대 일터에서 적절하게 머물기 위해 나가서 새로운 기술을 배워야만 했습니다.

시험관 - How can cultural skills unique to a particular country be protected?

특정 국가의 독특한 문화적 기술들은 어떻게 보호될 수 있을까요?

응시자 - We have to make sure that those skills are updated to be more in line with what is going on in the modern world, so that young people continue to be interested in learning them. The lure of technology is attracting so many young people that there are very few young people left who want to maintain the traditional skills that we used to place so much importance on. I think the government can do more in this regard, to make learning traditional skills a viable career option.

우리는 그러한 기술들이 현대 사회에 일어나는 일들과 더 긴밀히 연결되도록 혁신해서 젊은이들이 지속적으로 그 기술들을 배우는데 관심을 갖도록 해야 한다는 것을 명심해야 합니다. 과학기술의 매력은 많은 젊은이들을 유혹하고 있어서 과거에 큰 중요성을 두었던 전통기술들을 계승하길 원하는 젊은이들이 거의 남아 있지 않습니다. 정부는 이와 관련하여 전통기술을 배우는 것이 성공 가능한 직업의 선택이 될 수 있도록 더 많은 것을 할 수 있다고 생각합니다.

시험관 - Do you think that schools need to teach more skills rather than subjects?

학교는 교과목보다 기술을 더 가르칠 필요가 있다고 생각하나요?

응시자 - I think in many cases yes. There is too much emphasis on teaching useless subjects like literature which do not prepare you for the world of work. Literature should be something that you enjoy, not be something that is taught, and having a degree in something like that is not going to help you when a potential employer asks why you should be given a job over someone else who has more relevant skills.

많은 점에서 그렇다고 생각합니다. 취업 준비에 도움이 되지 않는 문학 같은 쓸모 없는 과목을 너무 많이 강조하고 있습니다. 문학은 즐겨야 하는 것이지, 배워야 하는 것이 아니며, 잠재 고용주가 더 많은 관련 기술을 가진 사람들을 두고 당신을 뽑아야 하는지 물을 때 문학 전공 학위는 큰 도움이 되지 않을 것입니다.

시험관 - Have we lost many basic skills that we used to have a long time ago?

우리는 오래 전에 보유했던 기본적인 기술들을 잃었나요?

응시자 - Definitely, most of us wouldn't even be able to start a fire to cook our own food anymore. I wonder what would happen if we had to live in the jungle for a week. We have become so reliant on technology that if we have a power cut people actually panic and go into a rage. I find it quite amusing.

물론입니다. 우리 대부분은 심지어 음식을 하기 위해 불 피우기를 더 이상 할 수 없습니다. 만약 우리가 일주일 동안 정글에서 살아야 한다면 무슨 일이 벌어질지 궁금합니다. 우리는 기술에 너무 의존해와서 만약 정전이 되면 사람들은 실제로 겁에 질리고 분노합니다. 저는 이게 꽤 재미있습니다.

시험관 - What kind of skills will we need to survive in the future?

미래에 살아남기 위해 어떤 기술이 필요할까요?

응시자 - I believe that it will be necessary to learn some kind of coding script so that we can make all this technology work for us, instead of us working for technology. Those who are in control of the coding are in control of the computer, and if you are in control of the computer, then you are also in control of the people. Coding gives you a 'voice' in the technological age, and if you don't have a voice, then you aren't able to join in with very much.

우리가 과학기술을 위해 일하는 대신 과학기술이 우리를 위해 일하도록 문서 코딩 기술을 배울 필요가 있다고 믿습니다. 코딩을 관리하는 사람들은 컴퓨터의 통제에 있으며, 만약 당신이 컴퓨터의 통제에 있다면 또한 사람의 통제 하에 있는 것입니다. 코딩은 과학기술 시대에 '발언권'을 주며, 만약 발언권이 없다면 잘 참여할 수 없습니다.

시험관 - Thank you very much, that is the end of the test.

감사합니다. 이제 시험이 끝났습니다.